贵州财经大学人才引进项目“基于抑制权力腐败的预算治理体系构建研究”
（项目编号：2019YJ064）的课题成果

国家治理现代化下我国预算治理体系构建研究

——基于制约和监督权力运行的视角

王　晓　著

Research on the Construction of Budget Governance System in China under the Modernization of National Governance

–Based on the Perspective of Restriction and Supervision of Power Operation

中国财经出版传媒集团

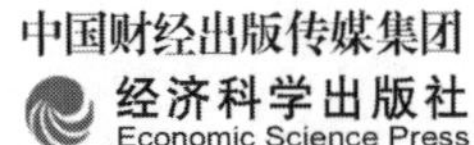

图书在版编目（CIP）数据

国家治理现代化下我国预算治理体系构建研究：基于制约和监督权力运行的视角/王晓著．—北京：经济科学出版社，2021．10

ISBN 978－7－5218－3011－8

Ⅰ．①国…　Ⅱ．①王…　Ⅲ．①财政预算－研究－中国
Ⅳ．①F812．3

中国版本图书馆 CIP 数据核字（2021）第 221964 号

责任编辑：王　娟　李艳红
责任校对：杨　海
责任印制：范　艳

国家治理现代化下我国预算治理体系构建研究
——基于制约和监督权力运行的视角
王　晓　著
经济科学出版社出版、发行　新华书店经销
社址：北京市海淀区阜成路甲 28 号　邮编：100142
总编部电话：010－88191217　发行部电话：010－88191522
网址：www.esp.com.cn
电子邮箱：esp@esp.com.cn
天猫网店：经济科学出版社旗舰店
网址：http：//jjkxcbs.tmall.com
北京季蜂印刷有限公司印装
710×1000　16 开　11.75 印张　230000 字
2021 年 11 月第 1 版　2021 年 11 月第 1 次印刷
ISBN 978－7－5218－3011－8　定价：48.00 元
（图书出现印装问题，本社负责调换。电话：010－88191510）

序　言

党的十八届三中全会提出："全面深化改革的总目标是完善和发展中国特色社会主义制度，推进国家治理体系和治理能力现代化"。党的十九届四中全会提出："到我们党成立一百年时，在各方面制度更加成熟更加定型上取得明显成效；到二〇三五年，各方面制度更加完善，基本实现国家治理体系和治理能力现代化；到新中国成立一百年时，全面实现国家治理体系和治理能力现代化，使中国特色社会主义制度更加巩固、优越性充分展现"。党的十九届五中全会通过的《中共中央关于制定国民经济和社会发展第十四个五年规划和二〇三五年远景目标的建议》将"国家治理效能得到新提升"作为今后五年我国经济社会发展的主要目标之一，并对"十四五"时期推进国家治理体系和治理能力现代化作出重要部署。

国家治理体系是在党领导下管理国家的制度体系，是一整套紧密相连、相互协调的国家制度，包括经济、政治、文化、社会等各领域体制机制及法律法规等；国家治理能力则是运用国家制度管理社会各方面事务的能力。所以，国家治理体系和治理能力是一个国家制度和制度执行能力的集中体现。在这个制度体系中，党的十八届三中全会给出了"财政是国家治理的基础和重要支柱"的定位。因此，近些年来财政改革的重点就围绕着建设符合国家治理现代化要求的现代财政制度展开。其中，作为现代财政制度核心内容的现代预算制度建设与完善也在重点推进中。

现代预算制度的产生及发展始终伴随着对权力的约束与控制。因为，公共权力本身来源于公众的赋予，在公共权力的运行中，公众和权力行使者之间实际上建立起了一种典型的委托—代理关系，在层层的委托代理过程中会使本来属于公众所有的公共权力转移到一部分人甚至是极少数人手中。实践表明，腐败与权力失去监督不无关系，在这种情况下，如果没有有效的监督制约权力运行的机制，就很容易产生寻租、权钱交易、暗箱操作等腐败行为，用公共权力来为小团体甚至官员个人谋利益。因此，公共权力监督制约机制的构建一直是政治学、法学、财政学等学科的研究重点，各学科分别从各自领域出发，提出制约和监督权力运行的制度框架。党的十八届四中全会正式提出“形成不敢腐、不能腐、不想腐的有效机制”，那么建立什么样的制度框架能够有效预防腐败，约束和监督权力运行呢？从世界范围来看，以政府的预算控制为突破口，是从源头上防止腐败，从管理体制机制上加强廉政建设的治本之策。这是因为，政府预算的权力在于对有限公共资源的分配和使用，在这种分配和使用活动中，有众多的利益相关方，各方表现出来的行为特征是：资金的需求方有追求预算规模最大化的冲动，而资金的供给方面对稀缺资源则有取得诱发设租寻租收益的可能。在实践中，由于分配活动所涉及的利益主体众多，环节及链条比较长，使得这种监督的成本高、效率低，公共资金分配和使用中的腐败案例大量出现就证明了这一点。因此，要加强对政府预算权力运行的监督和制约，就要通过构建预算治理机制，扎实扎牢法律法规和制度的笼子，把预算权力关进制度的笼子里。所以，党的十八大以来，党和国家重要文件和重要会议中密集涉及预算问题，这是因为，政府施政行为的开展必须有相应的预算资金作为保障，控制了政府预算权力，也就对政府的行政权力形成了有效的制约和监督。而政府预算是经过法定程序批准的、具有法律效力的政府财政收支计划，是社会公众对政府和政府官员行政权力进行控制的有效途径。

因此，全面深化改革，规范权力运行秩序，维护社会公共利益，就成为坚持和完善中国特色社会主义制度建设、推进国家治理体系和治理能力现代化的重要课题。要研究彼此衔接、相互制约、权责明确、激励兼容的预算监督制度机制，从机制、制度设计上减少政府预算管理中的资源浪费和资金运行中的腐败现象，提升有限预算资源的使用效率，实现对政府预算权力运行的约束和监督，从而实现有利于监督者的保障依据和对执行者的控制制约。

基于此，在国家治理现代化的大背景下，从约束与监督权力的视角，研究预算治理体系的构建具有很强的理论价值和现实意义。

王晓是我指导的博士生，本书是以其博士学位论文为基础修改完成的。在其毕业论文选题过程中，我建议他把政治学中的权力约束理论和方法融入到预算问题的研究中，以预算权力的控制与监督视角去探究预算治理机制的构建问题，这是因为，政府预算问题本身就具有政治学、经济学与法学的学科交叉性质，然而这种跨学科的研究无疑是有较大难度的，王晓在选题过程中由最初的犹豫到知难而进，中间经历了研究过程的种种艰辛与不顺利，但是从最终的论文结果来看，得到了外审专家全部给出优秀的评价结论，表明他在研究过程中付出了努力，学术成果来之不易。

就研究内容来看，本书基于权力约束和系统控权理论，详细梳理了我国预算治理的发展历程及其权力约束效果，剖析了现阶段我国预算治理体系中存在的不足，阐明了预算约束权力的作用机理以及该体系形成的系统控权的约束效力，利用演化博弈理论和中国预算实践的经验数据，检验了预算治理体系约束权力的理论与现实效果。最后，在理论与实证检验的基础上，借鉴国外预算治理体系构建的经验，结合实证结论和我国实践尝试对预算治理体系进行了制度构建。本书有一定创新的学术贡献，在理论上，以系统控权的视角构建预算治理体系，尝试形成多元主体共同参与的权力监督体系；在实践上，尝试形成以系统制约与监督权力为核心的治理路径，助力推进国家治理体系现代化与治理能力现代化；在研究方法上，在分析权力制约与监督的实践中，采用了手工整理案例的数据统计法、通过构建数据模型分析预算治理体系理论效应的数理模型分析法、通过实证检验预算治理体系现实效果的计量分析法。

应该承认，由于王晓还缺乏充分的调研和扎实的实践经验，因此本书对于我国预算治理体系的构建仍显些许理论化和框架化，对相关问题的研究还需进一步深入和强化可操作性。然而，作为一个年轻人对现阶段存在的预算问题勇于进行思考，并为之付出努力值得鼓励。

本书的出版对王晓博士来说是一个良好的开端，我欣然作序，希望他能够再接再厉，在将来的科研与教学工作中取得更好的成绩。

李　燕

2021年1月

前　　言

中国特色社会主义进入新时代，踏上现代化建设新征程。在这个继往开来的伟大时刻，坚持和完善中国特色社会主义制度、推进国家治理体系和治理能力现代化成为新阶段中国发展的重要战略目标。财政是国家治理的基础和重要支柱，预算是财政的核心。为此，要抓住预算改革这个“牛鼻子”，进一步完善中国特色社会主义预算制度，提升国家治理能力，加快推进国家治理迈向现代化。

制约与监督权力的运行是国家治理现代化进程中的重要内容。党的十九大报告提出：“要加强对权力运行的制约和监督，让人民监督权力，让权力在阳光下运行，把权力关进制度的笼子”。党的十九届四中全会进一步提出：“强化对权力运行的制约和监督，完善权力配置和运行制约机制”。从现代国家的现代化进程来看，控制与约束权力是现代预算制度的核心内容。近年来，随着我国现代化进程的快速发展，各级政府及其部门掌握的财政资源规模越来越大，因预算约束机制不健全而引发的腐败现象时有发生。那么，能否通过预算治理体系的构建，建设预算刚性约束机制，构建规范有序的权力运转秩序则成为推进国家治理现代化的应有之义。

现阶段，国内外对预算约束权力问题已有研究，但鲜有文献以系统控权为路径展开研究。为此，本书基于权力约束和系统控权理论，详细梳理了我国预算治理的发展历程及其权力约束效果，并剖析了现阶段我国预算治理存在的不足；为弥补不足，对预算治理体系进行了机制构建，阐明其约束权力的作用机理以及该体系形成的系统控权的约束效力；利用演化博弈理论和中国预算实践的经验数据，检验了预算治理体系约束权力的理论与现实效果；最后，在理论与实证检验的基础上，借鉴国外预算治理体系的构建经验，结合实证结论和我国实践对预算治理体系进行了制度构建。

目　录

第一章 导论

第一节 研究背景和研究意义

一、研究背景

中国特色社会主义进入新时代，踏上现代化建设新征程。在这个继往开来的伟大时刻，进一步全面深化改革，不断夯实中国特色社会主义制度基础，加快推进国家治理体系和治理能力现代化成为新时期中国发展的重要目标。党的十九届四中全会通过的《中共中央关于坚持和完善中国特色社会主义制度、推进国家治理体系和治理能力现代化若干重大问题的决定》中提出："到我们党成立一百年时，在各方面制度更加成熟更加定型上取得明显成效；到二〇三五年，各方面制度更加完善，基本实现国家治理体系和治理能力现代化；到新中国成立一百年时，全面实现国家治理体系和治理能力现代化，使中国特色社会主义制度更加巩固、优越性充分展现"。①

经过40多年的改革开放，中国经济发展取得了举世瞩目的成绩，但在城乡之间、区域之间、所有制之间也存在着种种权利不平等。权利与权力之间的关系亟待调整，各类主体之间的权利也迫切需要界定和规范，这就必须针对权利和权力实行国家治理改革，完善国家治理体系，提升国家治理能力，实现国家治理现代化。② 因此，监督与约束权力运行成为国家治理改革的重要内容。2012年11

① 《中共中央关于坚持和完善中国特色社会主义制度、推进国家治理体系和治理能力现代化若干重大问题的决定》，2019年11月5日，http：//www. gov. cn/zhengce/2019 - 11/05/content_5449023. htm。

② 刘尚希：《公共风险变化：财政改革四十年的逻辑》，载《审计观察》2018年第6期。

月，党的十八大报告提出要“建立健全权力运行制约和监督体系”①。2013 年 1 月，习近平总书记在十八届中央纪委二次全会上指出：要“把权力关进制度的笼子里，形成不敢腐的惩戒机制、不能腐的防范机制、不易腐的保障机制”。② 2013 年 11 月，党的十八届三中全会通过的《中共中央关于全面深化改革若干重大问题的决定》指出：要“构建决策科学、执行坚决、监督有力的权力运行体系，健全惩治和预防腐败体系，建设廉洁政治，努力实现干部清正、政府清廉、政治清明。”③ 2017 年 10 月，党的十九大报告提出：“要加强对权力运行的制约和监督，让人民监督权力，让权力在阳光下运行，把权力关进制度的笼子”。④ 2019 年 10 月，党的十九届四中全会进一步提出：“强化对权力运行的制约和监督，完善权力配置和运行制约机制”。⑤

随着制度的笼子不断扎牢，监督和约束权力运行取得了积极的成效。根据万得（Wind）（以下均称 Wind）数据库公布的 2013 年 9 月至 2018 年 6 月受党纪处分的腐败人数数据显示（见表 1－1）：党的十八大以来，随着党和政府反腐败力度的不断加大，受到党纪处分的腐败人数呈现波动上升的态势。2017 年 12 月，受处分人数达到了峰值，高达 7329 人。图 1－1 反映了受处分人数的趋势，图中趋势线向右上方倾斜且角度不断扩大，这表明当前“治权”力度不断增强，权力约束效果逐步显现。

表 1－1　2013 年 9 月至 2018 年 6 月受党纪处分的腐败人数　单位：人

时间	处分人数	时间	处分人数
2013－09	741	2016－02	2286
2013－10	898	2016－03	2701
2013－11	1510	2016－04	3111
2013－12	1269	2016－05	3301

① 胡锦涛：《在中国共产党第十八次全国代表大会上的报告》，2012 年 11 月 18 日，http：//cpc.people.com.cn/n/2012/1118/c64094－19612151.html。

② 习近平：《把权力关进制度的笼子里》，2013 年 1 月 22 日，http：//politics.people.com.cn/n/2013/0122/c70731－20288775.html。

③ 《中共中央关于全面深化改革若干重大问题的决定》，2013 年 11 月 12 日，https：//news.12371.cn/2013/11/15/ARTI1384512952195442.shtml。

④ 习近平：《决胜全面建成小康社会夺取新时代中国特色社会主义伟大胜利——在中国共产党第十九次全国大会上的报告》，2017 年 10 月 27 日，http：//www.gov.cn/zhuanti/2017－10/27/content_5234876.htm。

⑤ 《中共中央关于坚持和完善中国特色社会主义制度、推进国家治理体系和治理能力现代化若干重大问题的决定》，2019 年 11 月 5 日，http：//www.gov.cn/zhengce/2019－11/05/content_5449023.htm。

续表

时间	处分人数	时间	处分人数
2014-01	920	2016-06	4424
2014-02	669	2016-07	3254
2014-03	1134	2016-08	3196
2014-04	1652	2016-09	3697
2014-05	1998	2016-10	3226
2014-06	2127	2016-11	3987
2014-07	2097	2016-12	4947
2014-08	2188	2017-01	2989
2014-09	2612	2017-02	2057
2014-10	2694	2017-03	2598
2014-11	3075	2017-04	3476
2014-12	2280	2017-05	3773
2015-01	1406	2017-06	5151
2015-02	1228	2017-07	4320
2015-03	1486	2017-08	4012
2015-04	1849	2017-09	4567
2015-05	2435	2017-10	4346
2015-06	2930	2017-11	5451
2015-07	2589	2017-12	7329
2015-08	3096	2018-01	4327
2015-09	3443	2018-02	2455
2015-10	3475	2018-03	3473
2015-11	5037	2018-04	3991
2015-12	4949	2018-05	4981
2016-01	4480	2018-06	6802

资料来源：根据 Wind 数据库有关受党纪处分人数绘制。

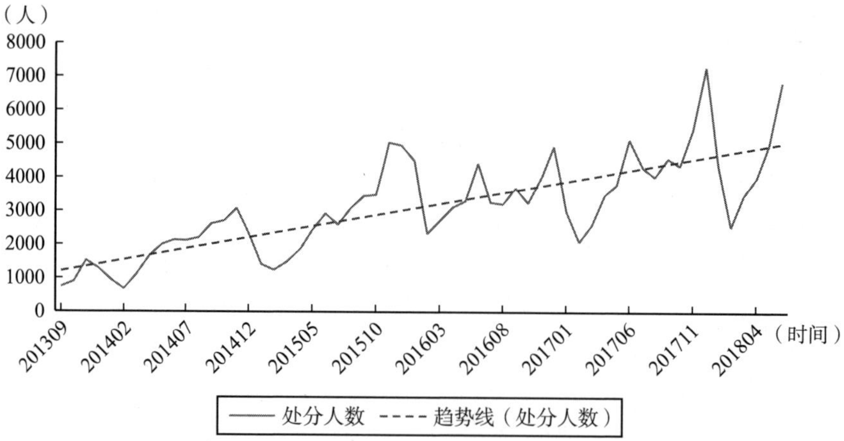

图1－1　2013年9月至2018年6月受党纪处分的腐败人数趋势

资料来源：根据表1－1相关数据绘制。

但值得注意的是，权力滥用现象也出现了新特征：腐败越来越集中在预算领域。为了更好地分析腐败案件发生领域的变化趋势，本书采用胡鞍钢和过勇（2001）①、公婷和吴木銮（2012）② 的研究结果（见表1－2）。通过对比发现，当前腐败案件发生领域具有如下变化特征。

表1－2　　近年来腐败案件发生领域变化情况

序号	2001年以前				2000～2009年	
	地方干部		企业家		类别	案件数
	行业	腐败程度	行业	腐败程度		
1	垄断行业	4.30	垄断行业	4.42	政府采购、工程承包	731
2	海关	4.01	海关	4.30	组织人事	365
3	税收系统	3.22	税收系统	4.05	财务管理	315
4	司法系统	2.78	建筑业	4.02	土地、房地产开发、城市规划	307
5	建筑业	2.71	司法系统	4.00	金融、投资贷款、资金拨付	298
6	人事部门	2.68	各级主要领导干部	3.97	工商管理、企业管理、改制	247

①　胡鞍钢、过勇：《转型期防治腐败的综合战略与制度设计》，载《管理世界》2001年第6期。

②　公婷、吴木銮：《我国2000－2009年腐败案例研究报告——基于2800余个报道案例的分析》，载《社会学研究》2012年第4期。

续表

序号	2001 年以前				2000 年～2009 年	
	地方干部		企业家		类别	案件数
	行业	腐败程度	行业	腐败程度		
7	财政系统	2.58	交通管理部门	3.73	教科文卫	154
8	各级主要领导干部	2.16	人事部门	3.68	财政、税收	152
9	交通管理部门	2.16	财政系统	3.66	公、检、法	112
10	银行证券	1.97	工商部门	3.64	社会福利、保障与民政事务	89
11	工商部门	1.92	银行证券	3.61	资源	85
12	纪检部门	0.53	纪检部门	2.91	经贸、招商引资	50

资料来源：1. 根据胡鞍钢、过勇（2001）和公婷、吴木銮（2012）研究结果整理绘制而成；
2. 腐败程度 0 为不严重，5 为最严重。

其一，2001 年以前，地方干部认为腐败最严重的三个领域是垄断行业、海关系统和税收系统。企业家认为腐败最严重的同样是上述三个领域。值得注意的是，企业家认为的腐败严重程度要高于地方干部。从地方干部的视角来看，腐败严重程度的平均得分为 2.585，而企业家认为腐败严重程度的平均得分为 3.8325。

其二，2001 年以后，腐败领域悄然发生了变化，预算领域成为当前腐败案件的高发区域。从表 1－2 可以看出，政府采购、工程类腐败案件达到了 731 件，占整个统计案件的 25.16%。为了探究预算领域腐败案件特点，本书采用手工整理的方式，从中国裁判文书网公布的法院判例中挑选了 8500 个预算领域的腐败案件，进行统计发现（见图 1－2）①：政府采购类、工程资金类、扶贫资金类、社保支出类是预算领域中腐败案件高发的区域，其中政府采购类案件占全部案件的 20.00%、工程资金类案件占全部案件的 12.88%、扶贫资金类案件占全部案件的 11.58%、社保支出类案件占全部案件的 7.90%。

① 截至 2017 年 8 月 9 日，在搜索栏中输入职务类犯罪包括贪污罪、挪用公款罪、受贿罪等，共得到 33255 本判决文书（包括重要案件和公开文书两类），其中公开文书共计 8500 例，重要案件共计 24755 例。重要案件是当前进入诉讼阶段的腐败案件，公开文书为已经受理完结的腐败案件．由于公开文书判例案件已属于结案范围，相关案件经过、腐败手段、涉及领域等描述准确、便于统计，故采用公开文书判例作为统计的样本。网站链接：https：//wenshu. court. gov. cn/。

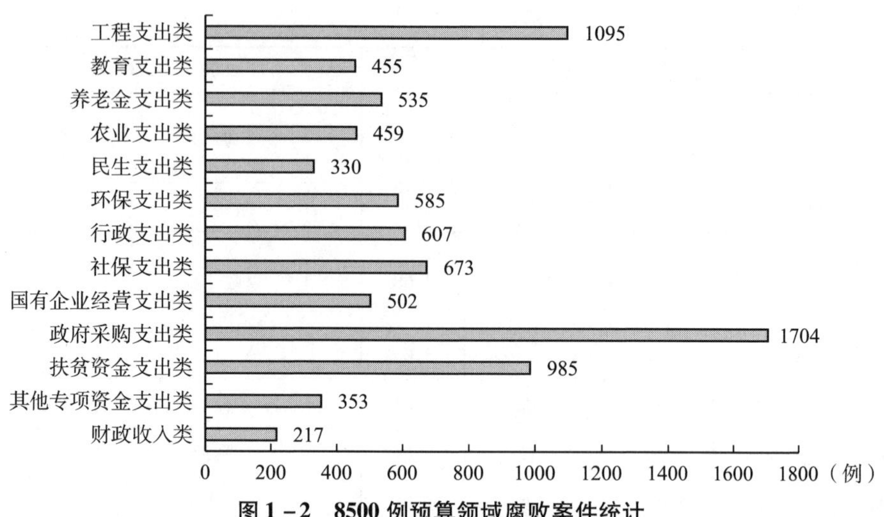

图 1－2 8500 例预算领域腐败案件统计

资料来源：根据中国裁判文书网公布的 8500 例腐败案件判例手工整理，并采用词频统计的方式进行归类、绘制而成。

二、研究意义

从腐败发展的趋势来看，近年来预算领域成为腐败的高发地带。当预算权力作为一种特殊的“垄断要素”进入市场参与分配时，就不可避免地出现权力与金钱的联姻，权力资本的扩张和寻租，激活了中国社会由于制度、监管、舆论等不足造成的腐败现象滋生蔓延。预算领域的腐败由于直接涉及社会公众的根本利益，如果不加以遏制，将带来严重的社会危害。这不仅会造成公共利益的损失、扭曲社会公平，而且还会侵蚀政府执政的公信力，使政府陷入“塔西佗陷阱”①。

财政是国家治理的基础和重要支柱，预算是财政的核心。为此，构建中国特色预算治理体系，不断扎牢“人民预算”这一制度笼子，规范权力运转秩序，防范财税领域的腐败行为，减少财政资金流失，维护社会公共利益，这必将成为坚持和完善中国特色社会主义制度建设、推进国家治理体系和治理能力现代化的重要课题。基于此，研究本问题的理论意义和实践意义在于以下几个方面。

（一）研究预算治理体系是贯彻与落实习近平新时代中国特色社会主义思想的重要体现

2018 年 4 月，习近平总书记在会见联合国秘书长时提出：“我们所做的一

① 塔西佗陷阱是指当一个政府或部门、企业失去公信力时，即使它说真话、做好事，公众也不再信任，认为是在说假话、做坏事。

切，都是为人民谋幸福，为民族谋复兴”。[①] 坚持“以人民为中心”的发展思想是习近平新时代中国特色社会主义思想的重要内容。从监督与约束权力运行的视角，探究中国特色社会主义预算治理体系的构建，进一步完善“党管财政、政府运作、人大监督”的“人民预算”制度，充分释放“人民预算为人民”的制度优势，从而不断增强人民群众的“获得感、幸福感和安全感”。这是全面贯彻与落实习近平新时代中国特色社会主义思想的重要体现。

（二）聚焦预算治理体系能够丰富权力约束研究的理论思辨与实践认知

监督与约束权力是一个古老而又富有时代特征的话题。预算腐败属于腐败问题的研究范畴，其既体现了腐败问题的共性，也展现了自身的个性。预算腐败的共性特征在于滥用权力，以权谋私；个性特征在于直接侵吞公共资金，侵犯公共利益。通过研究预算治理体系，厘清其约束权力的作用机理，有利于丰富我们对权力约束理论的认知，从而为构建权力运转的长效制约机制提供理论指导。与此同时，结合中国预算发展实践，利用相关经验数据进行实证分析，从系统的视角形成有效的治权路径，又能够丰富权力约束研究的实践认知。

（三）构建预算治理体系有利于减少滥用权力的制度激励，加快现代预算制度建设

预算制度漏洞为滥用权力提供了制度激励。通过预算治理体系的构建，为完善预算制度提供理论依据和现实参考，这有利于减少滥用权力的制度激励，减少政府预算权力执行过程中实施腐败的机会窗口。与此同时，在全面规范、标准科学、约束有力的现代预算制度构建中，梳理预算法制、预算公开、预算绩效和预算制衡的优化路径，有助于有针对性地完善相关制度，加快现代预算制度的构建。

（四）构建预算治理体系，助力廉政制度建设，提升国家治理能力

“强化不敢腐的震慑，扎牢不能腐的笼子，增强不想腐的自觉”[②] 是现阶段我国廉政制度建设的要求。通过研究并构建预算治理体系，一方面，形成有效的权力运行的约束机制，从而抑制权力腐败的发生，这为我国廉政制度建设贡献力量；另一方面，通过提升预算治理能力，培养负责任的政府、负责任的公民和社会组织，优化现代社会秩序，从而提升国家治理能力。

---

① 王灵桂：《为人民谋幸福、为民族谋复兴、为世界谋大同》，2021 年 8 月 3 日，https：//m. gmw. cn/baijia/2021 －08/03/35048589. html。

② 习近平：《决胜全面建成小康社会夺取新时代中国特色社会主义伟大胜利——在中国共产党第十九次全国大会上的报告》，2017 年 10 月 27 日，http：//www. gov. cn/zhuanti/2017 －10/27/content_5234876. htm。

第二节 研究现状与文献综述

一、权力监督与约束相关文献

（一）监督与约束权力的必要性

学者们普遍认为权力如果缺乏监督与制约，可能会导致滥用权力，甚至权力腐败现象，为此，必须加强对权力的监督与约束。从国外研究现状来看。约瑟夫·奈（1967）认为掌权者权力不受约束，可能出于家庭或私人团体利益的考虑，而滥用权力做出偏离公共角色职责的行为；或者违背公共行为规则做出以权谋私的行为。比如通过改变委托人的职位从而获得私人利益、通过亲疏关系用人非法占有公共资源等。① 亨廷顿（1970）则认为：为政者在用权过程中可能出于实现个人利益的思考而做出违反公共规范的行为，为此，要加强对权力运行的约束与监督。② 海登海默（1996）认为：滥用公共权力实现个人利益的行为是权力腐败，为此要对权力进行监督与制约。③

从国内研究现状来看。刘金国（2012）认为：公权与私权之间有严格界限，公职人员不能无视权力的责任边界，否则就会造成权力的非责任化，进而引发权力膨胀，膨胀的结果必然是腐败。因此，要加强对权力的制约与监督。④ 王世谊（2016）认为：权力腐败就是公职人员借职务之便滥用权力谋取私利的过程。⑤ 刘祖云（2016）认为：权力腐败是公共权力的非公共使用，是通过公共权力谋取私人利益。表现五花八门，有个体腐败也有群体腐败。⑥

可见，权力运行如果不受监督与制约，容易被滥用甚至发生权力腐败行为，因此，监督与约束权力是十分必要的。

---

① Nye J S. Corruption and Political Development：A Cost-benefit Analysis ［J］. American Political Science Review，1967，61（2）：417－427.

② Huntington，Samuel P. "Political Order in Changing Societies." ［M］. 47 Bedford Square London WC1B 3DP：Yale University Press，1970：257－261.

③ Heidenheimer A J. The Topography of Corruption：Explorations in a Comparative Perspective ［J］. International Social Science Journal，1996，48（149）：337－347.

④ 刘金国：《权力腐败的法理透析》，载《法学杂志》2012 年第 33 期。

⑤ 王世谊：《关于权力腐败与权力制约研究的几个问题》，载《中共浙江省委党校学报》2016 年第 32 期。

⑥ 刘祖云：《再论权力惯习与权力腐败——监狱访谈后的再度思考》，载《学术研究》2016 年第 7 期。

（二）监督与约束权力的方法

国外关于权力监督与制约的方法研究成果斐然。分权制衡是西方权力制约思想的主流，产生于古希腊和古罗马时期，并在资产阶级革命取得胜利之后形成了较为系统完整的思想体系，最终演变为立体的分权理论。如塞谬尔·P. 亨廷顿著的《变化社会中的政治秩序》①、苏珊·罗斯·艾克曼著的《腐败与政府》②、彼得·艾根著的《全球反腐网——世界反贿赂斗争》③、艾森斯塔德著的《帝国的政治体系》④、奈特著的《制度与社会冲突》⑤ 等，都对分权制衡理论有所涉及。

国内关于监督与约束权力的方法体现在模式与路径的探讨上。一方面，关于权力制约模式的探讨，不同的学者提出了不同的看法。王寿林（2007）提出四种模式：以权力制约权力、以权利制约权力、以法制制约权力以及以责任制约权力。⑥ 戴维斯和戴芳（2007）提出五种模式：以道德制约权力、以权利制约权力、以权力制约权力、以责任制约权力、以法律制约权力。⑦ 林喆（2009）则提出了五种模式：以权力制约权力，以权利制约权力，以义务制约权力，以制度制约权力以及以法律、权利、权力三者统一作为制约权力的手段。⑧ 虽然学者们提出了不同的权力监督与约束的模式，但大致上包括以权力制约权力、以权利制约权力、以制度或法律制约权力和以法律、权利、权力三者统一来制约权力。另一方面，关于权力制约路径的探讨。汪凯（2005）认为：防止权力异化的关键在于对权力进行监督，要创新权力制约机制、放权予社会和健全反腐败的法律法规体系。⑨ 赵海鹏和覃振停（2008）认为：完善权力配置是监督与约束权力的切入点。具体而言：要科学完善公共机构选拔和用人制度，同时，要建立起真正有效的权责统一的权力配置机制。⑩ 李箐怡和周建（2010）认为：权力腐败的有效治理在于预防腐败以及保证公共权力运作机制的良好运转。具体而言：其一，要实行个人及家庭财产申报制度；其二，要建立独立的司法检查和行政监察制度，推动民主政治文明进程；其三，要弥补转型期社会制度漏洞和社会认同的

---

① ［美］塞谬尔·P. 亨廷顿：《变化社会中的政治秩序》，王冠华等译，上海人民出版社 2017 年版。
② ［美］苏珊·罗斯·艾克曼：《腐败与政府》，王江、程文浩译，新华出版社 2000 年版。
③ ［德］彼得·艾根：《全球反腐网——世界反贿赂斗争》，吴勉等译，天地出版社 2006 年版。
④ ［美］艾森斯塔德：《帝国的政治体系》，阎少克译，贵州人民出版社 1992 年版。
⑤ ［美］杰克·奈特：《制度与社会冲突》，周伟林译，上海人民出版社 2009 年版。
⑥ 王寿林：《权力制约和监督研究》，中共中央党校出版社 2007 年版。
⑦ 戴维斯、戴芳：《公共权力的制约与监督机制研究》，宁夏人民出版社 2007 年版。
⑧ 林喆：《权力腐败与权力制约》，山东人民出版社 2009 年版。
⑨ 汪凯：《论权力腐败与权力监督》，载《学海》2005 年第 6 期。
⑩ 赵海鹏、覃振停：《从完善权力配置来防治权力腐败的思考》，载《传承》2008 年第 20 期。

价值真空。[①] 黄建军（2012）认为：要构建一套科学合理的权力制约机制。其一，要加强权力制衡；其二，要增强民主党派参政议政和民主监督；其三，健全法律法规；其四，加强舆论约束。[②] 王世谊（2016）认为：依法治国、社会监督和民主政治建设是约束权力的着力点。[③] 杨解君（2017）认为：约束权力就是要设计国家公权力运作的体系结构，完善和重塑国家公权力的监督体系。[④]

二、预算约束权力相关文献

（一）预算领域腐败发生的原因：权力缺乏监督与制约

学者们认为预算领域腐败行为发生的根本原因是预算权力缺乏监督与制约，而这是由预算管理体制本身不健全所导致的。具体而言：郭剑鸣（2009）认为：造成权力腐败的原因有：一是，预算违规现象助推了政府规模膨胀，增加了官员寻租的机会；二是，预算编制和预算执行制度的漏洞，为腐败提供了机会窗口；三是，预算外收支的广泛存在和预算调整的随意性等现象给腐败分子以可乘之机。[⑤] 郭曦和匡晟（2010）认为：权力腐败之所以高发，是因为在预算过程中存在着腐败的隐患。首先，在预算编制上预算内容不详细且透明度低；其次，预算的审议批准流于形式；再其次，预算执行过程中大量违规现象的存在为腐败提供了“温床”；最后，预算与决算的偏差较大同样也是腐败发生的重要原因。[⑥] 许正中等（2011）认为：预算制度上的缺陷，是导致腐败发生的重要原因。其一，在预算编制和执行环节，缺乏有效的监督和约束；其二，财政管理缺乏科学的绩效评估机制；其三，财政监督机制不完备；其四，财政管理过程不封闭运行，财政透明度低。[⑦] 马国清（2014）认为：我国当前财税领域腐败发生的原因在于预算管理体制存在诸多隐患，具体而言：第一，预算缺乏有效的监督约束，人大预算监督尚待完善；第二，预算内容编制粗糙，预算报告缺乏收支明细；第三，预算执行随意性，预决算偏差较大；第四，制度外资金和预算外资金未全面纳入

① 李菁怡、周建：《社会学视野下权力腐败与公共权力运行机制研究》，载《前沿》2010 年第 22 期。

② 黄建军：《转型期我国权力腐败制约机制的构建》，载《延安大学学报（社会科学版）》2012 年第 34 期。

③ 王世谊：《关于权力腐败与权力制约研究的几个问题》，载《中共浙江省委党校学报》2016 年第 32 期。

④ 杨解君：《全面深化改革背景下的国家公权力监督体系重构》，载《武汉大学学报（哲学社会科学版）》2017 年第 3 期。

⑤ 郭剑鸣：《公共预算约束机制建设与中国反腐败模式的完善》，载《政治学研究》2009 年第 4 期。

⑥ 郭曦、匡晟：《浅析我国现行预算体制的腐败隐患》，载《黑河学刊》2010 年第 11 期。

⑦ 许正中、刘尧、赖先进：《财政预算专业化制衡、绩效预算与防治腐败》，载《财政研究》2011 年第 3 期。

预算管理，难以接受外部监督；第五，预算信息不透明，公众无法参与预算监督。①

（二）现代预算的功能：监督与约束权力

学者们认为，预算现代化进程体现在现代预算制度的构建上，现代预算制度的核心功能是监督与约束权力。具体而言：郭剑鸣和周佳（2013）认为：现代预算制度的本质是规约政府，我国现代预算制度的构建应当包括几个方面：首先，要注重人大预算权的加强；其次，要注重私人产权的保护制度构建；最后，要推进预算公开透明。② 王雍君（2014）认为：现代财政制度的首要功能在于约束和引导国家权力的运作，而正是财政制度中的现代预算制度构成了约束国家权力的主要安全阀。在构建现代预算制度时，需要将公共利益至上、财政授权、受托责任、透明度、预见性、参与、竞争与行为规范这八项国家治理的原则纳入进去。③ 马蔡琛（2014）认为：现代预算制度呈现出从控制取向走向绩效导向、从合规控制转向公民参与、从年度预算拓展为中期财政规划等发展趋势。我国预算制度存在着预算碎片化、人大监督乏力、大政府理念与多级财政体制之间的矛盾。建议我国应当采取组建国家预算管理局、引入参与式预算、稳步推进中期财政规划、加强监督问责等措施。④ 刘剑文（2015）认为：现代预算制度控制权力的切入点应当包括三个方面：首先，人大有更加强大的民主权力；其次，政府有更具公共性的财政行为；最后，公民更加深入参与预算。⑤ 马海涛和肖鹏（2015）认为：现代预算制度的重要功能在于控制与约束政府权力，其应当涵盖四个重要特征：全面性、公开透明、法治问责和绩效控制。⑥ 卢真和马金华（2016）认为：我国当前现代预算制度的构建要重视社会公众在预算过程中的作用，推进预算渐进式改革以及提升预算技术水平。⑦ 李燕和王晓（2016）认为：现代预算制度应该包含：预算的全面完整、规范约束、公开透明、绩效管理及监督问责等维度。⑧

---

① 马国清：《财务腐败视角的中国预算管理失规研究》，载《经济研究导刊》2014 年第 33 期。

② 郭剑鸣、周佳：《规约政府：现代预算制度的本质及其成长的政治基础——以中西方现代预算制度成长比较为视角》，载《学习与探索》2013 年第 2 期。

③ 王雍君：《财政制度与国家治理的深层关系》，载《人民论坛》2014 年第 6 期。

④ 马蔡琛：《现代预算制度的演化特征与路径选择》，载《中国人民大学学报》2014 年第 5 期。

⑤ 刘剑文：《预算治理中的人大、政府与公民》，载《武汉大学学报（哲学社会科学版）》2015 年第 3 期。

⑥ 马海涛、肖鹏：《现代预算制度概念框架与中国现代预算制度构建思路探讨》，载《经济研究参考》2015 年第 34 期。

⑦ 卢真、马金华：《中西方现代预算制度成长的驱动因素分析及启示》，载《中央财经大学学报》2016 年第 10 期。

⑧ 李燕、王晓：《国家治理视角下的现代预算制度构建》，载《探索》2016 年第 3 期。

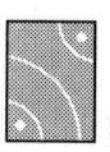

（三）预算约束权力的效应

学者们以抑制腐败为视角，从预算法制、预算公开、预算绩效与预算会计四个维度展开讨论了预算约束权力的效应。

其一，预算法制维度。寇铁军和胡望舒（2016）认为：预算法制建设能够有效地抑制权力腐败，这是因为腐败的对象是公共资金，而财税法制是管理公共资金的法律，通过财税法制建设可以直接抑制腐败。文章利用省级面板数据实证分析了财税法制建设对腐败的影响。结果显示：随着法制水平的不断提高，能够有效地抑制腐败。① 刘朔涛（2017）认为：预算法制的重要内容在于规范与约束政府财政收支行为。财政收支不规范是造成腐败盛行的原因，只要管住政府不规范的财政收支行为就能减少腐败。文章同样采用了实证分析的方式论证了上述结论。②

其二，预算公开维度。郭剑鸣（2011）认为：财权决定事权，监督财权才能从根本上监督行政权，预防腐败。抑制腐败不能仅仅依靠规制用人的制度，还要完善规制用财的制度，预算公开是政府走向清廉的必由之路。③ 李春根和徐建斌（2016）认为：基于中国反腐败进入“新常态”和预算制度改革的背景，通过实证研究发现：在省级层面，随着预算透明度的提升能够有效地抑制腐败的发生。因此，应当以新《预算法》为契机，通过修订与完善配套法律来提高各级政府的财政透明度，充分发挥财政预算透明的腐败治理效应。④ 黄寿峰和郑国梁（2016）采用面板回归的方法研究了财政透明度对腐败的影响，结果发现：当前财政透明度对抑制腐败的效果并不明显。⑤

其三，预算绩效维度。许正中等（2011）认为：实施绩效预算能够有效地抑制权力腐败发生，建议构筑公开透明的绩效预算，创新腐败治理模式，具体而言：首先，平衡政府、人大和社会公众的监督能力，形成专业化的外部制衡机制；其次，建立公众参与财政监督机制，创新社会治理模式；最后，进一步细化预算公开提高财政透明度。同时提出不断推进制度创新：其一，利用绩效评估，摸清财政资金的具体数据，并不断强化在预算执行中的控制力度；其二，进行动

---

① 寇铁军、胡望舒：《财税法制建设与反腐败成效：基于中国省域面板数据的研究》，载《财政研究》2016 年第 11 期。

② 刘朔涛：《财政法治的反腐败效应研究——基于省级面板数据的实证分析》，载《财政监督》2017 年第 10 期。

③ 郭剑鸣：《从预算公开走向政府清廉：反腐败制度建设的国际视野与启示》，载《政治学研究》2011 年第 2 期。

④ 李春根、徐建斌：《中国财政预算透明与地区官员腐败关系研究》，载《当代财经》2016 年第 1 期。

⑤ 黄寿峰、郑国梁：《财政透明度对腐败的影响研究——来自中国的证据》，载《财贸经济》2015 年第 3 期。

态绩效评估，实现公共项目的绩效管理；其三，要以绩效管理为基础，不断推进预算绩效问责；其四，要以财政管理信息化建设为重点，促进财政监督工具创新。[①] 魏红和涂家铭（2014）认为：实施预算绩效管理，能够不断提高部门的绩效意识和责任意识，从而强化绩效监督，发挥对腐败的约束作用。在这过程当中，还可以进一步提高财政预算的透明度。继而认为：要建立重大项目的绩效监管机制；要推动绩效行政问责；要强化预算绩效约束。[②]

其四，预算会计维度。陈德谱（2014）认为：预算会计是核算、反映和监督国家预算执行情况和最终结果的一种会计体系，其本身存在着抑制腐败的效应。预算会计对腐败的抑制功能主要体现在事前控制、事中监督和事后反馈上，而财务会计对腐败的抑制功能主要体现在对公职人员的激励上。[③] 李海滨（2015）认为：预算会计作为集中反映、核算和监督国家预算执行情况为一体的会计工具，对于抑制腐败具有重要的意义。预算会计能够通过参与经济决策的制定来抑制腐败；预算会计能对重大的经济活动进行有效的监督来抑制腐败；预算会计通过监督绩效履行情况来抑制腐败；内部预算会计制度也可以抑制腐败。[④]

三、预算治理相关文献

当前学者们对预算治理的研究主要集中在讨论预算治理的原则、预算治理的维度等问题。王雍君（2010）认为：预算治理需要遵循善治原则，有效的预算治理需要依赖四个支柱：受托责任、透明度、可预见性和参与。四个部分在预算治理中扮演着不同的角色：首先，政府官员要有履责能力，这就体现出受托责任的要求；其次，社会公众能够以较低的成本获取有关的预算信息，这体现出透明度的要求；再其次，通过法律法规的完善，从而提升对政府预算行为的预见性；最后，参与被看做一种发言权机制，强调通过参与加强受托责任。[⑤] 郑石桥和贾云洁（2012）认为：从预算审计的视角构造出了一个预算治理的结构，提出各个国家针对预算机会主义会有一个由预算文化、预算制衡和预算问责组成的预算治理结构。[⑥] 许光建等（2014）认为：预算治理涉及的不仅仅是透明度、可问责，更重要的还需要社会公众积极、广泛地参与到整个预算过程中，同时政府部门对社

---

① 许正中、刘尧、赖先进：《财政预算专业化制衡、绩效预算与防治腐败》，载《财政研究》2011年第3期。

② 魏红、涂家铭：《财政预算绩效管理与防治腐败探索》，载《财政监督》2014年第13期。

③ 陈德谱：《预算会计发展对抑制腐败的功能初探》，载《经济研究导刊》2014年第20期。

④ 李海滨：《预算会计发展对抑制腐败的功能初探》，载《当代经济》2015年第20期。

⑤ 王雍君：《公共预算管理》，经济科学出版社2010年版。

⑥ 郑石桥、贾云洁：《预算机会主义、预算治理构造和预算审计——国家审计嵌入公共预算的理论架构》，载《南京审计学院学报》2012年第4期。

会公众的关注要及时进行回应。① 高培勇（2014）认为：财政作为国家治理的基础和重要支柱，在全面深化改革中成为率先践行的突破口。公共性、非营利性和法治化是现代财政制度的三大特征。法治化要求全部政府收支进入预算，并强调政府预算是接受人大代表和全体社会成员监督的重要途径。预算的实质是全面规范和公开透明。② 刘尚希（2014）认为：在国家治理中财政需要平衡两个“钱袋子”，实行财政两级治理，发挥中央与地方两个积极性。③ 刘尚希（2015）认为：国家与市场的关系、国家与社会的关系以及中央与地方的关系是国家治理的三个维度，财政治理需要在这三个维度下，体现出效率、公平、适度和包容的价值取向。④ 陈龙（2015）认为：预算在国家治理中应当体现出新价值：社会安全阀，稳定社会；促进价值与利益的整合；培育现代公民的意识和能力；促进社会资本与经济资本的有机融合。⑤ 胡明（2016）认为：预算治理包含善治、法治和共治。预算治理要求治理主体多元化、治理客体主动化、治理目标最大化地满足公共需要、治理方式双向化、治理手段多样化和民主化。⑥

四、文献评述

现有的文献研究表明，监督与约束权力是学者们长期关注并探讨的问题，就此也产生了较为丰富的研究成果。既有的文献对权力约束与监督问题的研究具有十分重要的参考意义，对相关研究提供了诸多有益的启示，为深入研究预算治理体系奠定了较高的理论起点。

尽管如此，当前对预算治理体系的研究仍处于起步阶段，相关研究大部分处于碎片化状态，部分研究还停留在概念探讨、原则梳理阶段。现有的研究大部分集中在某一制度上，很少从系统的视角来探讨预算监督与约束权力的路径，例如：单从预算公开制度的角度来探讨腐败抑制的方法。总的来看，现有研究的局限性，也是本书重点研究的内容。

其一，系统控权的作用机理。从系统控权的角度，探讨权力约束的作用机理，才能在权力监督中有的放矢。系统控权就是强调通过预算制度系统的构建，使得多元主体能够凭借该系统充分发挥其应有的权力约束作用。预算治理强调国

---

① 许光建、魏义方、李天建、廖芙秀：《中国公共预算治理改革：透明、问责、公众参与、回应》，载《中国人民大学学报》2014 年第 6 期。

② 高培勇：《论国家治理现代化框架下的财政基础理论建设》，载《中国社会科学》2014 年第 12 期。

③ 刘尚希：《财政改革、财政治理与国家治理》，载《理论视野》2014 年第 1 期。

④ 刘尚希：《财政与国家治理：基于三个维度的认识》，载《经济研究参考》2015 年第 38 期。

⑤ 陈龙：《预算治理新价值：破解良序社会生成中的理性困境》，载《地方财政研究》2015 年第 7 期。

⑥ 胡明：《预算治理现代化转型的困境及其破解之道》，载《法商研究》2016 年第 6 期。

家、社会组织、公民等多元主体要在协同共治的治理框架中，充分发挥各自应有的权力约束效能，而这个框架就是预算制度。当前的研究主要集中在预算治理的原则、预算治理的维度等问题的探讨上，既有文献在解释预算治理约束权力的路径上过于笼统，缺乏以多元主体为视角详细论证预算制度系统约束权力的作用机理，从而使人们很难全面完整地理解和认知相关问题。实际上，预算治理体系作为一个制度系统，能够促使各治理主体通过该系统充分地发挥权力约束的作用。因而，剖析该体系权力约束的作用机理，充分发挥各主体的权力约束效能，有助于充分释放权力约束效果。

其二，系统控权的权力约束路径。从预算约束权力的效应上来看，现有的研究开始关注具体的预算制度与腐败之间的关系，如探讨预算公开与腐败之间的关系、预算法制与腐败之间的关系等，并从相关制度视角探究腐败治理的路径。但总的来看，目前的研究成果呈现碎片化的状态，尚未以多元主体为视角从预算制度系统出发梳理腐败治理的办法，也就是说，从预算治理体系的视角系统地梳理腐败的根治办法还处于探索阶段。同时，当前从具体预算制度的视角来研究腐败，尚处于定性研究阶段，仅有的几篇定量研究文献，也仅仅从单一的制度展开。拘于数据的可得性，目前相关实证研究仅仅涉及预算公开和财税法制对腐败的影响，换言之，从预算制度系统的视角来进行反腐败的定量研究，尚属空白。

第三节 研究内容与研究方法

一、研究内容

总体上，本书以系统控权为视角展开研究，在梳理我国预算治理发展历程及其权力约束效果的基础上，分析了当前我国预算治理存在的不足；为弥补不足，构建了一套预算治理体系，阐述了该体系约束权力的作用机理及其形成的系统控权的约束效应；利用演化博弈理论和我国预算经验数据检验了该体系的理论与现实效果；在此基础上，充分借鉴国际经验、实证结果，结合我国的实践，提出我国预算治理体系制度构建的设想。

本书试图回答以下几个重要问题：其一，预算治理体系构建的理论基础是什么？其二，现阶段我国预算治理的情况以及约束权力的效果如何？其三，预算治理体系系统控权的作用机理是什么？其四，预算治理体系监督与约束权力的现实效果如何？其五，我国预算治理体系制度应当如何构建？按照上述逻辑，相关内容论述如下。

（一）预算治理体系构建的理论基础

第二章首先阐述了预算权力理论。本书以预算权力为切入点，分析了其由异化到腐败的过程，梳理出权力不受约束是导致预算权力异化的根本原因。在此基础上，阐述了权力约束理论。按照历史顺序，介绍了马克思、恩格斯、列宁、毛泽东、邓小平、江泽民、胡锦涛有关权力约束的思想，特别是习近平新时代有关权力约束的重要论述。最后，介绍了系统控权理论。在权力约束视角下，结合国家治理现代化理论得出了预算治理体系监督与约束权力的路径为系统控权。本书通过梳理现代预算的发展轨迹，归纳出“政治控制”与“行政控制”分工与协作是预算治理的发展模式；在这个模式下，预算治理各要素向现代化转型，阐述了法治、透明、绩效与民主作为预算治理现代化判断标准的内容以及它们与权力约束之间的关系；以此标准为导向，通过构建预算治理体系，形成由立法机构、政府部门、审计部门和社会公众等主体共同参与的系统控权的治理格局。

（二）我国预算治理发展历程及其权力约束效果的分析与评价

在上一章的基础之上，本章首先以财政“公共化”和财政“现代化”为时间节点，从系统控权的治理格局视角，梳理了各主体在预算治理中的实践，并分析出“行政控制”不断强化和“政治控制”仍显弱化是我国预算治理的发展模式。其次，在这个模式下，本章利用2014～2017年审计署公布的中央部门预算执行审计公报和笔者手工统计的截至2017年8月9日中国裁判文书网公布的8500个腐败案件判例，来分析现阶段我国预算治理约束权力的效果；同时采用2013年10月至2018年6月Wind数据库中有关腐败问题的数量，分析现阶段预算治理抑制腐败的现状。通过上述分析，得出：现阶段我国预算治理约束权力和抑制腐败的效果并未得到充分释放。最后，以上述两部分的内容为基础，对当前我国预算治理权力约束效果进行总结与评价，以法治、透明、绩效与民主为视角，分析了我国在预算法制、预算公开、预算绩效、预算民主制度上存在的不足，并提出系统控权是破解我国预算治理困境的办法。

（三）预算治理体系的机制构建与理论效果分析

第四章将从系统控权的角度构建预算治理体系。本章针对当前我国预算治理发展存在的不足，采用多维度的权力约束模式，构建由预算法制、预算公开、预算绩效和预算制衡组成的预算治理体系；以控制权力和保障权利为着力点，分析了预算治理体系约束权力的作用机理，并阐述了其系统控权的约束效应。通过预

算治理体系的机制构建，优化了我国当前的预算治理模式，各主体以该体系为依托充分发挥权力约束的“共振”和“聚力”效应，形成系统控权的治理格局。在上述分析的基础上，以动态演化博弈理论为基础，借鉴鹰鸽博弈分析框架，在行贿者与受贿者之间，引入人大、政府部门、财政部门和社会公众等多元主体，分析了在多元主体参与下，行贿者与受贿者之间的博弈策略选择，并分析了长期演化的路径。博弈结论显示：随着预算治理体系的构建并逐步完善，系统控权的权力约束效果将得到彻底的释放，最终能够有效地抑制权力腐败的发生。

（四）预算治理体系监督与约束权力的实证检验

第五章以抑制权力腐败为标准，将实证检验预算治理体系监督与约束权力的现实效果。在第四章的基础上，本章利用2007～2013年中国省级面板数据，采用面板回归，分别对预算治理体系组成部分：预算法制、预算公开、预算绩效和预算制衡抑制腐败的效果进行实证检验。在上述实证检验结果的基础上，采用系数加权的方式，生成预算治理体系数据，并对预算治理体系抑制腐败的效果进行实证检验。实证结果显示：预算法制、预算公开、预算绩效与预算制衡能够抑制腐败的发生，由它们组成的预算治理体系抑制权力腐败的效果更加明显。

（五）我国预算治理体系的制度构建

第六章将在第四章和第五章的基础上，系统梳理了国外预算治理体系的构建经验，然后结合实证结论和实践对我国预算治理体系进行制度构建。该制度包括：第一层为价值导向。党的领导、人民当家作主、依法治国以及三者的有机统一，是预算治理体系构建运行的价值导向。第二层为预算治理体系的功能机制。本部分以控制政府权力和保障公民权利为出发点，对预算法制、预算公开、预算绩效、预算制衡制度的完善提出政策建议。第三层为协同机制。介绍了预算治理体系的系统连接机制和能力整合机制。第四层为配套机制。本部分以习近平新时代权力约束思想和治理实践中的新趋势为依托，提出了道德教育、大数据技术、个人激励机制和组织制约是预算法制、预算公开、预算绩效和预算制衡控权功能发挥的配套机制。

二、研究方法

本书在对预算治理体系的研究过程中，采用了规范研究、数理研究和实证研究相结合的方法。

（一）文献分析方法

本书通过对已有文献的研究成果进行梳理和总结，在借鉴既有研究成果的基础上，从权力约束的视角切入研究、并从系统控制的视角来寻找约束权力的路径，构建预算治理体系系统控权的理论框架，并进行实证研究。

（二）数据统计分析

本书在分析现阶段预算治理监督与约束权力的效果和实证检验时，均采用手工统计的方式，对数据进行了归纳和整理。在权力约束效果分析上：其一，本书选取2014～2017年审计署公布的中央预算单位预算执行审计公报，共统计分析了198个部门，1609个审计问题，并采用词频统计的方法对相关问题进行归类总结；其二，本书选取了截至2017年8月9日中国裁判文书网公布的8500个预算领域腐败案例，对这些案例所采用的手段、案件发生领域、案件类别等进行统计，并采用词频统计的方法进行归类整理。在实证检验中：其一，在腐败数据搜集上。本书采用统计计算的方式，手工查阅了历年《中国检察年鉴》，搜集了2007～2013年职务类犯罪立案数和立案人数。其二，在预算法制的数据搜集上。本书通过北大法意网在搜索栏搜索财税法，分地区统计计算了2007～2013年的数据。其三，在预算绩效数据上。本书通过设计5个一级、12个二级评价指标，采用历年《中国统计年鉴》中有关数据，计算了2007～2013年预算绩效数据。其四，在其他变量上。预算公开、预算制衡、财政分权等9个数据，均采用手工统计计算的方式进行。

（三）数理模型分析

本书以演化博弈理论为基础，借鉴鹰鸽博弈分析框架，通过数理推导，得出受贿者和行贿者各自的复制动态方程，并由此构建了二维动态稳定方程，然后得出预算治理体系抑制权力腐败的4个均衡稳定点，1个动态鞍点，并基于此分析了预算治理体系抑制权力腐败的长期演化路径。

（四）计量分析方法

本书采用2007～2013年中国省级面板数据，通过面板回归的方法，实证检验了预算法制、预算公开、预算绩效和预算制衡对腐败的影响。在上述实证检验结果的基础上，采用系数加权的方式，生成预算治理体系数据，并对预算治理体系抑制腐败的效应进行分析检验。

三、研究说明

党的十八大以来，以习近平为核心的党中央高度重视廉政制度建设，多次提出："要建立权力运行制约和监督体系，打造不敢腐的惩戒机制、不能腐的防范机制、不易腐的保障机制，把权力关进制度的笼子"。现代预算的核心功能在于监督与约束权力，构建中国特色社会主义预算治理体系，扎牢监督权力运行的制度笼子就具有十分重要的意义。基于此，本书以监督和约束权力运行为视角，在国家治理改革的背景下，探究我国预算治理体系的构建。本书所选取的案例、数据、实证分析等聚焦于2018年12月之前，这是因为，党的十八大以来以习近平为核心的党中央一以贯之、坚定不移推进全面从严治党，党内政治生态展现新气象，反腐败斗争取得了积极成效。在2018年12月13日中央政治局会议上，习近平提出："反腐败斗争取得压倒性胜利，全面从严治党取得重大成果"。为此，选取2018年12月之前的案例、数据、实证进行分析，一方面，能够总结党的十八大以来权力监督与约束的经验，巩固压倒性态势，强化不敢腐的震慑，扎牢不能腐的笼子，增强不想腐的自觉；另一方面，能够探究预算治理体系构建中存在的不足，继续奋发向上、弥补短板，在中国特色社会主义迈向现代化建设的新阶段，扎牢权力约束的制度笼子，巩固反腐成果。同时，能够加快推进现代预算制度构建，全面推进国家治理体系和治理能力迈向现代化，充分展现中国特色社会主义制度的优越性。

第二章

国家治理现代化下预算治理体系约束权力的理论基础

英国历史学家阿克顿勋爵提出了著名的权力腐败论：权力导致腐败，绝对权力导致绝对腐败。[①] 可见，监督与制约权力是防止权力滥用的必由之路。本章将阐述预算权力理论，梳理马克思主义理论中有关权力约束的思想，特别是习近平新时代关于权力约束的重要概述，在此基础上，分析国家治理现代化下预算治理体系监督与制约权力的实现路径。

第一节　预算权力理论

一、预算权力的基本内容

（一）预算权力的概念界定

权力是一个最基本、最核心的社会科学概念。近代以来关于权力概念的探讨形成了不同的派别，如：权力能力论、权力强制论、权力关系论等。本书认为：权力是在政治关系中权力主体为了实现某种利益依靠一定的政治强制力作用于权力客体的一种政治力量。

在上述关系中，如果权力主体为国家或政府，权力客体为社会群体，国家或政府为实现公共利益凭借政治力量运用权力作用于社会群体，此时作为政治关系中介的权力就为公共权力。

从权力的来源来看，公共权力来自于公民权利的让渡。根据委托代理理论，

① ［英］阿克顿：《自由与权力》，侯健、范亚峰译，译林出版社 2011 年版。

在社会生活中个人的力量总是有限的，总有一些利益诉求凭借一己之力是无法完成的。为了实现个人无法完成的利益目标，公民将属于自身部分的权利让渡出来，交由政府代表公民运行以维护社会共同利益。由此可见，公权力的行使是为了实现公共利益，提供满足个体所需的公共物品和公共服务。在公共利益目标实现的过程中，离不开公共资金的支持，公共资金成为公共权力良性运转的物质基础。如何有效地运用公共资金也就成为公共权力运行的首要问题。公共预算作为公共资金的收支计划，通过预算决策、编制、审批、执行等过程，有效地维持着公共资金的运转，从而为实现公共利益奠定基础。预算过程体现出预算权力的运转。因此，从根本上来看，预算权力运转的目标是为了实现公共利益，预算权力实质是公共权力的一部分（见图2－1）。

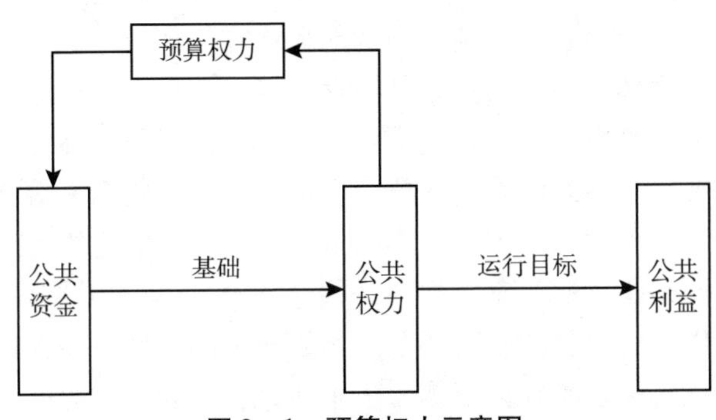

图2－1　预算权力示意图

预算权力是在预算管理过程中，通过法律授权由预算权力主体行使的，以配置社会公共资源，增进公共福利的权力。根据不同的划分标准，预算权力可以划分为不同的类别：按照预算流程划分，预算权力可以分为预算决策权、预算编制权、预算审批权、预算执行权、预算调整权、预算监督权等；按照预算主体在权力结构中地位的不同，可以分为中央预算权和地方预算权。

（二）预算权力的构成要素

预算权力的构成要素是指预算权力是由哪些要素所构成的。对权力构成要素的探讨有多种观点。陈振明认为：权力是由权力主体、权力内容、权力客体三部分组成。① 方世荣认为：权力要素包括权力来源、权力主体、权力客体、权力运行以及权力保障。② 结合上述观点本书认为：预算权力作为公共权力的一部分，

---

① 陈振明：《政治学——概念、理论和方法》，中国社会科学出版社2004年版。
② 方世荣：《论行政权力的要素及其制约》，载《法商研究（中南政法学院学报）》2001年第2期。

其构成要素离不开预算权力来源、预算权力主体、预算权力客体、预算权力行使以及保障等要素。具体而言：

预算权力来源决定预算权力存在的正当性和合理性。从现代预算的发展历程来看，预算权力来源于公民私有产权的让渡。公民将自己拥有的部分私有财产让渡给政府，政府通过了解公民的需要，根据公民的利益诉求来安排公共资金。可见，预算权力来自于公民的授权，包含了权力的合法性以及权力配置两部分内容。

预算权力主体是预算权力的所有者。在预算权力关系中，预算权力主体处于主导地位。在现代预算中，预算权力的所有者和行使者往往是相分离的，预算权力所有者将权力授权于预算权力行使者来执行。因此，本书认为：预算权力主体指的是预算权力的行使者，也就是运用预算权力的组织或个人。在实践中按照预算流程，预算权力主体涉及立法部门、政府部门、审计部门等。

预算权力客体是权力主体行使权力的对象。在任何权力关系中，都离不开权力客体，没有权力客体任何权力关系都不存在。预算权力客体在预算权力关系中处于被动地位，但预算权力客体也会影响预算权力的运行。在预算实践中，预算权力客体从表面上来看涉及的是公共资金，但由于公共资金来源于纳税人，故预算权力客体实质上为纳税人。因此，本书认为预算权力的客体为纳税人。

预算权力行使是指按照一定的规则，预算权力主体运用预算权力的过程。预算权力行使是发生权力效能的重要环节。预算权力的行使要确保其在合理的范围和边界中运行，既不能超越权力范围，也不能无所作为。权力的行使是权力运行的复杂环节。

预算权力保障是为预算权力的良性运转提供相关的支撑。预算权力的有效运转离不开各种条件的支撑，这里的条件包括了多种内容，既有物质条件，也有制度条件。

（三）预算权力的特征

1. 公共性。

预算权力的公共性是指预算权力的公益性，这里的公益性要求预算权力的行使要与“社会”相一致。要促进和维护社会公共利益，则需要预算资金秉持“取之于民，用之于民”的原则。具体而言，预算权力配置的目的在于实现公共利益，在行使过程中，必须出于公共利益考虑而不是个人利益。

2. 扩张性。

预算权力是一种公共权力，在运行过程中，无须事前征得权力客体的同意，就能够对其产生影响。如果不对预算权力进行有效地约束，预算权力就会无限地扩张，竭力地聚敛权力，这就是预算权力的扩张性。孟德斯鸠曾这样论述过权力

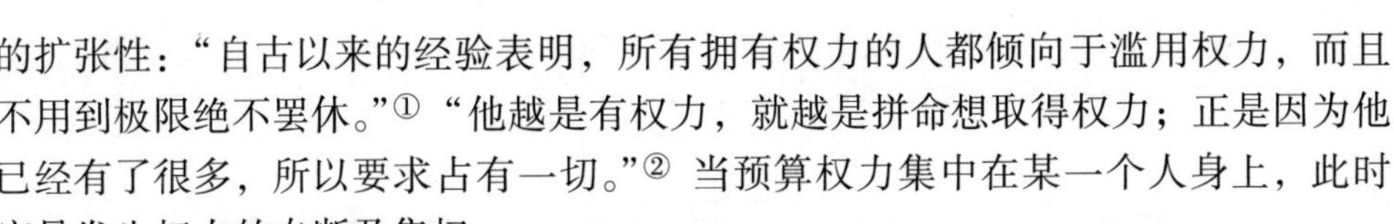

的扩张性："自古以来的经验表明，所有拥有权力的人都倾向于滥用权力，而且不用到极限绝不罢休。"① "他越是有权力，就越是拼命想取得权力；正是因为他已经有了很多，所以要求占有一切。"② 当预算权力集中在某一个人身上，此时容易发生权力的专断及集权。

3. 不对称性。

预算权力相较于其他公共权力而言，具有明显的不对称性。在预算权力关系中，权力主体和权力客体在资源控制以及信息上具有不对称性。这种不对等关系集中体现在政府与社会公众之间、政府层级之间。特别值得注意的是，在政府与社会公众之间，政府所掌握的资源与信息较公众多，因此二者之间的预算权力关系并不对等。

4. 利益性。

预算权力运行的实质在于配置公共资源，而资源的配置直接关系到公共目标的实现。可见，预算权力直接触及公共资源的分配问题，也直接关系到公共资源所带来的利益分配问题。利益可以是公利，也可以是私利。如果预算权力不受约束，权力被滥用，其实现的可能是私人利益；如果预算权力良性运转，其实现的则是公共利益。可见预算权力的利益性和公共性是相互联系的，即如果预算权力运转目标是实现公共目标，则预算权力的利益性和公共性是一致的；如果预算权力运行的目标是为了个人利益，则预算权力的利益性和公共性是相背离的。

（四）预算权力的运转

权力并不是静止的，而是在一定的时间空间中不断运转的。预算权力的运转是指预算权力在一定的预算环境下运行，目的是为了达到预期的预算结果，即实现公共利益（见图2-2）。从预算权力运转系统图中可以看出，预算权力运转系统是由以下部分组成。

其一，从预算环境来看。预算权力在一定的预算环境下运转。预算环境由于各国经济发展水平、政治制度安排、历史文化等不同，呈现出不同的特征，但总的来看，预算环境应当包括预算法治环境和预算德治环境。

其二，从预算权力结构来看。按照预算流程的划分，预算过程包括预算决策、预算编制、预算审批、预算执行、预算调整、决算以及预算监督等。相应的预算权力包括：预算决策权、预算编制权、预算审批权、预算执行权、预算调整权、决算权以及预算监督权。由于这些权力依附于不同的预算权力主体行使，因而，

① ［法］孟德斯鸠：《论法的精神》上册，许明龙译，商务印书馆1991年版，第165~166页。
② ［法］孟德斯鸠：《罗马盛衰原因论》，婉玲译，商务印书馆1997年版，第154页。

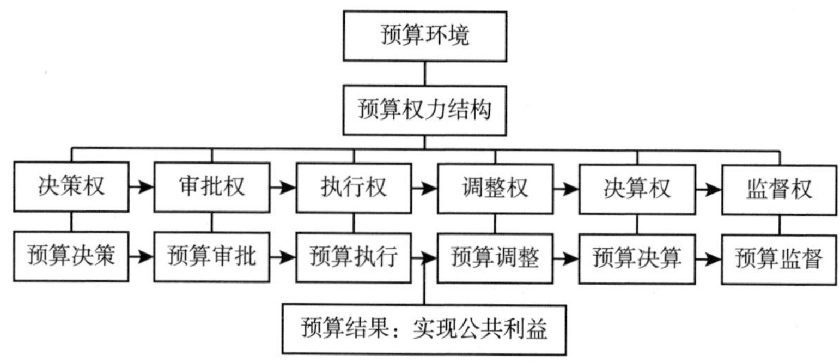

图2-2　预算权力运转系统

从外表来看呈现出一定的结构关系。从我国预算实践来看，预算决策权、预算编制权、预算执行权、决算权归属于各级政府部门；预算审批权、预算调整权归属于各级人民代表大会及常务委员会；各级人大及其常委会、审计部门、社会公众等拥有预算监督权。各级政府部门结合国民经济目标和社会发展规划等要素，经过综合考量编制政府部门预算，由各级财政部门汇总形成政府预算草案并报送各级人民代表大会审议；各级人大审议批准预算草案，从而形成具有法律效力的政府预算；各级政府部门根据人大审批通过的预算负责具体执行（在执行过程中，如需进行预算调整，各级政府部门按照有关法律规定，编制预算调整方案报送相应人大常委会审批），在预算年度终了时负责编制决算草案并提交各级人大审查和批准。在此过程中，人大、审计部门、社会公众对政府预算行为进行监督，其中审计部门对政府预算执行过程和结果进行检查，出具审计报告并随同决算草案报送各级人大审查。在上述流程中，人大通过审批政府预算草案、监督预算执行以及对预算执行结果进行审议，从而确保政府部门合理有效地施政；审计部门、社会公众对政府预算行为进行监督，从而促使政府对其所管理的事务更加负责。由此，在人大与政府部门、审计与政府部门、社会公众与政府部门之间形成了分工与协作的权力结构。

其三，从预算结果来看。预算权力在一定的预算环境下运转，是为了实现一定的预期目标。预算权力本身所具有的特征，决定了预算权力运转的目标在于实现公共利益。

预算权力正是在一定的预算环境下，各主体在相互制约的权力结构中，各司其职行使权力，从而有效地实现和维护社会公共利益。因此，从结果来看，是否实现以及如何实现社会公共利益则成为判断预算权力是否良性运转的标准。

二、预算权力异化与预算权力腐败

预算权力在一定的预算环境下运转，目的是为了实现公共利益。但预算权力自身具有扩张性、不对称性、利益性等特征，同时由于预算权力所面临的环境是动态变化的，因此，预算权力有可能并不会按照原有的预期目标运转。根据预算权力偏离公共利益的程度不同，可能会发生预算权力异化甚至预算权力腐败现象。

（一）预算权力异化

1. 预算权力异化的概念。

异化一词，德语原文是 Entfremdung，英语则为 Alienation，该词是哲学中的一个核心概念。在哲学范畴中，异化反映的是物与物之间的对抗关系，即一种物体变成与它相对立的物体，从而来反抗原物体。马克思认为："人的存在与他的本质疏远，人在事实上不是他潜在的那个样子，或者，换句话说人不是他应当成为的那个样子，而他应当成为他可能成为的那个样子"。[①] 将异化的概念引入政治学领域，则衍生出权力异化的概念。

预算权力异化是指预算权力在运转过程中出现与自身相对立的力量，从而使得预算权力所达到的结果与其本应的属性相偏离。预算权力行使的目标在于有效地配置公共资源，实现公共利益。但由于种种原因，预算权力在运转过程中会产生一种与自身相对立的力量，这种力量拉动着预算权力运转偏离轨迹，从而最终导致预算权力运转结果与其初始目标相偏离。可见，预算权力异化的过程也就是权力被滥用的过程。

预算违规行为就是预算权力异化的典型表现。预算违规行为就是用权的实际结果与预期结果发生偏离，但并没有达到完全对立的程度。这类行为，虽没有表现为直接侵吞公共资金，但是也造成公共资金没有被有效利用，社会公共利益没有得到有效的维护。如在预算编制过程中，由于项目预算编制不细化、不科学从而造成预算资金损失的行为。

2. 预算权力异化的原因。

导致预算权力异化的原因总是复杂的，既可能是历史的原因，也可能是现实的原因；既可能是表面的原因，也可能是深层次的原因；既可能是外在的原因，

① 复旦大学哲学系现代西方哲学研究室：《西方学者论〈一八四四年经济学——哲学手稿〉》，复旦大学出版社 1983 年版，第 59 页。

也可能是内在的原因。本书结合预算权力的运转，归纳出预算权力异化的根本原因、内在原因以及外在原因。

（1）根本原因。预算权力异化体现为预算权力被滥用的过程。预算权力异化的根本原因是预算权力没有受到有效的约束。预算权力一经产生，就具有独特的特征，诸如不对称性、扩张性、利益性等。正是因为这些特征，预算权力需要受到有效的约束，如果对预算权力约束不力，可能会发生预算权力异化。如预算权力的不对称性使得权力主体较权力客体在公共资源配置和相关信息获取上享有独特的优势，再加上预算权力具有扩张性、利益性等特征，这时如果预算权力得不到有效的约束，就会造成异化。

（2）内在原因。导致预算权力异化的内在原因包括：预算权力结构本身的不均衡会造成预算权力异化。预算权力良性运转的重要前提是预算权力结构本身处于相对均衡状态，各权力主体之间要相互制约、相互制衡。如果各主体之间权力失衡，权力不受约束，就会导致预算权力异化。如在预算权力结构中，立法机关处于弱势地位，而政府部门处于相对强势的位置，这时并没有形成具有约束效力的权力结构。如果缺乏有效的权力约束机制，作为强势方的政府部门在用权过程中可能会滥用权力，从而造成预算权力异化。另外，在预算权力运转过程中内在矛盾也会导致预算权力异化。在委托代理链条中，预算权力的所有者与使用者相分离。在这种情况下，权力运转中的内生矛盾会造成预算权力异化的发生。具体而言：一方面，公利与私利之间的矛盾。预算权力所有者为公民，所追求的是共同的公共利益。个体自身会带有私人性，当公共利益与私人利益之间发生矛盾，此时在预算权力缺乏约束的情况下，权力使用者出于追求个人利益最大化的目标，有可能造成预算权力异化。另一方面，权力的行使与责任承担相分离。公民将预算权力授予政府部门行使的同时，用权者同样需要承担相应的责任。预算权力的行使者运用权力存在着主动性，预算权力行使的程度越强，获得的利益满足也就越多；而在责任承担上却具有被动性，责任的履行往往依靠个人的自觉，也在一定程度上依赖于外在相关的约束机制。当缺乏有效的约束机制时，有可能会出现权力行使者只运用权力而不承担责任的情况，这就有可能造成预算权力异化。

（3）外在原因。外部环境是导致预算权力异化的重要原因。从预算权力运转分析中可以看出，预算权力是在一定的预算环境中运行的。这里的预算环境包括预算法治环境与德治环境，二者对于预算权力的运转起着刚柔并济的约束作用。如果预算环境不能对预算权力进行有效的制约，就会造成预算权力异化的发生。具体而言：一方面，预算法治环境对预算权力运转起着刚性的约束作用，但法律的制定往往具有一定的滞后性，同时如果预算法律的执行力度不够，就会发生预算法律软约束的现象。另一方面，预算德治环境对预算权力运转起着柔性的约束作用，但预算德治环境易受到历史文化、人文制度等方面的影响，因而这种约束具有不确定性。

（二）预算权力腐败

如果预算权力不受约束，就会导致预算权力异化的发生，即预算权力被滥用。预算权力异化的程度取决于对抗力量的大小。当对抗力量较大，将预算权力运转轨迹完全拉离其原有的轨道，并形成一种与原力量对抗的状况，就产生了预算权力腐败。如在实践中，挪用预算资金弥补人员经费不足的行为，此时的对抗力量还不足以造成完全偏离既有目标，但如若权力不受约束任凭其发展，最后为了谋取个人利益，就会形成一股巨大的对抗力量，造成挪用预算资金为己所有的权力腐败行为。

可见预算权力异化与预算腐败之间的关系表现为（见图2－3）：如若不加以控制，预算权力异化最终会导致预算权力腐败。也就是说，当某种对抗力量产生时，它拉动着预算权力开始偏离其初始的运行轨迹，这就是预算权力异化；当预算权力异化继续推进，最终导致预算权力运行的结果与其最初的目标完全对立，此时就产生预算权力腐败。

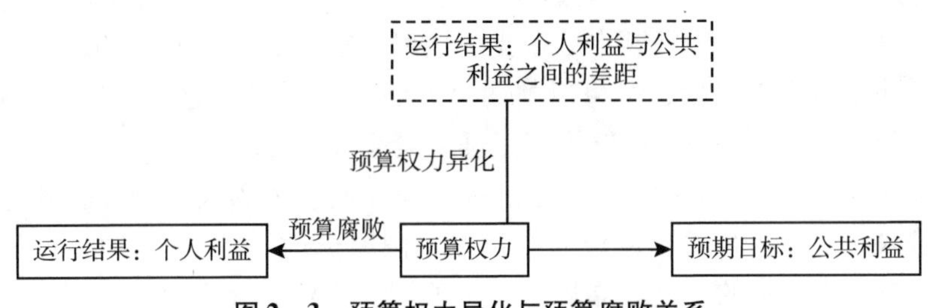

图2－3　预算权力异化与预算腐败关系

预算权力腐败是为政者滥用预算权力，使得预算权力的运转完全偏离了原有的运行轨迹，权力运转的实际结果与预期结果之间形成完全对立的关系。预算权力腐败体现出权力职能的病变：为谋取个人利益，权力主体滥用预算权力从而造成国家正常政治生活发生病变。预算权力之所以能换取利益，是因为它具有一定的支配性，预算权力的公共性特征是这种支配性的源泉。在腐败中，预算权力由于谋取私利，故丧失了公共性，但因为它保持着预算权力的外表并且仍处于其他公共权力的联系中，所以它仍然能对利益起着实际的支配作用。

从财富流动角度来看，预算权力腐败实质上是掌权者将预算权力支配下的公共财产以寻租、侵吞或滥用等方式向私人财产转移的过程。“公财私用”的行为带来的是预算权力运行的实际结果与预期结果完全对立，是用权者对社会公共资金的直接蚕食，是社会公共利益的直接损失。如在预算执行过程中，通过虚假合同套取财政资金为自己谋利的行为。

第二节　权力约束理论：马克思主义理论中的权力约束思想

预算权力不受约束是导致权力异化，乃至权力腐败的重要原因。因而，控制与约束权力是防止预算权力运转偏离原有轨道的重要方法。在权力约束理论中，马克思主义理论中的权力约束思想，特别是习近平新时代有关权力约束的重要论述对预算治理体系的构建具有十分重要的指导意义。

一、马克思、恩格斯、列宁有关权力约束的思想

马克思、恩格斯在长期同资产阶级斗争过程中，道出了权力需要制约的思想。马克思、恩格斯认为权力作为社会关系的一种表现形式，体现为一方支配另一方的力量，因此，权力问题十分重要。[①] 特别是“在政治权力对社会独立起来并且从公仆变为主人以后，它可以朝两个方面起作用”。[②] 这样一来，良好的权力约束机制就成为确保权力始终沿着正确方向运行的关键。

列宁认为良好的权力约束机制重点在于建立起强大的人民监督制度，“应当使工人进入一切国家机关，使他们监督整个国家机构”[③]。列宁所倡导的人民监督思想，与西方国家的三权分立思想并不相同。要建立起有效的人民监督制度，就必须实行法、制、权三者的有机统一。其一，要颁布人民监督法，使之具有至高无上的法律依据。列宁强调在苏维埃政权逐步巩固的情况下，应当使国家管理逐步走上法治化的轨道。他指出：“国家事务愈多愈复杂，就愈需要提出加强革命法制这个坚定不移的口号”。[④] 其二，要建立一整套人民监督的制度，使之具有规范、系统的制度保证。通过立法赋予人民监督权使之具有权威性，这样才能够打破权力腐败的社会关系网。

① 《马克思恩格斯选集》第1卷，人民出版社1972年版，第170页。
② 《马克思恩格斯选集》第3卷，人民出版社1972年版，第222页。
③ 《列宁全集》第38卷，人民出版社1986年版，第140页。
④ 《列宁全集》第42卷，人民出版社1987年版，第353页。

二、毛泽东、邓小平、江泽民、胡锦涛有关权力约束的思想

（一）毛泽东：抑制权力腐败就是要走民主之路

面对我国历史“其兴也勃”“其亡也忽”的周期律，毛泽东提出跳出历史的“周期律”就必须走民主之路的思想。中国共产党带领中国人民取得革命胜利后，所面临的最大考验就是权力的考验。毛泽东指出党政机关工作人员官僚主义、命令主义现象，“不但在目前是一个大问题，就是在一个很长的时期内还将是一个大问题”。[①] 只有坚持走民主之路才能有效地克服官僚主义、命令主义，才能保持党的肌体健康发展，才能跳出历史的“周期律”。监督与约束权力就是要走民主之路。一方面，要大力发扬党外民主；另一方面，要不断巩固党内民主。[②]

党外民主就是要加强群众对权力的监督。毛泽东认为中国共产党是工人阶级的先锋队，是中华民族最优秀分子的集合体。[③] 中国共产党始终坚持全心全意为人民服务的宗旨，但是总有一些人缺乏自觉性，他们滥用手中的权力，仗势弄权，捞取私利。因此，必须依靠群众的参与，才能有效地监督与约束权力。群众监督要采取多样化的方式，构建畅通的渠道，如建立健全群众信访制度，鼓励群众揭露贪污腐化行为、违法违纪行为等。

党内民主就是要坚持民主集中制。监督与约束权力要加强党的自身建设，始终坚持民主集中制的原则。毛泽东认为，在党内通过贯彻民主集中制，营造一个既有集中又有民主，既有纪律又有自由的政治局面，从而有利于克服权力异化而带来的权力腐败行为。[④]

（二）邓小平：民主要靠法制来保障

如何才能有效地动员广大人民群众，使权力受到人民群众的监督，从而让民主成为抑制权力腐败的有效方式。邓小平提出监督与约束权力，要充分发扬民主，而民主要依靠法制来保障。

其一，要充分发扬民主。“充分发扬民主，保证全体人民真正享有通过各种有效形式管理国家、特别是管理基层地方政权和各项企业事业的权力，享有各项公民权利”。[⑤]

---

① 《毛泽东文集》第6卷，人民出版社1999年版，第254页。
②③ 王世谊：《权力腐败与权力制约问题研究》，中国社会科学出版社2011年版，第186页。
④ 王世谊：《权力腐败与权力制约问题研究》，中国社会科学出版社2011年版，第187页。
⑤ 《邓小平文选》第2卷，人民出版社1994年版，第322页。

其二，要切实加强法制。邓小平认为要防治权力腐败，法制具有根本性。[①]同时，他强调纪律对权力的制约作用。“党员在党章和党纪面前人人平等”“谁也不能违反党章党纪，不管谁违反，都要受到纪律处分”“只有真正坚决地做到了这些，才能彻底解决搞特权和违法违纪的问题”。[②]

其三，正确处理民主与法制的关系。邓小平认为必须以法制来保障民主，从而实现民主与法制的有效结合。[③] 邓小平强调：“社会主义民主和社会主义法制是不可分的”。[④] 这是因为如果没有了社会主义法制，也就没有了党的领导，民主也成了空谈。所以要实现民主，则必须依靠法制，使之法治化。

其四，社会主义的法律不仅是人民行使民主权利的可靠保证，也是约束权力的有力武器。邓小平指出：由于法制不健全，各种腐败行为尤其是特权现象有时受到限制、批评和打击，有时又重新滋长。[⑤] 有鉴于此，邓小平提出必须通过加强立法、严格执法，把权力纳入法治化的轨道。[⑥]

（三）江泽民：加强对领导干部的监督

江泽民同志提出，防治权力腐败，就是要加强对领导干部的监督。他认为：“哪个地方、部门什么时候党内监督工作抓得比较紧，民主集中制执行得比较好，个人专断、滥用职权和‘有令不行、有禁不止’的情况就比较少，消极腐败现象也会受到抑制，出了问题一般也能得到及时解决。反之，监督工作薄弱，民主集中制受到破坏，权力被滥用而又得不到制止，往往就会出问题，甚至出大问题”。[⑦] 为此，江泽民认为，“切实加强各级党组织和纪律检查机关对党员干部的监督，加强人民群众、各民主党派和无党派人士对我们党的监督，建立健全党内和党外、自上而下和自下而上相结合的监督制度”。[⑧]

（四）胡锦涛：加强对权力运行的制约和监督

不受制约和监督的权力，必然导致腐败。为此，胡锦涛认为要进一步强化制约监督，不断完善党内监督，发挥各方面监督的积极作用。胡锦涛同志认为，加强对权力运行的制约和监督要做到：一是，要按照权力的特点和决策、执行、监督相协调的要求，把对权力的科学配置与对干部的有效监督结合起来。建立健全

---

① 王世谊：《权力腐败与权力制约问题研究》，中国社会科学出版社 2011 年版，第 189 页。

② 《邓小平文选》第 2 卷，人民出版社 1994 年版，第 332 页。

③⑥ 王世谊：《权力腐败与权力制约问题研究》，中国社会科学出版社 2011 年版，第 190 页。

④ 《邓小平文选》第 2 卷，人民出版社 1994 年版，第 359 页。

⑤ 《邓小平文选》第 2 卷，人民出版社 1994 年版，第 332 页。

⑦ 江泽民：《江泽民同志在中央纪委第六次全会上的讲话》，载《人民日报》1996 年 3 月 1 日。

⑧ 《江泽民在中国共产党第十四次全国代表大会上的报告》，1992 年 10 月 12 日，http：//www. gov. cn/test/2008 - 07/04/content_1035850_5. htm。

依法行使权力的制约机制，要科学合理地配置权力，建立健全决策权、执行权、监督权既相互制约又相互协调的权力结构，形成结构合理、配置科学、程序严密、制约有效的权力运行机制。[①] 二是，要充分发挥各监督主体的积极作用，提高监督的整体效能。把党内监督和党外监督有效地结合起来，拓宽监督渠道，增强监督活力。[②]

三、习近平新时代有关权力约束的重要论述

制约与监督权力是习近平新时代中国特色社会主义思想的重要组成部分。习近平强调："公权力姓公，也必须为公。只要公权力存在，就必须受到制约，否则就会被滥用"。[③]"要合理确定权力归属，划清权力边界，厘清权力清单，扎细扎密扎牢制度的笼子"。[④] 习近平提出权力制约就是要对公权力进行有效的监督和控制，从而最大限度地减少权力腐败的发生。主要包括以下几个方面。

其一，法律制约。法律制约权力就是强调权力要在法律规范下运行，用法律规定滥用权力的法律责任。此外，法律要严格执行，付诸实践，最终实现法治的目标。首先，要加快形成完备的法律规范体系。习近平认为，"宪法是国家的根本法，坚持依法治国首先要坚持依宪治国，坚持依法执政首先要坚持依宪执政"。[⑤]"要继续完善以宪法为统帅的中国特色社会主义法律体系，把国家各项事业和各项工作纳入法制轨道"。[⑥] 其次，加快形成高效的法治实施体系。习近平强调，"全面依法治国，要用科学有效、系统完备的制度体系保证宪法实施，维护宪法尊严，把实施宪法提高到新水平。加快建设执法、司法、守法等方面的体制机制，坚持依法行政和公正司法，做到有法必依、执法必严、违法必究，确保法律的全面有效实施"。[⑦] 最后，加快形成严密的法治监督体系。在当前我国法治国家建设过程中，要以规范和约束公权力为重点，"加大监督力度，做到有权必有责、用权受监督、违法必追究。加强党内监督、人大监督、民主监督、行政

---

① 《建立健全决策权、执行权、监督权既相互制约又相互协调的权力结构和运行机制》，2007 年 12 月 27 日，http：//www. npc. gov. cn/zgrdw/npc/zt/2007 -12/27/content_1386903. htm。

② 《中共中央关于印发〈建立健全教育、制度、监督并重的惩治和预防腐败体系实施纲要〉的通知（2005 年）》，2005 年 1 月 17 日，http：//www. wenming. cn/ziliao/wenjian/jigou/zhonggongzhongyang/201203/t20120312_552147_2. shtml。

③④ 中共中央宣传部：《习近平新时代中国特色社会主义思想学习纲要》，学习出版社、人民出版社 2019 年版，第 237 页。

⑤ 习近平：《在庆祝全国人民代表大会成立 60 周年大会上的讲话》，载《人民日报》2014 年 9 月 6 日。

⑥ 中共中央宣传部：《习近平新时代中国特色社会主义思想学习纲要》，学习出版社、人民出版社 2019 年版，第 100 页。

⑦ 中共中央宣传部：《习近平新时代中国特色社会主义思想学习纲要》，学习出版社、人民出版社 2019 年版，第 101 页。

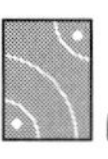

监督、监察监督、司法监督、审计监督、社会监督、舆论监督制度建设，努力形成科学有效的权力运行制约和监督体系，增强监督合力和实效。”①

其二，道德制约。习近平多次讲到“国无德不兴、人无德不立”这句话。要有效地约束权力，除了强调法律约束之外，还要充分发挥道德约束权力的作用，实现法德结合。正如习近平所说：“法律是成文的道德，道德是内心的法律。法律和道德都具有规范社会行为、调节社会关系、维护社会秩序的作用，在国家治理中都有其地位和功能”。② 道德制约权力强调权力主体通过提升自我的道德修养，形成一种自律的作用，从而预防权力腐败的发生。提升自我的道德修养，就是要不断增强共产党人的理想信念。“共产党人如果没有信仰、没有理想，或信仰、理想不坚定，精神上就会‘缺钙’，就会得‘软骨病’，就必然导致政治上变质、经济上贪婪、道德上堕落、生活上腐化”。③ 此外，作为道德重要内容的家风，在权力约束中起着重要的作用，好的家风对公职人员的权力观会产生积极的导向作用。

其三，组织制约。组织制约权力主要体现在组织监督上。组织监督也称为党内监督，包括党中央、党委、纪委和基层党组织的监督。组织监督是加强党的领导的重要手段，通过对党员工作的监督，对违反法律法规的党员干部给予处置。习近平指出执政党内部对权力的监督制约，其实质是按照党要管党、治党的理念开展内部制约和监督。④ “要坚持党内监督没有禁区、没有例外，强化自上而下的组织监督，改进自下而上的民主监督，发挥同级相互监督作用，让日常管理监督与党员领导干部如影随形、不留空当。深化政治巡视，建立巡视巡察上下联动的监督网，继续健全派驻机构领导体制和工作机制，加强国家监察，形成纪律监督、监察监督、派驻监督、巡视监督‘四个全覆盖’的权力监督格局”。⑤ 习近平认为“中华号”巨轮要乘风破浪、顺利前行，关键靠党来掌舵，靠党来掌握方向；⑥ 坚持依法治国，必须要全面从严治党，加强党内的制约和监督，提高管党

① 中共中央宣传部：《习近平新时代中国特色社会主义思想学习纲要》，学习出版社、人民出版社2019年版，第102页。

② 中共中央宣传部：《习近平新时代中国特色社会主义思想学习纲要》，学习出版社、人民出版社2019年版，第99页。

③ 中共中央宣传部：《习近平新时代中国特色社会主义思想学习纲要》，学习出版社、人民出版社2019年版，第228页。

④ 张红艳、欧阳晓波：《论习近平权力观的四个维度》，载《南华大学学报（社会科学版）》2017年第4期。

⑤ 中共中央宣传部：《习近平新时代中国特色社会主义思想学习纲要》，学习出版社、人民出版社2019年版，第238页。

⑥ 郑平：《坚决维护党中央权威不动摇》，2017年1月16日，http：//theory. people. com. cn/n1/2017/0116/c40531 -29026597. html。

治党的能力和水平。[①] 党的十八大以来，党出台了很多组织监督机制，如开展“两学一做”和“三严三实”教育、改进巡视制度、改进纪委工作机制、进行检察体制改革等，这凸显了组织制约权力的功效。

其四，社会制约。社会制约强调社会力量对政府权力的监督和制约，社会监督的主体包括公民、社会团体和舆论等，社会监督对权力的约束具有十分重要的作用。习近平提出，“要加强对权力运行的制约和监督，让人民监督权力，让权力在阳光下运行”。[②] 习近平强调要丰富民主的形式和方法，积极开展人大、基层协商和人民团体协商，逐步探索社会组织协商，推进民主形式和实质的不断向前发展，使更多的机构和人员不断参与进来，逐步强化协商民主的科学化和务实化。习近平强调各级领导干部都要牢记，任何人都没有法律之外的绝对权力，任何人行使权力都必须为人民服务、对人民负责并自觉接受人民监督。要构建严密的权力监督体系，让全社会都来监督政府，形成监督组合拳，增强监督效果。要让权力在阳光下公开运行，完善党务、政务公开，建立阳光型政府。建立权力清单，明确权力界限、处罚措施，建立责任政府。[③]

第三节 系统控权理论：国家治理现代化下预算治理体系约束权力的路径

一、国家治理现代化

（一）国家治理的内涵

在西方，治理（governance）一词原意为控制、引导和操纵。很长一段时间，治理一词似乎被遗忘，而只是偶尔作为“统治”的替代词出现在人们面前。直到1989年，世界银行在其报告《撒哈拉以南：从危机到可持续发展》中提出了“治理危机”一词，治理才逐渐被重新认知。治理理论创始人之一的詹姆斯·罗西瑙（James N. Rosenau）提出：现代社会问题要求我们采取一种与传统方式不一样的处理方式，我们或许需要提出一种适应现代社会发展的管理理论，它将良

①③ 张红艳、欧阳晓波：《论习近平权力观的四个维度》，载《南华大学学报（社会科学版）》2017年第4期。

② 中共中央宣传部：《习近平新时代中国特色社会主义思想学习纲要》，学习出版社、人民出版社2019年版，第102页。

善治理和公共利益的增进作为共识性目标，这些管理活动的主体既可以是政府组织，也可以是非政府组织，它既可以是包括政府的管理机制，同时也可以是包括非政府的管理机制①。我国学者则认为：治理是一个相对于统治的概念，治理更体现为一种趋势。这种趋势表现为国家与社会关系的不断调整，这是因为在原来的社会格局中存在着许多不可治理性。在这种不断调整的过程中，政府以外的力量更多地被强化，从而国家的中心地位，可能在一定程度上由国家、社会和市场新的格局所代替。② 可见，治理一词不同于统治，它有四个显著的特征：其一，治理强调的是一个过程，而不是一种活动；其二，治理过程强调协调，而不是控制；其三，治理涉及的主体是多元的，包括公共部门和私人部门；其四，治理强调多元主体之间的互动与合作。

所谓国家治理，是指国家作为一个公共管理机构在既定的范围内运用公共权威维持秩序，满足公众需要的活动。它强调通过政府与公民、政府与社会组织之间的协调与合作，以寻求达到一种“善治”的社会管理体制。它是多元管理主体共同管理社会事务、协调不同利益的一系列制度、规则、程序和方式的总和。

（二）国家治理体系和治理能力

何为国家治理体系和治理能力？习近平指出：“国家治理体系和治理能力是一个国家制度和制度执行能力的集中体现。国家治理体系是在党领导下管理国家的制度体系，包括经济、政治、文化、社会、生态文明和党的建设等各领域体制机制、法律法规安排，也就是一整套紧密相连、相互协调的国家制度；国家治理能力则是运用国家制度管理社会各方面事务的能力，包括改革发展稳定、内政外交、国防、治党治国治军等各个方面。国家治理体系和治理能力是一个有机整体，相辅相成，有了好的国家治理体系才能提高治理能力，提高国家治理能力才能充分发挥国家治理体系的效能”。③

（三）国家治理现代化的评判标准

国家治理体系的构建与治理能力的提升，能够促进国家治理发展，最终走向现代化。衡量国家治理是否走向现代化的标准主要包括四个方面：一是法治化，即宪法和法律是公共治理的最高权威，在法律面前人人平等，不允许任何组织和

---

① ［美］詹姆斯·罗西瑙：《没有政府的治理》，张胜军、刘小林等译，江西人民出版社2001年版。

② 王诗宗：《治理理论及其中国适用性——基于公共行政学的视角》，浙江大学博士论文，2009年6月。

③ 习近平：《切实把思想统一到党的十八届三中全会精神上来》，载《人民日报》2014年1月1日。

个人有超越法律的特权；二是透明化，即公共治理的过程是公开透明的，所有治理主体可以清楚了解有关公共治理的相关信息；三是效率化，即国家治理体系应当有效维护社会稳定和社会秩序，提高行政效率和经济效益；四是民主化，即公共治理和制度安排都必须保障人民当家作主，所有公共政策要从根本上体现人民的意志和人民的主体地位。①

二、国家治理现代化下的预算治理

从现代国家的发展进程来看，推进国家治理体系和治理能力现代化的力量可归结为："一是渗透力量，即国家有一种进入社群并能与人民直接互动的能力；二是汲取力量，即国家能从社会取得资源的能力；三是协商力量，即国家能够与社会本着互信互惠的关系，进行政策磋商并达成政策共识"。② 斟酌推进国家治理体系和治理能力现代化的三种力量，无不与财政密切相关，财政与国家治理的关系就嵌于其中，财政是国家治理的基础和重要支柱。预算作为财政的核心，则成为观察国家治理的最佳视角。预算决定着国家渗透、汲取、协商能力的高低。预算涉及的是公共资源，以公共利益为纽带将国家与公民连结起来。通过预算拉近国家与公民之间的距离，回应社会的公共需求，获得社会公众的广泛支持，这有助于提升渗透能力；经过民主程序通过的预算，赋予了国家征收保证公共支出计划得以顺利施行的公共资金，这是对汲取能力的保障；预算过程能够吸引社会成员广泛参与，预算资源的分配需要与社会成员经过协商才能达成共识，这有助于提升协商能力。可见，现代国家通过预算治理国家，预算治理是国家治理的基础。"无论我们如何定义国家能力，预算能力都是国家能力最基本的支撑。没有预算能力，国家能力就不可能存在，因为不可能具有任何实质性的内容"。③

（一）预算治理的内涵

从防止权力异化的视角来审视预算治理，其核心要义在于监督与约束权力。所谓预算治理，是指各治理主体相互协商与合作，通过预算来规范和约束预算权力，从而维护社会公共利益，增进社会福利。上述预算治理的含义，包含如下几个要素：其一，预算治理的主体是多元的。传统的预算管理主体以政府为主，而在预算治理中则强调治理主体的多元性，即由政府为主的单一管理转向人大、政

① 祁一平：《国家治理现代化与腐败治理》，中国发展出版社 2016 年版。

② 李晓安：《深入学习贯彻党的十九届四中全会精神，坚定不移推进国家治理体系和治理能力现代化》，2019 年 11 月 21 日，http：//www.71.cn/2019/1121/1067670_2.shtml。

③ 马骏：《治国与理财：公共预算与国家建设》，三联书店 2011 年版，第 57 页。

府、公众的多元共治。其二，预算治理的对象是预算权力。预算治理的核心要素是预算权力，其实质在于建立健全权力制约与监督的体系。其三，预算治理的目标是维护社会公共利益，增进社会福利。预算治理主体通过主观能动性和公共选择的发挥，有效地监督与约束权力，防止权力异化和防治权力腐败，进而最大化地维护公共利益和增进社会福利。其四，预算治理的方式是治理主体之间相互协作。传统的预算管理的方式主要是自上而下的，政府指向公民的单轨运作，而在预算治理中则强调政府与社会公众之间的相互协作，通过发挥各主体的权力监督效能，来提升约束权力的治理绩效。

何为预算治理体系与预算治理能力？所谓预算治理体系是指规范预算权力运行，维护权力秩序的一系列预算制度和程序。预算治理能力就是预算治理主体运用预算制度监督与约束政府预算权力的能力。预算治理体系与预算治理能力二者相辅相成，预算治理体系是预算治理能力的基础，完备的预算治理体系能够指引和规范预算治理能力的发挥，而预算治理能力的提升又能促进预算治理体系的进一步完善。[①] 预算治理体系和治理能力的完善和提高，是促进预算治理发展的动力。

（二）预算治理的发展模式

预算治理与现代预算紧密相连，如影随形。预算治理的发展模式反映了现代预算的演化轨迹。西方现代预算的发展轨迹体现在两个方面："一个是立法机构的预算监督，另一个是政府内部集中统一的预算控制"。[②] 因而，预算治理则表现出以"政治控制"和"行政控制"为特征的双轮驱动的发展模式。所谓"政治控制"体现为"外部控制"，"政治控制"的实质表现为公民对政府预算权力的约束。在代议制民主制度下，社会公众并不直接参与"政治控制"，而是通过民主程序选举出代表来对政府的预算行为进行约束，从而确保政府预算活动能够在社会公众的监督下进行。"行政控制"体现为"内部控制"，通过政府内部的核心预算机构（通常为财政部门）来实现。核心预算机构集中预算资金的分配权，通过该机构统一各部门的财政收支计划，从而确保各个部门在财政上对政府首脑负责。

从西方现代预算制度的演化轨迹来看，现代预算构成了"现代政治过程的首要环节和政府职能实现的前提"。[③] 预算治理正是在"政治控制"和"行政控制"双轮驱动的发展模式下实现对政府预算权力的监督与约束。

---

① 胡明：《预算治理现代化转型的困境及其破解之道》，载《法商研究》2016 年第 6 期。

② Jun Ma. If You Cannot Budget, How Can You Govern? —A Study of China's State Capacity [J]. Public Administration and Development, 2009, 27 (5): 9 - 20.

③ 谢庆奎、单继友：《公共预算的本质：政治过程》，载《天津社会科学》2009 年第 1 期。

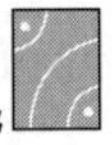

（三）预算治理现代化

以“政治控制”和“行政控制”为双轮驱动的预算治理发展模式，实质上“就是一个围绕国家的财政收支活动展开的国家与公民的互动过程”。[①]“政治控制”从根源上来看体现为公民对权力的约束，“行政控制”则体现出国家机关对权力的约束。“政治控制”与“行政控制”展现了国家机关与社会之间交互影响、共荣互惠的预算治理关系。正是在国家与公民的互动过程中，促进了预算治理各要素向现代化转型。

1. 预算治理现代化的评判标准。

促进预算治理各要素向现代化转型是现代预算发展的应有之意。所谓预算治理现代化是指预算治理的发展轨迹和完善前景。由于预算治理与现代预算紧密相连，现代预算发展过程中所呈现出的特征则成为预算治理不断追求的目标，也理应成为预算治理现代化的评判标准。

（1）预算治理现代化评判标准的选择依据。关于预算治理现代化的评判标准有多种观点。蒋悟真和郭创拓认为现代预算以公共性为基本准则，可分解为规范性、民主性、绩效性三个方面。[②]胡明则认为现代预算的公共性、规范性、民主性是预算治理现代化的发展方向。[③]马海涛和肖鹏认为现代预算的特征包含四个方面的内容：全面规范、公开透明、法治问责和绩效控制。[④]结合上述观点，本书认为现代预算是经立法机关审议和批准的具有法律效力的政府财政年度收支计划，是立法机构、社会公众监督政府施政行为的重要载体。监督与约束预算权力是现代预算的核心要义，这种规约从理论上来看体现在以下几个方面：第一，现代预算是调节国家与社会关系的一种基本形式，是关于国家与公民的权利和义务关系、关于公民赋税和政府职能的一种基本规范，因此法治性是现代预算的重要特征；第二，现代预算的形式是关于政府收支权限、方向和过程的计划以及法律规范的总和，为确保政府预算能够真正反映其本质、实现其功能，预算的公开透明是现代预算制度的基本要求，因此透明性是现代预算的又一特征；第三，现代预算的制度功能在于通过政府的汲取来对社会公共资源进行重新配置，从而确保公民以最低的负担获得最有效的服务，因此绩效性是现代预算的另一特征；第四，在现代预算制度安排下，国家与公民的关系表现为公民有向政府纳税的义

---

① 格里·斯托克：《作为理论的治理：五个论点》，载《国际社会科学杂志（中文版）》1999 年第 1 期。

② 蒋悟真、郭创拓：《论预算治理的三重维度》，载《东岳论丛》2017 年第 8 期。

③ 胡明：《预算治理现代化转型的困境及其破解之道》，载《法商研究》2016 年第 6 期。

④ 马海涛、肖鹏：《现代预算制度概念框架与中国现代预算制度构建思路探讨》，载《经济研究参考》2015 年第 34 期。

务，而政府应当按照纳税人集体的意愿提供有效的公共服务，没有纳税人核准的预算意味着政府不能支出，更不能行动，因此民主性是现代预算的重要特征。

综上所述，本书认为法治、透明、绩效和民主是现代预算的内在品格，由此构成了预算治理现代化的判断标准。

（2）预算治理现代化评判标准的内容。第一，法治。法治化是现代预算发展的重要特征，现代预算体现出由法制到法治的发展过程。所谓法制是法律和制度的总称。预算法制强调通过预算法律制度对预算权力进行有效的约束。预算法律制度包括预算法律法规体系、预算法律实施体系和预算法律问责体系。法治是法律统治的简称。法律是社会最高的行为准则，任何人不得凌驾于法律之上。预算法治强调预算权力主体必须且只能在预算法律法规所规定的范围内行使权力。预算法制是预算法治的基础和前提，要实行预算法治必须有完善的预算法律制度；预算法治是预算法制的落脚点和归宿，预算法律制度完善的目标在于实现预算法治。

纵览现代预算制度的变迁史，从议会和国王为争夺财政权而进行的漫长而又残酷的斗争，到确立议会至上的预算权力架构，再到现代国家广泛推行的预算权配置模式——在最高阶法律（宪法）中规定政府的预算编制权与预算执行权、立法机构的预算审批权和预算监督权等，预算权力正是在法律法规逐步完善的基础上逐渐纳入法治的轨道中。作为法治的预算治理，强调由法制走向法治，要将预算的编制、审批、执行、调整、监督等纳入法律规定的范围内，强化预算法律法规的权威性、至上性和强制性，最终将政府预算行为纳入法治化的轨道。

第二，透明。透明化是现代预算发展的又一重要特征，现代预算体现出由公开到透明的发展过程。预算公开是指年度财政收支计划的编制、审批、执行等全过程以适当的方式向社会公开。预算公开涉及的是政府预算内容全面真实、公布及时，但没有包括信息的可比性，也没有强调预算过程中公民的参与与监督。预算透明是指政府部门向公众最大限度地公开关于政府的结构和职能、财政政策的意向、公共部门账户和财政预测的信息，这些信息是可靠的、详细的、及时的、容易理解并且可以进行比较的。预算透明不仅要求政府部门要最大限度地提供有关预算活动的各种信息，且这些信息是可靠的、真实的、易懂的，便于比较和评估，还要求社会公众参与监督预算的编制、审批、执行等过程。可见，预算透明是更高层次的要求，预算公开是促使预算透明的手段，预算公开越详细、越全面，越有利于提升预算透明，预算透明是预算公开的目标。

现代预算的发展过程是国家与公民围绕着政府财政收支活动所展开的互动过程。政府预算由公开走向透明，是互动过程的基本前提。现代预算的本质内涵表明它始终都承担着公开政府财政的职责，预算作为政府财政公开的有力说明，表明了政府的财政活动责任，是政府政绩的报道与政治责任的体现。通过预算将政府财政决策公之于众，使公众了解政府的决策，从而更好地配合政府落实有关决策。作为透明的预算治理，强调由公开走向透明，政府应尽可能地公开有关预算活动的各种信息，逐步提升预算透明度，从而实现对政府预算权力的自我约束和社会公众的外部监督。

第三，绩效。绩效化是现代预算发展的重要特征，现代预算体现出由“控制取向”到“绩效导向”的发展过程。“控制取向”强调预算执行机关必须严格按照立法机构审批的预算以及相关法律法规的规定分配财政资金，其支出控制远高于资源的配置性。“控制取向”强调“合规”管理。“绩效导向”的关注重点在于财政资金是否实现了社会利益最大化，强调赋予预算执行机构一定的自由裁量权，促使其能有效地配置公共资源，最大化地维护社会公共利益。在“绩效导向”下，预算管理机关与预算执行机关之间不再仅仅是传统的“等级关系”，而是更加强调一种平等的“合同关系”。

现代预算早期的功能设计是“控制取向”，强调“合规”管理的重要性。随着预算实践的逐步发展，政府的职能和规模逐渐拓展，客观上要求预算执行机构在预算问题上要更具主动性，于是出现了强化“结果管理”的现代预算原则。这一原则强调逐步采用赋予行政部门更多自由裁量权的分权型预算管理模式，以鼓励创新与节约。[①] 作为绩效的预算治理，强调在合规控制的基础上，以最大化地实现社会公共利益为导向，不断提升预算权力的运转效率。

第四，民主。民主化是现代预算发展的又一重要特征，现代预算民主化体现在深度与广度的不断拓展。深度反映在代议制民主上，广度体现在协商民主上。代议制民主强调公民经过民主程序选举出代表，基于人民主权的政治制度安排对政府预算权力进行约束。协商民主强调社会公众直接参与预算流程，通过与政府部门充分交换预算意见，进而实现对政府预算权力的约束。

从现代预算的成长历程来看，预算治理的民主维度最初构建在代议制民主上。“代议制议会的适当职能不是管理——这是它完全不适合的——而是监督和控制政府：把政府的行为公开出来，迫使其对人们认为有问题的一切作为作出充分的说明和辩解；谴责那些该受责备的行为”。[②] 由于精英主义和民众的政治冷漠并存，代议制民主不能充分反映社会公众真实需求的弊端逐渐显露出来。于是强调回应社会的愿望和需求的协商民主开始受到西方国家的广泛推崇，协商民主弥补了代议制民主的不足，促使预算治理的民主维度向纵深发展。作为民主的预算治理，强调不断拓展民主的深度和广度，通过代议制民主和协商民主的方式实

① 马蔡琛：《现代预算制度的演化特征与路径选择》，载《中国人民大学学报》2014 年第 5 期。

② ［英］约翰·密尔：《代议制政府》，汪瑄译，商务印书馆 1982 年版，第 55 页。

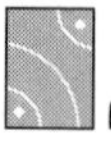

现对政府预算权力的约束。

第五，四者之间的关系。在现代预算制度框架下，政府的预算活动主要通过合理配置社会资源来满足社会公共需要。社会公众作为受益对象需要承担一部分的供给成本，因而要向政府纳税。由此，社会公众与政府之间建立起了一种委托代理关系，即社会公众担负着政府的财政供应，就必然要求监督政府的预算权力，使其运转不偏离纳税人共同的利益目标。因此，控制与约束政府预算权力是现代预算的核心要义。现代预算的控权功能主要通过以下几个方面来实现：其一，控权的依据为民主和法治。政府是接受纳税人的委托，花众人之钱、办众人之事，其成本和收益都是外在的，如果没有法律和民主程序的约束，政府部门就不会对公共资金的使用后果承担相应的责任，其权力也就不会受到约束。因此，民主和法治是控权的依据。一方面，代议制民主和协商民主的程序设计能够确保政府预算行为受到社会公众的监督；另一方面，完善的法律程序能够将政府预算权力的运行纳入法治轨道，硬化预算约束。民主与法治二者是相辅相成的，没有预算民主，政府的预算行为就不可能膺服于相关的法定程序和规则；没有预算法治，政府的预算行为就会逾越基本的法定程序和规则，预算民主就难以得到保障和实现。其二，控权的前提为公开透明。从政府预算权力的运转来看，涉及预算编制、审批、执行、调整等多个环节。为了确保各个环节规范有效，这就必须将其纳入社会公众的监督，监督的前提就在于公开透明。公开透明不仅能够保障社会公众的知情权，而且还能据此判断政府的决策程序是否规范，执行过程是否严格，执行结果是否有效，以充分发挥对政府预算权力的监督约束作用。其三，控权的落脚点为绩效。绩效是控制与约束政府预算权力的落脚点。一方面，绩效评价贯穿于预算编制、审批、执行全过程，由此能够使得社会公众和组织有效地参与到治理过程中，从而促进民主和法律程序的完善；另一方面，绩效预算过程就是信息管理的过程，要实现对政府预算权力的有效约束，就必须获得有效的预算信息。信息公开是绩效标准的基本原则，由此又进一步促进公开透明。综上，法治、透明、绩效与民主作为预算治理现代化的标准，四者之间相互影响、相互作用，共同发挥对预算权力的约束功效。

2. 预算治理现代化与权力约束。

（1）法治与权力约束。推进预算治理现代化，要构建权力运行的法治秩序。预算的本质是公权力的分配和利益协调的政治过程。正如阿伦·威尔达夫斯基所说："预算就是政治，因为它所研究的基本问题是：社会如何进行组织协调以决定政府和私人活动的相对主导地位以及谁获利、谁损失、谁受益、谁支付"。①

① ［美］阿伦·威尔达夫斯基、内奥米·凯顿：《预算过程中的新政治学》，邓淑莲、魏陆译，上海财经大学出版社2006年版，第1页。

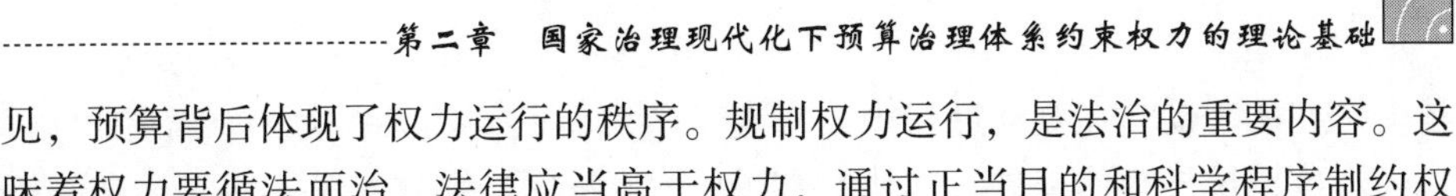

可见，预算背后体现了权力运行的秩序。规制权力运行，是法治的重要内容。这意味着权力要循法而治，法律应当高于权力，通过正当目的和科学程序制约权力，防范权力滥用。权力失序是导致腐败发生的重要原因。本应该用于增进社会公共福利的权力被滥用，偏离法治轨道，不遵循法律事先规定的程序和正当目的，从而使得权力运行脱离法律的规约，处于无序状态。这将使权力丧失公共属性，沦落为为个人谋利的工具。因此，防止权力异化，必须使权力运行重回法治轨道，构建权力运行的法治秩序。

（2）透明与权力约束。推进预算治理现代化，要实现权力运作的公开透明。阳光是最好的“防腐剂”。预算权力腐败总是与权力的不公开运作紧密相连。权钱交易以及一切见不得人的腐败行为，无不发生在权力暗箱操作中。要防止权力的异化和腐败，必须加强对权力运行的监督制约，必然要求以明确的方式，使权力运作公开透明，从而改变权力持有者与权力监督者之间信息的不对称，促进监督者对权力持有者全方位的监督。特别是要充分保障社会公众的监督权利，实现公众对权力运行的良性监督。充分发挥社会公众捕捉权力运行相关信息的优势，将权力运行“晒”在公众面前，让权力持有者感到监督无所不在，时刻怀有谨慎敬畏和戒惧之心。

（3）绩效与权力约束。推进预算治理现代化，要不断追求权力约束的效果与效率。预算权力腐败除了表现为权力被滥用而带来的“公财私用”，还表现为用权懈怠或用权不充分而带来的预算资金浪费。因此，对预算权力进行有效的约束，除了防止权力被滥用之外，还要减少权力懈怠。要防止权力懈怠，就必须不断追求权力约束的效果与效率。约束权力的效果越好，权力懈怠发生的就越少。为此，始终以公共利益至上的准则，不断强化权力执行者运用权力的效果，做到用钱必问效、无效必问责。

（4）民主与权力约束。推进预算治理现代化，要发扬民主，实现对权力的制约和监督。从委托代理链条来看，社会公众将属于自身的一部分权利让渡出来，交由政府部门代为行使，以实现自身无法达成的公共需求。为了确保政府部门按照社会公众的意图行使权力，此时，就需要民主机制来约束公共权力的运行。实现权力所有者对权力行使者的监督，是民主政治的核心要求。预算作为连接权力所有者与权力行使者的纽带，必然要在推进民主进程中，发挥重要的作用。因此，推进预算治理现代化，不断发扬民主，是权力行使者认真对待权力的前提。要让官员保持时时警醒，不怠慢、不渎职、不贪污，则需要真正实现人民对权力的制约与监督。

三、预算治理体系权力约束的实现路径：系统控权

“政治控制”和“行政控制”分工与协作的预算治理发展模式体现出国家与

社会之间的互动。在互动过程中，实现了各主体共同约束权力的系统控权格局。如何形成系统控权的格局？这就需要在法治、透明、绩效与民主四大标准的指引下，通过构建预算治理体系，逐步提高预算治理的能力，促进国家与社会的良性互动，进而形成各治理主体共同监督与约束预算权力的治理格局。在这里，每个治理主体都具有各自监督的重点，将他们通过预算治理体系整合于一个彼此衔接、相互制约、权责明确、激励兼容的治理框架之下，以期实现对预算权力的有效约束，防止预算权力腐败的发生。

在系统控权的监督治理框架中（见图2－4）包含两个相互影响的系统。左侧为政府预算决策与执行系统，包括确定预算总规模和结构安排、各部门的预算规模、各部门内部资金分配结构的确定三个方面的内容。右侧为预算权力的相关方系统也就是各预算权力主体，即代表社会公众利益的立法监督机构、政府预算部门（通常为财政部门）、其他政府部门（包括部门及其所属单位）、审计部门和社会公众。各预算权力主体在预算管理中的相互影响与共同治理，是通过其在政府预算决策与执行系统中的不同分工与协作来实现的。①

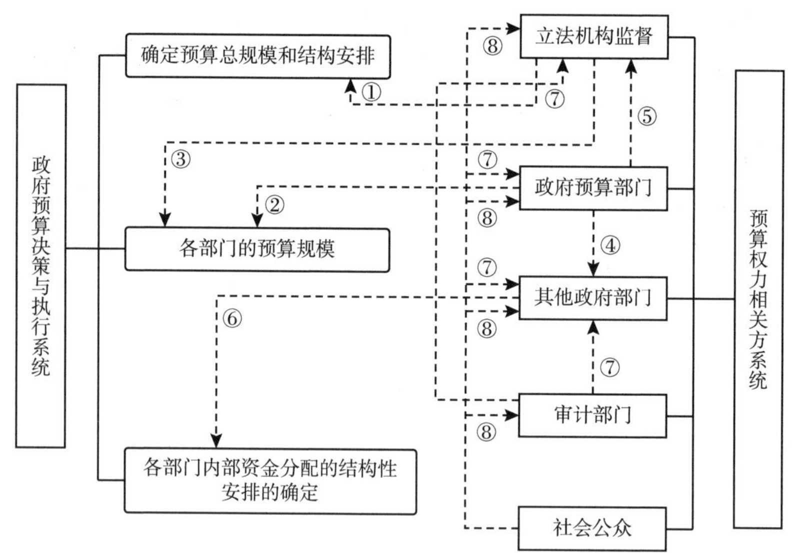

图2－4　预算治理体系系统控权监督

（一）确定预算总规模和结构安排

立法机构根据国民经济发展态势和社会公共需求的变化，确定预算总额和结

① 马蔡琛：《政府预算》，东北财经大学出版社2018年版，第101～103页。

构安排（图2－4中节点①），一经确定除经立法机构审议修改，执行中不得变更、不得突破。

（二）各部门预算规模的确定

各部门在既定预算总额中所占份额的确定以及预算的执行，需要经过三个步骤：首先，在政府预算部门和其他政府部门之间通过初步谈判，提出总额控制下各部门的预算规模（图2－4中节点②）；其次，立法机构通过对政府总预算进行审查，然后对其进行表决，进而确定各部门结构性的预算规模（图2－4中节点③）；最后，政府预算部门监督各部门及其所属各单位遵守各自预算规模的情况（图2－4中节点④），如发现滥用预算权力的行为，及时纠正并向立法机构报告（图2－4中节点⑤）。

（三）各部门内部预算资源配置结构的确定与执行

各部门行政首长在其预算规模范围内拥有确定各自预算资源结构配置的最终决策权（图2－4中节点⑥），并监督预算执行，在执行中发现问题及时纠正。同时政府预算（含部门预算）执行结果与绩效评价要接受审计部门的监督，并由审计机构向立法机构报告（图2－4中节点⑦），以此作为预算问责和考核下期预算规模的依据。

（四）社会监督体系对相关预算权力主体的控制与评价

社会公众与新闻媒体肩负着考核政府部门的权力职能（图2－4中节点⑧）。对于政府部门滥用预算权力的现象，予以披露和曝光，对于在预算决策中玩忽职守的官员予以替换。

通过以上分析可以发现，在系统控权的监督治理框架中，不同预算权力主体的权能分布与职责划分是不同的。立法机构的权能主要包括确定预算总规模和结构性安排、确定各部门结构性预算规模、根据审计结果对资金使用者进行相应的奖惩。政府预算部门的权能包括同各部门谈判提出资金结构性分配的初步建议、监督资金使用者遵守预算规模情况。其他政府部门的权能包括确定其内部预算资金的具体分配方案。审计部门的权能包括监督各部门结构性预算安排的效率与效果。社会公众则负责披露预算过程中的各种预算权力滥用行为、监督政府预算行为。因此，在多元主体共同治理框架下，各主体都被赋予了一定的预算管理权能，这些权能之间相互制约、相互激励，形成了一个相对完整有效地防止权力异化发生的系统控权模式。

第三章

我国预算治理的发展及其权力约束效果分析与评价

从理论上来看，预算权力异化与预算权力腐败发生的原因在于权力被滥用，没有受到有效的监督与约束，而系统控权是防止权力异化的有效路径。理论唯有落脚到实践，才能促进实践的进步，为此，有必要从系统控权的视角来梳理与分析我国预算治理的发展历程及其权力约束效果。本章首先从系统控权的角度梳理各主体在预算治理中的实践，并归纳总结我国预算治理的发展模式。然后，在现有模式下检验当前的权力约束效果。最后，基于上述两部分内容，分析我国预算治理存在的不足，寻找出破解当前我国预算治理困境的办法。

第一节　我国预算治理的发展历程：监督与约束权力

预算治理的发展与预算改革紧密相连，如影随形。梳理我国预算改革的发展历程，可以发现，我国走出了一条颇具中国特色的预算治理控权之路。总的来看，我国预算改革作为整体改革的重要组成部分，始终服务并服从于整体改革。总结40多年中国改革开放的经验，不难得出，整个改革开放走出的一个基本轨迹就是由经济体制改革（始于1978年党的十一届三中全会）走向全面深化改革（始于2013年党的十八届三中全会）。经济体制改革的目标定位于经济市场化，全面深化改革的目标定位于国家治理现代化。经济市场化要求构建符合市场经济特征的公共财政框架，国家治理现代化要求构建具有现代特征的财政制度。在这一背景下，预算改革体现了向经济市场化和国家治理现代化靠拢的过程，财政“公共化”匹配经济市场化，财政“现代化”匹配国家治理现代化。财政“公共化”多强调财政是一个经济范畴，将财税体制视作一种经济制度安排的基础上加以谋划的。财政“现代化”则是将财政视作一个跨越多个领域的综合性范畴，将财税体制视作一个可以牵动经济、政治、文化、生态文明所有领域的综合性制度安排的基础上谋划的。财政“现代化”是建立在财政“公共化”的基础之上的，绝非简单的延续，而是站在匹配国家治理现代化总进程的高度，进行的升华和发展。[①] 据此，我国预算治理的发展亦可划分为财政“公共化”（1978～2012 年）与财政“现代化”（2013 年至今）两个阶段。

一、财政“公共化”下的预算治理（1978～2012 年）

（一）财政“公共化”下预算治理的背景及实践

在本阶段，整体改革的重点在于进行经济体制改革。经济体制改革的目标为促进经济市场化，而旨在为经济体制改革铺路搭桥的预算改革则以“公共化”为导向。在计划经济时代下，政府是资源配置的重要主体，其职能是“无限”的。在此背景下，财政则是一种“大而宽”的“生产建设型财政”，包揽一切。在这样的财政运行格局中，政府作为利益分配的主体，与居民之间的委托代理关系难以确立。因而，预算只是作为实现政府财政收支计划的工具，其约束权力的功能很难被释放出来。

随着我国改革开放的发展，社会主义市场经济逐步建立。在市场经济下，资源配置的主体由单一政府向政府和市场双主体转变。一方面，市场提供私人物品和私人服务，资源配置的目标在于满足私人需要；另一方面，政府提供公共物品和公共服务，资源配置的目标在于满足社会公共需要。因此，这就要求政府的职能由计划经济体制下的“大包大揽”向市场经济体制下“有所为、有所不为”转变。一方面，在市场失灵的领域，政府必须履行职能，充分发挥其积极的作用；另一方面，政府要退出竞争性领域，充分发挥市场对资源配置的基础性作用。政府职能的转变催生财政职能的变化。在市场经济条件下，财政的职能是政府通过财政活动为社会提供公共物品和服务，弥补市场失灵、维护公平竞争、解决社会不公等问题。财政日渐彰显其与生俱来的本质属性——“公共性”。[②]“取众人之财”“办众人之事”是财政“公共性”的重要特征。在“公共化”的财政运行格局中，居民个人利益逐渐受到重视，政府与居民之间的委托代理关系得以确立，社会公众监督政府“花钱”的意识逐渐增强。在此背景下，各主体通过推进预算改革，建立规范化的预算制度，从而实现对政府预算权力的约束，成为财政“公共化”下预算治理的重要内容。

---

①② 高培勇：《中国财税改革 40 年：基本轨迹、基本经验和基本规律》，载《经济研究》2018 年第 3 期。

1. 人大在预算治理中的实践。

人大作为我国的立法机构，在约束政府预算权力上发挥着重要的作用。我国人大依据相关法律法规，通过依法执行预算审批、调整、监督等权力，来对政府预算权力进行监督与约束。为此，改革的首要任务在于健全和完善相关法律法规（见表3-1）：以《中华人民共和国宪法》（以下简称《宪法》）为根本框架，我国先后在1989年公布了《中华人民共和国全国人民代表大会议事规则》、1994年颁布了《中华人民共和国预算法》（以下简称《预算法》）、2006年颁布了《中华人民共和国各级人民代表大会常务委员会监督法》（以下简称《监督法》）等相关法律法规。从法律条文来看，对人大预算权力的规定越来越详细，尤其是《监督法》的颁布，对于提升人大预算监督力具有重要的意义。

表3-1　　我国主要法律条文对人大预算权力的规定

主要法律	主要条文
《中华人民共和国宪法》	第62条：全国人大审查和批准国家的预算和预算执行情况的报告 第67条：全国人大常委会在全国人大闭会期间，审查和批准国家预算在执行过程中所必须作的部分调整方案 第99条：地方各级人大审查和批准本行政区域内的预算及预算执行情况的报告
《中华人民共和国全国人民代表大会议事规则》	第34条：全国人民代表大会会议举行的四十五日前，国务院有关主管部门应当就上一年度国民经济和社会发展计划执行情况的主要内容与本年度国民经济和社会发展计划草案的初步方案，上一年度中央和地方预算执行情况的主要内容与本年度中央和地方预算草案的初步方案，向全国人民代表大会财政经济委员会和有关的专门委员会汇报，由财政经济委员会进行初步审查。财政经济委员会进行初步审查时，应当邀请全国人民代表大会代表参加 第35条：全国人民代表大会每年举行会议的时候，国务院应当向会议提出关于上一年度国民经济和社会发展计划执行情况与本年度国民经济和社会发展计划草案的报告、国民经济和社会发展计划草案，关于上一年度中央和地方预算执行情况与本年度中央和地方预算草案的报告、中央和地方预算草案，由各代表团进行审查，并由财政经济委员会和有关的专门委员会审查
《中华人民共和国预算法》（1994）	第12条：全国人民代表大会审查中央和地方的预算草案及中央和地方预算执行情况报告；批准中央预算和中央预算执行情况报告；全国人民代表大常委会监督中央和地方的预算执行；审查和批准中央预算调整方案；审查和批准中央决算等 第13条：县级以上地方各级人民代表大会审查本级总预算草案及本级总预算执行情况的报告；批准本级预算和本级预算执行情况的报告；改变或者撤销本级人民代表大会常务委员会关于预算、决算的不适当的决议；撤销本级政府关于预算、决算的不适当的决定和命令

续表

主要法律	主要条文
《中华人民共和国各级人民代表大会常务委员会监督法》	第15条：国务院应当在每年六月，将上一年度的中央决算草案提请全国人民代表大会常务委员会审查和批准 第16条：国务院和县级以上地方各级人民政府应当在每年六月至九月期间，向本级人民代表大会常务委员会报告本年度上一阶段国民经济和社会发展计划、预算的执行情况 第18条：常务委员会对决算草案和预算执行情况报告，重点审查以下内容：1. 预算收支平衡情况。2. 重点支出的安排和资金到位情况。3. 预算超收收入的安排和使用情况。4. 部门预算制度建立和执行情况。5. 向下级财政转移支付情况。6. 本级人民代表大会关于批准预算的决议执行情况 第19条：常务委员会每年审查和批准决算的同时，听取和审议本级人民政府提出的审计机关关于上一年度预算执行和其他财政收支的审计工作报告

资料来源：1.《中华人民共和国宪法》，中国法制出版社2018年版。2. 中华人民共和国全国人民代表大会议事规则，摘自：http：//lawdb. cncourt. org/show. php？ fid = 152873。3.《中华人民共和国预算法》，中国法制出版社1994年版。4.《中华人民共和国各级人民代表大会常务委员会监督法》，中国法制出版社2006年版。

法律的完善，促进实践的发展。近年来各级人大及其常委会逐渐强化预算控制，对预算编制、执行和审批都提出了一些新的要求，预算监督力度也是前所未有的。人大对政府预算权力的约束绩效逐渐提升。以部门预算改革为例，1999年全国人大提出要改进和规范中央预算编制工作，细化报送全国人大审查批准的预算内容，增加透明度；全国人大预算工作委员会要求财政部2000年向全国人大提交中央预算草案时，要提供中央各部门的预算收支等资料，要报送部门预算。正是在人大的推动下，我国政府推行了部门预算改革，这一过程体现了人大对政府预算权力的约束。

2. 政府在预算治理中的实践。

在财政“公共化”导向下，围绕打造规范、高效的预算流程，以控制与约束预算编制权与预算执行权为主，我国政府推行了一系列重要的预算改革，成为推动我国预算治理发展的重要力量。①

（1）围绕约束政府预算编制权推行的预算改革，其中较为重要的是部门预算改革（见表3－2）。部门预算是政府各部门依据国家有关法律法规及其履行职能需要编制的，反映部门所有收入和支出的综合财政计划，是政府各部门履行职能和事业发展的物质基础。我国政府通过推行以规范预算编制和分类方法、全面反映政府收支状况、改进预算审核为着眼点的部门预算制度，在约束预算权力上取

① 在本阶段，政府推行的主要预算改革有：部门预算改革、国库集中收付制度改革、政府采购制度改革、收支两条线改革、政府收支分类改革等。

表 3-2　　我国部门预算改革的主要内容

<table>
<tr><th colspan="3">基本支出改革</th><th colspan="3">项目支出改革</th></tr>
<tr><th>改革目标</th><th colspan="2">改革内容</th><th>改革目标</th><th colspan="2">改革内容</th></tr>
<tr><td rowspan="7">基本支出采取定员定额的管理方式</td><td rowspan="3">完善制度体系，提高基本支出的规范性</td><td>2001 年财政部制定《中央部门基本支出预算管理试行办法》，确定基本支出定员定额管理的新模式，明确基本支出实行定员定额管理的具体思路</td><td rowspan="7">采取项目库管理方式，按项目轻重缓急，实行滚动管理，所有经费开支要落实到具体预算单位</td><td rowspan="2">财政预算从传统模式向部门预算模式转变</td><td rowspan="2">建立健全适应公共财政要求和部门预算管理需要的项目支出预算管理基本框架</td></tr>
<tr><td>2002 年颁布《中央本级基本支出预算管理办法（试行）》，以更好地规范基本支出管理</td></tr>
<tr><td>2007 年，在总结改革工作经验的基础上，财政部重新修订了《中央本级基本支出预算管理办法》</td><td rowspan="3">部门项目支出预算管理逐步完善</td><td rowspan="3">进一步完善项目支出预算管理的框架，由粗到细地深化项目支出预算管理，加强项目支出预算的相关配套管理措施，提高项目支出预算管理的规范性和科学性</td></tr>
<tr><td rowspan="3">扩大定员定额范围，提高定员定额覆盖面</td><td>2001 年在国务院 10 个部门进行了定员定额试点</td></tr>
<tr><td>2002 年试点范围从行政管理经费、公检法司支出扩大到气象、地震、供销社、交通事业费和高校经费、离退休管理机构经费</td></tr>
<tr><td>之后，试点覆盖面扩大到参公管理的事业单位和公益性事业单位</td><td rowspan="2">项目预算管理向以标准化定额为基础，产出绩效为导向迈进</td><td rowspan="2">建立健全标准化的项目支出定额标准体系，建立项目支出预算绩效评价体系和绩效评价结果的运用机制</td></tr>
<tr><td>创新管理方法，提高定额标准的合理性</td><td>研究定额标准的动态调整机制；实行行政单位实物费用定额试点</td></tr>
</table>

资料来源：根据财政干部教育中心组编《现代预算制度研究》有关内容整理绘制：财政部干部教育中心：《现代预算制度研究》，经济科学出版社 2017 年版。

得了积极的效果。其一，增强了预算编制的完整性。在部门预算改革之前，大量预算外资金和政府性基金等财政性资金游离在预算管理之外，由部门自行安排使用。在使用过程中权力易被滥用，从而为腐败滋生提供“温床”。通过部门预算改革将部门所有收入和支出，包括预算外资金和政府性基金等纳入部门预算，这增强了预算编制的完整性，强化了对权力的监督与约束，减少了腐败的制度激励。其二，细化了预算编制。通过部门预算改革细化了预算编制，减少了预算执行中权力运作的随意性。一方面，延长了预算编制的时间。传统预算编制时间仅有 4~5 个月，由于时间仓促预算编制较为粗糙，从而导致预算编制与预算执行脱节，预算调整的随意性较强。通过改革延长了预算编制的时间，从 2000 年的 9

月份开始编制预算，到2004年改革为提前10个月编制预算。另一方面，细化了预算编制的内容。传统预算编制内容不够细化，大量资金没有落实到具体的单位，需要预算资金下达后再细化。这过程中预算单位可以进行资金的“二次分配”，容易发生截留、挪用资金等现象。通过部门预算改革，细化了预算编制的内容，弱化了过去预算单位在资源配置中所掌握的自由裁量权，保证了财政资金的安全性和有效性。其三，强化了人大对政府预算权力的监督效果。传统预算编制粗糙，缺乏部门的具体数字，预算单位的具体规模、资金用途不清晰。实施部门预算后，预算的透明度有所增强，各预算单位的预算规模、预算用途清晰明了，这有效地提高了人大对政府预算权力的监督效果。

（2）围绕约束政府预算执行权推行的预算改革。预算执行是权力腐败发生的重要领域，因而，规范政府预算执行行为，避免预算执行权被滥用，成为抑制权力腐败的关键。在财政“公共化”导向下，我国政府围绕着约束政府预算执行权推出了一系列改革，其中以实行由财政部门集中收纳所有政府性收入，且由国库单一账户集中支付政府部门所有财政支出的国库集中收付制度（见表3－3）和推行以公开招标为主要形式的政府采购制度（见表3－4）为主。上述两项预算改革对规范和约束政府预算执行权具有十分重要的积极意义。在传统的预算管理模式下，分散管理是该模式的重要特征。在国库管理上，表现为多部门、多层级设立多重账户，由此带来了预算收支不及时、不规范，预算资金被挪用、截留、违规使用等腐败现象时有发生；在政府采购上，表现为财政部门负责分配资金，各单位自行负责购买，财政资金分配与使用脱节，采购过程不透明，采购资金时常被截留、侵吞，滋生了大量的腐败行为。通过国库集中收付制度改革和政府采购制度改革，强化了预算管理的统一性，建立了规范的财政资金收付制度和政府采购体系，从而强化了预算约束，增强了对政府预算执行权的监督与管理，对防治腐败具有十分重要的现实作用。

表3－3　　　　国库集中收付制度改革主要历程

时间	主要内容		改革成效
改革初始阶段（2000年）	2000年6月，财政部国库司成立		借鉴国际通行的国库管理模式，为改革奠定基础
	中央	2000年10月，中央财政对山东省、湖北省的44个中央直属粮库建设资金实行财政直接支付	迈出改革第一步，改革初战告捷，并取得预想的效果
	地方	实行工资统一发放和大额支出直接支付	工资统一发放解决了拖欠员工工资问题，改革初见成效

续表

时间	主要内容		改革成效
改革拉开序幕（2001～2002年）	中央	2001年2月28日，国务院第95次总理办公会议上通过《财政国库管理制度改革方案》	指明了改革的范围、内容、推进时间表等，使得改革有章可循
		2001年，选择水利部、科技部、财政部、法制办等6家中央部门作为首批国库集中支付改革试点单位	改革拉开序幕，传统的分散支付形式得到根本性的改变
	地方	2001年，四川、安徽率先在省本级进行试点	为地方国库集中收付制度改革奠定了基础
	2002年6月，财政部、中国人民银行发布了《预算外资金收入收缴管理制度改革方案》		推动了收入收缴改革工作的进行
	2002年，开发了中央非税收入收缴管理系统		强化了预算执行事中监控，实现了财政监督机制的重大变革
改革全面推行（2003～2005年）	经财政部党组批准，国库司和国库支付中心两个机构进行整合		极大地优化了支付流程和操作程序，方便了预算单位用款
改革发展深化阶段（2006～2007年）	2006年，经国务院批准，我国开始实施中央国库现金管理		提高了财政资金的使用效益
	2006年，财政部对农村义务教育中央专项资金实行国库集中支付改革		为全面建立政府间专项转移支付资金的新型支付管理机制打下了良好的基础
	2007年6月，财政部、国家税务总局、中国人民银行联合发布横向联网实施方案和管理暂行办法，全面启动财税库银税收收入电子缴库横向联网工作		实现了税款征缴电子化操作，提高了征缴效率，强化了对财政资金的监督
	2007年7月，财政部、中国人民银行联合发布了《中央预算单位公务卡管理暂行办法》，正式启动中央预算单位公务卡改革		丰富了支付结算工具，减少了现金使用
改革不断升华（2008～2012年）	改革在中央和地方持续推进		改革面已涵盖中央所有部门、36个省份的本级、320多个地市、2100多个县（区），改革的资金范围已涵盖一般预算资金、政府性基金、国有资本经营预算支出资金

资料来源：财政部干部教育中心：《现代预算制度研究》，经济科学出版社2017年版。

表 3-4　　政府采购制度改革主要历程

<table>
<tr><th>时间</th><th colspan="2">主要内容</th><th>成效</th></tr>
<tr><td rowspan="3">试点阶段
（1996～1998 年）</td><td colspan="2">上海市财政局按照国际政府采购规则，对上海市胸科医院采购双探头装置实行政府采购</td><td>试点节省了一大笔采购费用，我国政府采购制度开始实行</td></tr>
<tr><td>中央层面</td><td>卫生部在中央单位率先开展了政府采购试点工作</td><td rowspan="2">政府采购节支效果明显</td></tr>
<tr><td>地方层面</td><td>1998 年 10 月，深圳市出台了《深圳特区政府采购条例》</td></tr>
<tr><td rowspan="5">试点扩大阶段
（1998～2003 年）</td><td colspan="2">2000 年 6 月，财政部组建国库司，并在其下设立政府采购处，同时各地方也设立相应的管理部门</td><td>进一步推进政府采购制度的规范化建设</td></tr>
<tr><td colspan="2">采购机构的建立：各级财政部门成立集中采购机构</td><td>提高了政府采购工作的操作规范性</td></tr>
<tr><td colspan="2">采购方式的确立：政府采购协议供货制度确立并推广</td><td>节约招标成本同时扩大公开招标占全部政府采购的比重</td></tr>
<tr><td colspan="2">2003 年《政府采购法》颁布实施</td><td rowspan="2">使得政府采购有法可依，标志着我国政府采购已初步形成体系</td></tr>
<tr><td colspan="2">财政部陆续出台了《政府采购招投标管理暂行办法》《政府采购合同监督管理暂行办法》《政府采购品目分类表》《政府采购信息公告管理暂行办法》等一系列规章制度</td></tr>
<tr><td rowspan="3">规范化与国际化阶段
（2003～2012 年）</td><td colspan="2">政府采购范围逐步扩大，已经由单纯的货物类采购扩大到工程类采购和服务类采购</td><td>政府采购社会效益和经济效益日益显现</td></tr>
<tr><td colspan="2">从 2004 年开始，财政部先后在扶持采购节能产品、环境标志产品、自主创新产品和保护国家信息安全产品等领域出台了政府采购制度</td><td>取得了明显的效果</td></tr>
<tr><td colspan="2">我国政府于 2007 年 12 月 28 日正式提交了加入 GPA 申请和初步出价清单，标志着政府采购走向国际</td><td>政府采购工作逐步与国际接轨</td></tr>
</table>

资料来源：财政部干部教育中心：《现代预算制度研究》，经济科学出版社 2017 年版。

（3）围绕着提升政府预算权力运转效果的预算改革。在财政“公共化”的导向下，有效配置公共资源，维护社会公共利益是预算改革的重要指导目标。在预算实践中，受多种因素的制约，时常出现预算执行中预算资金损失、浪费等现象。通过预算改革实现对权力的规制不仅要求要防止权力被滥用，也要防止权力懈怠。为此我国政府围绕着预算支出展开了绩效评价改革（见表3－5）。预算绩效改革对于权力的约束同样起到了重要的作用。通过推行预算绩效改革，在促进具体项目效率提升的同时，通过绩效理念在各级政府部门的运用，有效地提升了政府的公信力，对促进高效、责任、透明政府的建设，对防止权力懈怠具有重大的现实效果。

表3－5　　我国预算绩效管理的主要历程

<table>
<tr><th>阶段</th><th>主要内容</th><th>效果</th></tr>
<tr><td rowspan="2">预算支出绩效评价的萌芽阶段</td><td>1990年起，财政部开始实行文教行政财务管理和使用效益考核工作</td><td rowspan="2">考核和评审制度具有预算支出绩效评价性质，为预算绩效管理改革奠定了基础</td></tr>
<tr><td>1998年起，我国建立起了财政投资评审制度体系</td></tr>
<tr><td rowspan="5">分散性支出绩效初评试点阶段</td><td>2001年，湖北省恩施土家族自治州选择5个行政事业单位开始进行预算支出绩效评价试点</td><td>是真正意义上的预算支出绩效评价</td></tr>
<tr><td>2003年，党的十六届三中全会通过的《中共中央关于完善社会主义市场经济体制若干问题的决定》</td><td>建立预算绩效评价体系</td></tr>
<tr><td>2003年，财政部出台《中央级科教文部门项目绩效考评管理试行办法》</td><td rowspan="3">有关各单项性绩效考评法</td></tr>
<tr><td>2003年，财政部出台《中央级行政经费项目支出绩效考评管理办法（试行）》</td></tr>
<tr><td>2004年，财政部下发《关于开展中央政府投资项目预算绩效评价工作的指导意见》</td></tr>
<tr><td>统一制度规范下的预算支出绩效评价阶段</td><td>2005年，财政部出台《中央部门预算支出绩效考评管理办法（试行）》</td><td>统一规定了部门预算绩效考评的各项基本制度</td></tr>
<tr><td rowspan="5">财政支出绩效评价常态化阶段</td><td>2009年，财政部下发《财政支出绩效评价管理暂行办法》</td><td rowspan="5">财政支出绩效评价常态化，预算绩效管理理念逐渐确立</td></tr>
<tr><td>2011年，财政部下发《财政支出绩效评价管理暂行办法》</td></tr>
<tr><td>2011年，财政部下发《关于推进预算绩效管理的指导意见》</td></tr>
<tr><td>2011年，财政部下发《绩效评价工作考核暂行办法》</td></tr>
<tr><td>2012年，财政部下发《预算绩效管理工作规划（2012－2015年）》</td></tr>
</table>

资料来源：根据财政干部教育中心组编《现代预算制度研究》有关内容整理绘制：财政部干部教育中心：《现代预算制度研究》，经济科学出版社2017年版。

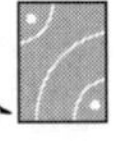

3. 审计在预算治理中的实践。

在系统控权的治理框架中，审计部门是约束政府预算权力的又一重要力量。审计部门对政府预算权力的约束主要是依据法律法规的相关规定，通过对政府预算执行活动进行审查和评价来实现的。从改革的历程来看，先后颁布的《中华人民共和国宪法》《中华人民共和国预算法》《中华人民共和国审计法》等法律法规成为审计部门落实预算监督权的法律依据。

在法律法规的指引下，审计部门通过对政府预算执行活动进行审计评价，揭露预算执行中的违法违规行为，从而对政府预算权力的运行，担负着重要的监督责任。1999 年 7 月 8 日《经济日报》"财金报道"栏目头条位置上刊登了一篇标题警醒的文章——"预算资金在流血"。该文章披露了审计署 1998 年度中央预算执行过程中发现的一系列发人深省的问题，引起了社会各界的广泛关注。以 1998 年的审计风暴为契机，近年来审计部门对政府预算权力监督与约束的力度逐步加强，接受审计监督的政府部门范围越来越广，审计部门在约束政府预算权力上发挥了重要的作用。

4. 社会公众在预算治理中的实践。

在财政"公共化"导向下，社会公众的权利意识被逐渐激发，保障社会公众的预算知情权和参与权是中国公共财政框架构建下，公众约束与监督政府预算权力的主要改革路径。其一，在保障社会公众预算知情权上。了解政府预算资金的来龙去脉是满足公众知情权的主要方式，而预算公开是实现这一方式的重要手段。社会公众在推动政府预算信息公开上，发挥了重要的作用。以被《羊城晚报》评为预算公开凿冰人的吴君亮为例。2008 年 5 月 27 日，吴君亮向深圳市财政局提出了查看预算的申请，经过不懈努力得到了深圳市本级 2008 年的部门预算文件。正是在社会公众的推动下，政府围绕着打造透明预算、阳光预算推行了相关改革。2008 年 5 月 1 日，我国第一个涉及政府预算信息公开的法规《中华人民共和国政府信息公开条例》（以下简称《条例》）正式实施。以《条例》为依据，2009 年，财政部公开 4 张收支预算表格，其后又主动公开中央财政农林水事务支出表等 6 张预算支出表；随后公开了 2008 年全国财政收支决算报告和 8 张决算数据表格；2010 年中央本级支出预算进一步细化为 23 类 123 款科目，比 2009 年增加了 82 款内容。[①] 在社会公众与政府部门的不懈努力下，通过改革我国预算信息由保密到逐渐公开，政府预算权力曝光在阳光下，从而实现了政府部门对预算权力的自我约束以及社会公众对政府预算权力的外部监督。其二，在保障公众预算参与权上。通过预算改革引入公众参与，充分表达公众的意见，是约

① 财政部干部教育中心：《现代预算制度研究》，经济科学出版社 2017 年版。

束政府预算权力的重要路径。从各地的改革实践来看，公众参与预算的范围越来越广，参与的形式多种多样，如少数地区出现了预算民主恳谈会、公共项目民众“点菜”、预算项目面谈会等参与形式。公众参与预算对监督政府预算权力具有十分重要的意义。综上所述，在财政“公共化”导向下，社会公众在监督与约束政府预算权力中发挥着越来越重要的作用。

（二）对财政“公共化”下我国预算治理发展的总结

控制与约束权力，是财政“公共化”下预算治理的重要内容。“控权”实现的前提依赖于规范的预算流程。从上一章预算权力运转系统图中可以看出，规范的预算流程涉及预算决策、预算编制、预算审批、预算执行、预算调整、决算以及监督各个环节。本阶段，围绕着上述环节，人大、政府、审计、社会公众在推动预算改革的过程中发挥了重要的作用。

其一，从立法机构来看。人大预算审批权、监督权不断优化，在打造规范预算流程中的作用明显。在系统控权的治理格局中，立法机构的权能主要包括确定预算总规模和结构性安排、确定各部门结构性预算规模、根据审计结果对资金使用者进行相应的奖惩。预算总规模和结构性安排以及各部门结构性规模的确定依赖于人大预算审批权的充分落实；根据审计结果对资金使用者进行相应的奖惩依赖于人大预算监督与问责权的有效执行。从本阶段人大在预算治理中的实践来看，部门预算改革、加强对预算超收的审查等是细化人大预算审批，加强预算监督的重要举措。本阶段围绕着强化人大预算审批、监督权推行的改革，对于提升人大对政府预算权力约束绩效，打造规范预算流程具有十分重要的意义。人大在系统控权的治理格局中发挥着重要的作用。

其二，从政府部门来看。在人大推动下，政府部门围绕着优化预算编制权、预算执行权推行了一系列改革，成为打造规范预算管理流程的又一重要力量。在系统控权的共治框架中，政府部门包括预算部门（预算管理机构）和其他政府部门（预算执行机构）。政府预算部门的权能包括同各部门谈判提出资金结构性分配的初步建议、监督资金使用者遵守预算规模情况。其他政府部门的权能包括确定其内部预算资金的具体分配方案并监督预算执行。政府预算管理机构的权能实质上就是强调通过规范的预算编制、执行流程对预算执行机构进行合规控制；预算执行机构的权能实际上就是在拥有一定自由裁量权的基础上，以绩效导向为依托，不断提升权力运转效率。从实践来看，部门预算改革、国库集中收付制度改革、政府采购改革以及预算支出绩效评价改革，沿着由合规控制到绩效导向的内生逻辑而展开。通过上述改革建立起了规范的政府预算权力运转流程，政府部门成为系统控权中的又一重要力量。

其三，从审计部门来看。审计部门在规范政府预算执行，优化预算监督权中同样发挥了重要的作用。监督各部门结构性预算安排的效率与效果，并将结果报告给立法机构是审计部门在系统控权中的重要权能。本阶段，我国审计部门在实践中通过不断加强对政府预算执行结果的评价，以实现对政府预算权力的约束。在系统控权的治理格局中，我国审计监督已成为规约政府公权力运行，抑制权力腐败的重要利器。

其四，从社会公众来看。社会公众成为优化预算监督效力的又一重要力量。在系统控权的共治架构中，社会公众负责披露预算过程中的各种预算权力腐败行为、监督政府预算行为。上述功能发挥的前提在于预算公开和预算参与。本阶段，由社会公众推动的政府预算信息公开以及预算参与相关改革，是监督政府预算权力的重要举措。可见，社会公众在系统控权的框架中发挥着积极的作用。

二、财政“现代化”下的预算治理（2013 年至今）

（一）财政“现代化”下预算治理的背景及实践

改革开放给中国带来了翻天覆地的变化。随着改革的深入，经济体制改革取得了举世瞩目的成就——我国已经成为世界第二大经济体。此刻，我们有足够的底气，在经济体制改革取得巨大成就的同时，带动政治、社会、文化、生态文明等体制联动发展[①]。于是，全面深化改革则顺理成章地成为了新一轮整体改革的战略目标。党的十九大报告明确提出全面深化改革的总目标是：“完善和发展中国特色社会主义制度、推进国家治理体系和治理能力现代化”。[②] 财政是国家治理的基础和重要支柱。与整体改革相伴的财税改革跳出了以往视经济体制改革而定方案的套路，将其置于全面深化改革的总棋局下，在站稳财政“公共化”框架的基础上，财政走向了“现代化”之路——构建现代财政制度。

由财政“公共化”到财政“现代化”，体现了权力约束理念的重大变化，即由管到治的转变。管理是直接的、单向的、强硬的、依靠行政管控的，政府权力高高在上；而治理是合作的、多元互动的、柔和的、依靠法律规则的，政府权力成为被治理的对象。权力约束理念的变化落脚到预算改革中，则体现在《预算法》立法宗旨的转变。1994 年《预算法》第 1 条规定：“为了强化预算的分配和

① 由于本书所介绍的实践主要涉及 2018 年之前的数据，为此，在这里梳理我国预算治理发展阶段时间，主要参考 2018 年 12 月之前的预算改革实践。

② 习近平：《决胜全面建成小康社会夺取新时代中国特色社会主义伟大胜利——在中国共产党第十九次全国大会上的报告》，2017 年 10 月 27 日，http：//www. gov. cn/zhuanti/2017 –10/27/content_5234876. htm。

监督职能，健全国家对预算的管理，加强国家宏观调控，保障经济和社会的健康发展，根据宪法，制定本法”①。这里强调预算是政府管理国家的工具，政府在这样的施政构架中处于主动地位，政府通过预算这个工具来对公共资源进行配置，从而在宏观上把握社会经济的发展。而2014年修订的《预算法》第1条规定：“为了规范政府收支行为，强化预算约束，加强对预算的管理和监督，建立健全全面规范、公开透明的预算制度，保障经济社会的健康发展，根据宪法，制定本法”。② 该条款在2018年《预算法》的修订中未变化。这里强调预算的作用不再仅仅是国家管理经济的工具，更重要的作用在于规范政府收支行为，强化预算约束。通过《预算法》立法目的变化，可以发现，预算已由财政“公共化”下政府管理的工具转变为财政“现代化”下管理政府的工具。在财政“现代化”下，通过预算控制与约束权力的功能被正视。由“控权”到“治权”，各治理主体在本阶段的实践主要包括以下几个方面。

1. 人大在预算治理中的实践。

本轮改革的一大特点在于强化人大对政府预算权力的约束绩效，突出人大在共治框架中的重要作用。首先，进一步完善相关法律法规。《预算法》进一步细化了各级人大及其常委会在预算审批、调整方面的程序和权限，提升了人大的监督力度。③ 其次，改进人大预算审核的重点。2018年3月，中共中央办公厅印发《关于人大预算审查监督重点向支出预算和政策拓展的指导意见》（以下简称《意见》），就加快转变人大预算审核的重点做出了说明。《意见》指出人大要加强对支出预算和政策审查力度，要重点审核支出预算总量与结构、重点支出和重大投资项目、部门预算、财政转移支付、政府债务等。人大审查重点由“钱花在哪里”向“钱怎么花”转变，这进一步强化了人大的预算监督能力，有利于强化政策对支出预算的指导和约束作用，使预算安排和政策更好地贯彻落实党中央重大方针政策和决策部署；有利于提高支出预算编制质量和预算执行规范化水平。最后，创新人大监督方式。实现预算联网监督是近年来创新人大监督方式的重要举措。通过联网监督，人大代表能够更好地读懂预算，从而行使好监督权力。截至2017年12月31日，全国31个省级人大预算工委实现了与政府部门预算决算信息的联网查询。在中央本级，全国人大预算联网监督系统成功上线。

2. 政府在预算治理中的实践。

在党提出构建全面规范、公开透明的现代预算制度战略目标的引领下，我国政府开启了新一轮预算制度改革，成为协同治理中的重要力量。从总体上来看，

---

① 《中华人民共和国预算法》，中国法制出版社1994年版。

② 《中华人民共和国预算法》，中国法制出版社2014年版。

③ 相关法条在2014年《预算法》中进行了修订，2018年《预算法》未发生变化。

本轮改革承袭了上一阶段的改革套路，继续围绕着打造规范、有效的预算制度推行了一系列改革。

其一，在约束政府预算编制权和执行权上。在预算编制权方面。本轮改革的一个重要目标：将政府所有的收支行为纳入法治轨道，从预算上将权力关进制度的笼子。为此，本轮预算改革跳出了上一轮改革围绕着一般公共预算定方案的做法，将视野拓展到一般公共预算、政府性基金预算、国有资本经营预算和社会保险基金预算在内的全部政府收支，其目标就是要构建全面完整的预算管理体系。通过改革建立了涵盖政府全部收支的预算体系，使得预算更加全面完整。这有利于政府控制、调节各类财政资金的流向，完善财政的分配、调节和监督职能；同时也便于立法机关的审议和广大公众的了解，对政府预算收支起着监督和控制作用。在预算执行权方面。本轮改革在承袭上一轮约束预算执行权做法的基础上，进一步加强预算执行管理，推出构建跨年预算平衡机制和中期财政规划管理等改革措施。跨年预算平衡机制的构建，从法律上切断了超收超支的通道，从而有效地规范了政府预算行为；实施中期财政规划管理，增强了预算的科学性，提高了财政资金的使用效率。

其二，在提升政府预算权力运转效果上。在总结上一轮改革经验的基础上，预算绩效管理取得了重大进展。首先，预算绩效管理上升到法律层面。2014 年修订的《预算法》首次明确了在预算收支中进行绩效管理的要求，这为我国预算绩效管理奠定坚实的法律基础①。相关法条在 2018 年《预算法》的修订中未发生变化。其次，提出了实施全面预算绩效管理的改革目标。党的十九大报告明确提出要实施全面预算绩效管理。2018 年 9 月 1 日，中共中央、国务院出台了《关于全面实施预算绩效管理的意见》。2018 年 11 月 8 日，财政部出台了《关于贯彻落实〈中共中央　国务院关于全面实施预算绩效管理的意见〉的通知》，就实行全方位、全过程、全覆盖的预算绩效管理体系做出了详细的说明。各地根据党中央、国务院以及财政部的要求，开展了轰轰烈烈的预算绩效改革实践。实施全面预算绩效管理，对于提升政府预算权力运转效率具有重大的现实意义。

---

① 2014 年修订的《预算法》有关预算绩效的规定有：

第 12 条：各级预算应当遵循统筹兼顾、勤俭节约、量力而行、讲求绩效和收支平衡的原则。

第 32 条：各部门、各单位应当按照国务院财政部门制定的政府收支分类科目、预算支出标准和要求，以及绩效目标管理等预算编制规定，根据其依法履行职能和事业发展的需要以及存量资产情况，编制本部门、本单位预算草案。

第 49 条：各级人民代表大会有关专门委员会，要向本级人民代表大会主席团提出关于总预算草案及上一年总预算执行情况的审查结果报告。审查结果报告应当包括提高预算绩效的意见和建议。

第 57 条：各级政府、各部门、各单位应当对预算支出情况开展绩效评价。

第 79 条：人民代表大会在审议本级决算草案时，要重点审查支出政策实施情况和重点支出、重大投资项目资金的使用及绩效情况。

3. 审计在预算治理中的实践。

本轮改革的另一大特点在于突出审计部门在预算治理框架中的地位，提升审计部门的权力约束效力。具体表现在：其一，《预算法》细化了法律责任的相关要求，有利于提升审计部门的预算监督效力。其二，中共中央办公厅转发了《关于改进审计查出突出问题整改情况向全国人大常委会报告机制的意见》，该意见明确了审计向人大常委会报告的时间、形式、内容等问题，这对于优化审计监督效力，进一步规范政府预算行为具有十分重要的意义。其三，成立中央审计委员会。在2018年国家机构改革中，我国组建了中央审计委员会，这有利于构建集中统一、全面覆盖、权威高效的审计监督体系，更好发挥审计在约束政府预算权力中的作用。审计中央预算执行和其他财政支出情况是中央审计委员会的重要工作职责。中央审计委员会的成立大大提高了审计监督的震慑力，从而有利于提升审计部门在共治框架中的权力约束效能。

4. 社会公众在预算治理中的实践。

通过本轮预算改革，进一步保障了公民的预算知情权与参与权，强化了社会公众对政府预算权力的监督约束效力，提升了社会公众在协同治理框架中的地位。

在保障公民知情权上。建立透明预算制度，是本轮预算改革的重点。通过改革预算公开取得了积极的效果，主要表现在：其一，预算公开有法可依。《预算法》就预算公开的内容、时间、主体等问题做出了明确的规定，预算公开上升到了法律层次。其二，预算公开制度建设由中央向地方推进。为进一步贯彻落实《预算法》关于预算公开的要求，中央部门设立了中央预决算公开平台，就有关信息在预算决算平台上进行公开。同时，财政部为进一步促进地方预算公开制度建设颁布了相关的制度文件：2014年《财政部关于深入推进地方预决算公开工作的通知》、2016年又公布了《财政部关于切实做好地方预决算公开工作的通知》和《地方预决算公开操作规程的通知》《关于推进部门所属单位预算公开的指导意见》等。为积极响应上级部门号召，地方政府开始加强预算公开制度建设，有的地方设立了预算决算公开平台，如广西壮族自治区、江苏省等。通过预算信息公开，公民更加了解政府预算资金的来龙去脉，从而有利于提升社会公众对政府预算权力的监督效果。

在保障公民预算参与权上。《预算法》为保障公民的预算参与奠定了法律基础。如《预算法》第45条："县、自治县、不设区的市、市辖区、乡、民族乡、镇的人民代表大会举行会议审查预算草案前，应当采用多种形式，组织本级人民代表大会代表，听取选民和社会各界的意见"①。第91条："公民、法人或者其

① 《中华人民共和国预算法》，中国法制出版社2018年版。

他组织发现有违反本法的行为，可以依法向有关国家机关进行检举、控告。”①正是在《预算法》的指引下，公民预算参与的程度、范围进一步拓宽，从而进一步强化了社会公众的监督效力。

（二）对财政“现代化”下我国预算治理发展的总结

本阶段预算改革在承袭上一轮改革经验的基础上，突出了“治权”的理念。主要体现在以下几个方面。在目标上，本轮改革伊始目标就剑指政府预算权力，通过改革要硬化预算约束，将权力关进制度的笼子。在路径上，本轮改革除了继续打造受约束、高效的政府部门预算管理制度之外，突出了人大、审计、社会公众的预算监督效力。具体而言：

其一，从立法机构来看。提升人大在系统控权治理格局中的地位，成为治权理念下本轮预算改革的首要举措。本轮改革继续沿袭了上一轮改革的路径，通过细化人大预算审批、调整方面的流程和权限、创新人大监督方式等措施，进一步强化了人大的预算审批权和监督权。同时，本轮改革的重大突破在于人大预算审查端口的前移。在上一阶段，我国规范预算流程的打造还尚未完全涉及预算决策环节。在本轮改革中通过转变人大预算审查重点，将人大审查的端口前移至预算决策环节，从而使得权力约束效力拓展到了预算权力运转的起点。本阶段的改革进一步优化了预算流程，人大在系统控权格局中的预算监督效力得到了有效的提升。

其二，从政府部门来看。本轮改革在进一步强调合规控制、加强预算执行管理的基础上，更加突出绩效导向的作用。一方面，通过完善全口径预算管理体系，构建跨年预算平衡机制、实施中期财政规划管理等措施的落地，政府预算权力运转流程更加规范；另一方面，通过全面实施预算绩效管理，将政府部门权力约束的轨迹进一步拓展到整个预算环节，又进一步优化了预算流程。通过改革，政府部门在系统控权中的作用更加明显。

其三，从审计部门来看。提升审计部门的预算监督效力，是治权理念下本轮改革的另一重大举措。一方面，优化审计监督效力。中央审计委员会的成立，对于发挥审计部门约束政府预算权力的效力具有十分重要的意义。另一方面，在强化审计对立法机构报告方面。通过改进审计查出突出问题整改情况向全国人大常委会报告机制，审计监督和人大监督的联合效力得到显著提升。通过改革，审计部门在系统控权的治理格局中的地位相较于上一轮改革得到了明显的提升。

其四，从社会公众来看。正视社会公众在“治权”框架中的地位，成为本轮

① 《中华人民共和国预算法》，中国法制出版社 2018 年版。

改革的一大亮点。本轮改革在保障公民知情权和参与权上取得了重大的进展。一方面，预算公开上升到法律层面，对于强化社会公众对政府的监督效力具有十分重要的意义；另一方面，《预算法》对社会公众预算参与的相关规定，对于充分发挥社会公众在预算监督中的作用同样具有十分积极的作用。《预算法》对预算公开和预算参与的确认，正视了社会公众在共治格局中的地位，从而提升了社会公众的监督效力，优化了预算流程。

三、对我国预算治理发展之路的分析与总结

与40多年改革开放相伴，在肩负着监督与约束政府预算权力的历史使命下，我国预算治理走出了一条颇具中国特色的发展道路，并取得了显著的成效。曾几何时，国家预算是一个神秘又富有吸引力的传统事务，如今，政府预算早已冲破暗箱的枷锁，呈现在社会公众面前，成为国家与社会公众联动的重要纽带。梳理我国预算治理的发展历程，我国预算改革体现出了一体两面的特征——兼具“行政控制”与“政治控制”，但二者相比较而言，“行政控制”不断强化，而“政治控制”效力有所提升但仍显软化。具体而言：

（一）“行政控制”不断强化

我国预算治理发展的一个重要特征体现为“行政控制”不断强化。“行政控制”强调核心预算机构集中预算资金的分配权，通过该机构统一各部门的财政收支计划，从而确保各个部门在财政上对政府首脑负责。“行政控制”实质上强调行政机构内部控制流程的构建。从系统控权的角度来看，政府部门内部控制流程的构建遵循由合规到绩效的内在逻辑展开。我国预算改革同样遵循了上述逻辑。一方面，从合规上来看。无论是财政“公共化”下，部门预算改革、国库集中收付制度改革、政府采购制度改革，还是财政“现代化”下，全口径预算管理体系的完善、跨年预算平衡机制的构建、中期财政规划管理的实施，其目标是建立统一、规范的预算管理制度。通过上述改革，财政部门在预算收支分配中的主体地位得以确立，从而强化了财政部门对其他政府部门预算权力的约束效力。同时，由于我国实行的是行政型审计模式，审计部门隶属于行政部门。因此，随着审计部门对政府部门预算执行合规审查力度的不断加大，这在本质上又强化了合规管理的控权效力。与此同时，在社会公众的推动下，由政府部门围绕着透明预算而实施的相关改革，实质上也是行政部门实现权力自我约束的方式。通过预算公开同样强化了合规管理的约束效力。另一方面，从绩效上来看。财政“公共化”下，通过推行财政支出绩效评价，提高了预算资金的使用效果，进而提升了政府

预算权力的运转效率。财政“现代化”下，通过实施全面预算绩效管理，将政府部门权力约束的轨迹进一步拓展到绩效导向上来。从结果来看，绩效管理的作用之一在于优化内部控制流程，而这又强化了“行政控制”的效力。

可见，我国预算改革由合规到绩效，“行政控制”得到不断强化。

（二）“政治控制”效力有所提升，但仍显软化

“政治控制”效力有所提升，但仍显软化是我国预算治理发展的又一特征。“政治控制”强调在代议制民主制度下，社会公众通过民主程序选举出代表来对政府的预算行为进行约束，从而确保政府预算活动能够在社会公众的监督下进行。从系统控权的视角来看，立法机构的权能需要依赖预算审批权、预算监督权与问责权的有效实施。预算总规模和结构性安排以及各部门结构性规模的确定，不仅仅要求立法机构要审查预算草案，而且要求能够对预算草案进行修正；根据审计结果对资金违规使用者进行相应的惩罚要求立法机构能够对预算违规行为进行问责。从我国的实践来看，由财政“公共化”到财政“现代化”，人大预算审批权和预算监督权逐步得到强化，特别是人大预算审查重点的转变、预算联网监督等改革措施的落地对于提升人大权力约束绩效产生了重大影响。然而令人遗憾的是，相较于不断强化的“行政控制”，“政治控制”效力虽有所提升，但仍显软化。主要表现在：其一，人大预算审批权仍不能得到有效实施。《预算法》始终没有赋予人大预算修正权。从法条上来看，人大的预算审批权仅仅落脚在审查和批准上，而人大是否具有修正预算草案的权力，相关法条并没有明确的规定。与此同时，人大会期短、个别人大代表预算专业能力不足等因素，也影响了人大通过审批控制政府预算权力的想法也难以实现。其二，人大预算监督和问责权同样没有得到有效执行。当前人大对政府部门的监督力度虽有所加强，但人大对政府部门预算违规行为的问责仍显不足。可见，与系统控权中立法机构的权力效能相比，我国人大的权力约束效力仍显不足。“政治控制”的作用更多地侧重于优化政府预算管理流程，而这又进一步强化了政府“行政控制”。“政治控制”效能的提升仍任重而道远。

从总体上来看，我国预算治理“更加侧重于技术路线上的规则与程序改革，缺乏对整体治理结构的综合考量”。[①] 在控制与约束权力的道路上，我国预算治理更加注重强化“行政控制”，而“政治控制”仍显落后。

---

① 马蔡琛：《从“单兵推进”到“共同治理”中国公共预算改革的路线图》，载《中国审计》2005年第23期。

第二节　现阶段我国预算治理监督与约束权力的效果分析

以侧重技术规则和流程完善为主的中国预算改革，凸显出了强化“行政控制”的治理导向。“中国预算改革似乎存在着一种倾向，那就是如果预算程序是合理的，其结果也将是正确的”。[①] 政府预算权力的运转流程，主要体现在预算编制和预算执行上。因此，探析现阶段我国预算治理权力约束效力的现状，应当从上述两方面展开。基于此，本部分以预算编制和执行为视角，来分析现阶段[②]我国预算治理约束权力和抑制腐败的现状。

一、现阶段我国预算治理约束权力的现状

权力是否被滥用是分析预算治理权力约束效果的重要标准。行为是抽象权力运转的现实表现。由于预算执行审计报告和预算领域腐败案件判例详细记录了权力主体的用权行为，因此，本书选用 2014～2017 年审计署公布的中央部门预算执行审计报告和截至 2017 年 8 月 9 日中国裁判文书网公布的 8500 个贪污、挪用公款等职务类犯罪判例作为分析的样本，来剖析现阶段预算治理对预算权力约束的效果。统计结果显示：政府部门在运用预算编制权和执行权的过程中，存在着滥用权力的现象且屡禁不止[③]。

（一）预算编制权和预算执行权运用中的违规行为

1. 预算编制权不规范运用下的违规行为。

政府预算编制权良性运用应当做到科学、详细、全面、完整地编制预算，从而为立法机构审批预算奠定良好的基础。在当前，我国政府预算编制权并没有得到充分有效的运用，预算编制中违法违规现象频发，从而存在着一定的腐败隐患。从审计署公布的审计公告来看，政府部门预算编制权运用不规范，有如下特征。

---

① 马蔡琛：《从“单兵推进”到“共同治理”中国公共预算改革的路线图》，载《中国审计》2005 年第 23 期。

② 为了更好地反映当前预算领域腐败现象，本书数据搜集的时间范围为 2013 年 10 月至 2018 年 6 月，考察党的十八大以来的反腐现状。

③ 根据本书的相关概念界定，预算权力滥用包含了预算权力异化行为（预算违规行为）和预算权力腐败。虽然预算违规行为并没有带来实质性的腐败，但仍存在着腐败隐患，因此，本书从预算违规行为和腐败行为两个方面来进行分析。

其一，纵向上，不规范用权行为屡禁不止。从公布的违规行为来看（见表3－6），权力运用不规范存在着一定的顽固性，一些行为“年年审，年年犯”。如2013～2016年几乎每年涉及有部分项目未编制政府采购预算、预算编制环节项目论证不充分导致项目资金结转或闲置或浪费、预算编制未细化到具体项目等违规行为。

其二，横向上，不规范用权行为存在“同化效应”。同化效应体现在：同一类不规范的用权行为，在不同的部门之间广泛存在。如未编制预算、决算的行为，2013年在商务部、食品药品监管局等4个部门及其所属单位存在；2014年在国家民委、环境保护部等8个部门及其所属单位存在；2015年在发改委等10个部门及其所属单位存在；2016年在公安部、水利部等11个部门及其所属单位存在。

综上所述，在政府预算编制权的运用过程中，不规范的用权行为屡禁不止且存在着同化效应，这充分说明当前对政府预算编制权的约束仍显乏力。

表3－6　　预算编制权运用中存在的违规行为统计

年份	涉及部门总数	涉及金额（万元）	预算编制权运用中存在的违规行为	
			潜在隐患问题	涉及部门
2013	21	725444.68	部分项目未编报政府采购预算	教育部、公安部等6个部门
			项目论证不充分导致资金结转或闲置	教育部、农业部等7个部门
			预算编制未细化到具体项目	工业和信息化部、民航局等4个部门
			预算、决算编制不准确、不完整	商务部、食品药品监管局等4个部门
			代编或超编或不编制预算	邮政局、新闻广电出版总局等5个部门
			其他问题：多申领或重复申领预算资金、违规使用结余资金、结余资金未纳入预算	科技部、农业部等7个部门
2014	27	477928	部分项目未编报或少编报政府采购预算	外交部等4个部门
			项目论证不充分导致资金结转或闲置或浪费	海洋局、卫生计生委等7个部门
			预算编制未细化到具体项目	交通运输部、农业部等10个部门

续表

年份	涉及部门总数	涉及金额（万元）	预算编制权运用中存在的违规行为	
			潜在隐患问题	涉及部门
2014	27	477928	未编制或少编制或违规或代编制预算、决算	国家民委、环境保护部等8个部门
			结余资金未纳入预算管理、违规滥用结余资金	全国人大常委办公厅、水利部等8个部门
			其他问题：多申领或重复申领预算资金	工商总局、国家民委等5个部门
2015	25	413987.01	部分项目未编报政府采购预算、编报政府采购文件时，未向社会公开征求意见	外交部、卫生计生委等5个部门
			项目论证不充分导致资金结转或闲置	国家民委、民政部等9个部门
			预算编制未细化到具体项目	国土资源部、商务部等4个部门
			未编制、违规编制、少编制预算或决算	发改委等10个部门
			重复申报预算资金	环境保护部、商务部等3个部门
2016	25	148014.91	部分项目未编报政府采购预算	交通运输部、法学会等5个部门
			预算编制不科学，造成项目资金结转	税务总局等3个部门
			收入、支出未纳入部门预算、决算编制	公安部、水利部等11个部门
			预算、决算编制不准确、不完整	国土资源部、交通运输部等4个部门
			违规编制预算	工业和信息化部、国家物资储备局等3个部门

资料来源：1. 本表根据2014～2017年审计署公布的中央部门预算执行和其他财政收支情况的审计报告绘制而成。涉及的公告有：2017年第4号公告，涉及部门为73个；2016年第5号公告，涉及部门为42个；2015年第24号公告，涉及部门为46个；2014年第20号公告，涉及部门为37个。2. 本表中所涉及的部门包含部门本级及其所属单位。3. 本表数据采用手工统计的方式，汇总整理了198个部门，共计1609个审计问题，并采用词频统计的方式，对相关问题进行了汇总。

2. 预算执行权滥用下的违规行为。

预算执行权的规范运用，要求预算收入与支出严格按照立法机构批准的预算

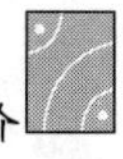

案进行，预算调整必须遵循法定的程序组织实施。从以往我国预算执行中暴露的问题来看，预算执行权被滥用，违规行为五花八门，在预算执行环节存在着严重的腐败隐患。表3－7统计了2013～2016年中央部门预算执行中存在的违规行为，结果显示：在预算执行环节同样存在着权力滥用且屡禁不止和“同化效应”。

其一，纵向上，预算执行权滥用且屡禁不止。一些老生常谈的问题，几乎年年出现。如政府采购执行不规范、违规支用“三公”经费、项目预算执行不规范等问题。值得注意的是，《预算法》第95条明确规定：“各级政府有关部门、单位及其工作人员有下列行为之一的，责令改正，追回骗取、使用的资金，有违法所得的没收违法所得，对单位给予警告或者通报批评；对负有直接责任的主管人员和其他直接责任人员依法给予处分：（一）违反法律、法规的规定，改变预算收入上缴方式的；（二）以虚假、冒领等手段骗取预算资金的；（三）违反规定扩大开支范围，提高收支标准的；（四）其他违反财政管理规定的行为”[①]。其中第三款规定，违反规定扩大开支范围、提高收支标准是预算问责的主要行为之一。然而，违规扩大开支范围的行为，依然年年存在，这种典型的违反《预算法》的行为仍然屡禁不止。

其二，横向上，预算执行权滥用同样存在着“同化效应”。审计结果显示，预算执行中的同类违规行为在不同部门之间广泛存在。如近年来，“三公”经费成为社会公众关注的焦点，其运用情况也常被诟病。2013～2016年，违规支用“三公”经费的部门逐年增多，由2013年的34个部门增加到2016年的49个部门。从手段上来看，违规列支、任意提高标准、违规转嫁“三公”经费等手段是上述部门常常采用的手段。

表3－7　　　　预算执行权运用中存在的违规行为统计

年份	涉及部门数（个）	涉及金额（万元）	预算执行权运用中存在的违规行为	
			潜在隐患问题	具体形式
2013	16	9233.5	采用虚假方式套取财政资金	虚假合同、虚报面积、虚列支出等手段
	34	66213.65	违规支用“三公”经费	超标准列支费用、转嫁费用、使用不合规发票报销费用等手段
	26	129275.34	项目预算执行不规范	扩大项目开支范围、自行调剂项目经费、列支与项目无关支出等方式

① 《中华人民共和国预算法》，中国法制出版社2018年版。

续表

年份	涉及部门数（个）	涉及金额（万元）	预算执行权运用中存在的违规行为	
			潜在隐患问题	具体形式
2013	20	55837.5	政府采购执行不规范	未严格执行政府采购程序、未进行集中采购、未进行公开招标等方式
	11	185562.42	违规收取费用	滥用职权创设项目，违规收取费用、违规出租房屋收取费用等方式
	15	40967.15	账务核算不规范	未在法定账簿核算收支、资金长期挂账、会计核算不合规
	8	61254.22	其他行为	违规建造楼堂管所、违规变更支出支付方式、违规从零余额账户转账等方式
2014	23	49551.46	挪用资金、用虚假方式套取财政资金	23个部门中，涉及金额最大行为是采用虚假方式套取财政资金、包括虚报面积、虚假合同、虚报油量等方式、挪用资金主要涉及项目资金
	36	49388.14	违规支用“三公”经费	在“三公”经费支用中，存在着超标准支用会议费、出国经费、无预算支付会议费、违规发放职工津贴等行为
	35	325952.37	项目预算执行不规范	扩大项目开支范围、随意调剂项目资金、未经批准更改项目资金用途、项目执行缓慢导致资金结转、项目结转资金未及时清理等行为较为普遍
	31	46769.26	政府采购执行不规范	31个部门中，未执行政府采购、未严格按照政府采购程序、未公开招标是主要的违规方式
	21	44005.21	违规收取费用	利用职权违规收费、违规出租办公房获取收入等行为
	12	32255.49	预算收入征收不规范	包括收入未上缴国库、收入未及时上缴国库、未按收支两条线管理等
	18	56053.22	财务核算不规范	包括未在法定账户核算资金、在往来科目违规核算资金、往来款长期挂账等行为
	27	330951.82	其他行为	包括违规从零余额账户转账、投资失败造成损失、违规出借资金等行为

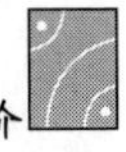

续表

年份	涉及部门数（个）	涉及金额（万元）	预算执行权运用中存在的违规行为	
			潜在隐患问题	具体形式
2015	5	91.42	以虚假方式，套取财政资金	5部门中，采取虚假合同、虚假发票、虚报会议费、虚列项目支出等方式套取财政资金
	34	34390.97	违规支用“三公”经费	在违规列支“三公”经费的行为中，违规列支会议费、超标准报销差旅费、违规列支出国经费、转嫁会议费或出国经费表现较为突出
	21	151269.72	项目预算执行不规范	主要表现在资金支出不实、扩大项目支出范围、列支与项目无关的经费、未按规定及时清理结转资金
	24	580887.53	政府采购执行不规范	在24个部门中，具有普遍性的行为有：未进行政府采购、未严格按照政府采购程序、未公开招标这三种方式
	12	13702.27	违规收取费用	在12个部门中，违规收取费用、违规设立明目收费、违规出租办公用房获取费用的行为较为普遍
	7	54119.79	预算收入征收不规范	这7个部门中，未按规定及时上缴收入、收入未按收支两条线管理是主要的违规行为
	13	45572.96	财务核算不规范	主要存在着收入在往来账中核算、未按规定在相关科目核算、挂账未及时清理等行为
	31	136038.3	其他行为	资金私存账外、违规从零余额账户转账、违规发放企业补贴等行为
2016	49	17608.94	违规支用“三公”经费	超标准列支会议费、超标准报销出国经费、违规支付公车费用等，值得一提的是，转嫁会议费、出国经费的行为在2016年的审计中有所上升
	21	600277.26	项目预算执行不规范	项目结余资金未及时清理，项目未及时决算，值得注意的是扩大项目开支范围、列支与项目无关支出的腐败隐患行为大大减少

续表

年份	涉及部门数（个）	涉及金额（万元）	预算执行权运用中存在的违规行为	
			潜在隐患问题	具体形式
2016	38	274691.85	政府采购执行不规范	未按规定执行政府采购程序、未公开招标、未及时公开政府采购信息、无预算实施政府采购等行为，其中未按规定执行政府采购程序、未公开招标行为最多
	34	48639.55	违规收取费用	滥用职权创设项目，违规收取费用、违规出租房屋收取费用等方式
	15	48524.06	预算收入征收不规范	收入未按照收支两条线管理、收入未及时上缴财政
	28	39355.54	账务核算不规范	收入未在法定账簿核算，在往来科目中核算资金、往来款长期挂账等
	26	842784.22	其他行为	违规从零余额账户转账、无偿使用其他单位固定资产、出借设备未回收等行为

资料来源：1. 本表根据 2014～2017 年审计署公布的中央部门预算执行和其他财政收支情况的审计报告绘制而成。涉及的公告有：2017 年第 4 号公告，涉及部门为 73 个；2016 年第 5 号公告，涉及部门为 42 个；2015 年第 24 号公告，涉及部门为 46 个；2014 年第 20 号公告，涉及部门为 37 个。2. 本表中所涉及的部门包含部门本级及其所属单位。3. 本表数据采用手工统计的方式，汇总整理了 198 个部门，共计 1609 个审计问题，并采用词频统计的方式，对相关问题进行了汇总。

（二）预算编制权和预算执行权运用中的腐败行为

腐败案例详细记录了贪腐手段，故是分析腐败行为的重要样本。事实上，从统计结果来看，在预算执行中腐败案件多发生在省级以下部门。根据 8500 个腐败案件公开文书显示（见图 3－1），乡级案件 4420 件，占总案件比为 52%；县级案件 3060 件，占总案件比为 36%；市级案件 1020 件，占总案件比为 12%。运用手段统计结果显示（见表 3－8）：在贪腐分子众多的手段中，采用虚假方式套取财政资金的手段最常用。

预算编制和预算执行中的腐败行为同样具有“同化效应”。这里的“同化效应”主要体现在横向和纵向上。横向上来看，采用虚假手段套取国家财政资金的行为广泛分布在各个领域，如政府采购、扶贫资金、工程领域等。这里的虚假手段有运用虚假材料、采取冒名顶替、虚报种植面积、伪造相关手续、采用虚报、截留等，可谓五花八门。纵向上来看，采用虚假手段套取财政资金的贪腐行为，呈现出由上至下的扩散效应，越往基层，被运用得越频繁。

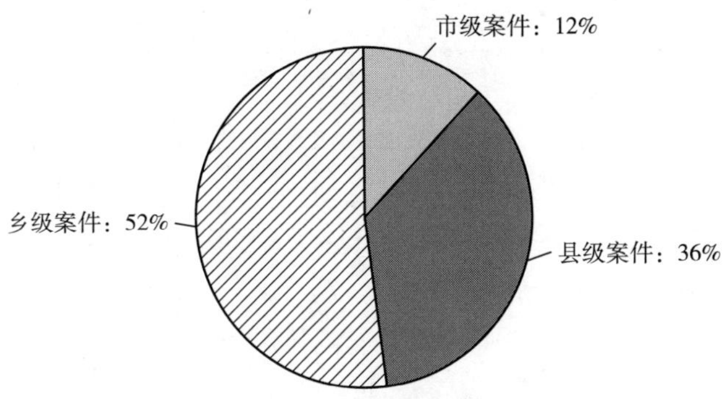

图3－1　案件级别统计

资料来源：1. 本书采用手工统计的方式对中国裁判文书网公布的8500余个腐败案件进行了统计。截至2017年8月9日，在搜索栏中输入职务类犯罪包括贪污罪、挪用公款罪、受贿罪等，共得到33255本判决文书（包括重要案件和公开文书两类），其中公开文书共计8500例，重要案件共计24755例。重要案件是当前进入诉讼阶段的腐败案件，公开文书为已经受理完结的腐败案件。由于公开文书判例案件已属于结案范围，相关案件经过、腐败手段、涉及领域等描述准确、便于统计，故采用公开文书判例作为统计的样本。2. 本图采用词频统计的方式，汇总了8500个案例发生的行政级别。

表3－8　　预算编制权和执行权运用中的腐败行为统计

罪名	主要行为	常用手段列举	涉及案例数（件）
贪污罪	以虚假方式，套取国家专项财政资金	采用虚假材料套取国家“家电下乡”补贴资金	109
		采取虚增房屋面积、提高房屋评估价格等方式套取国家拆迁补偿款	87
		采用虚报退耕面积等方法骗取国家退耕还林补助金	94
		采用冒名顶替的方式骗取国家扶贫资金	304
		通过伪造票据，虚报账目等方式套取设施农业补贴款	178
		通过虚报种粮面积等方式骗取国家种粮补贴款	125
		弄虚作假，伪造相关手续，骗取国家危房改造补贴款	84
		通过虚报病害猪无害化处理数量等方式套取国家屠宰环节病害猪无害化处理财政补贴	56
		采用虚报项目、虚列支出、收入不入账等方式套取专项资金	407

续表

罪名	主要行为	常用手段列举	涉及案例数（件）
滥用职权罪	滥用职权，非法获取利益	采用虚开增值税发票等形式，骗取国家预算资金	106
		采取虚高工程造价、虚开发票等形式套取工程款	377
		采用虚开土地补偿款单据等形式套取资金	278
		采取虚报、截留、乱收费等形式私设小金库	52
挪用公款罪	非法挪用预算资金，用于个人或他人使用	采取领取财政资金不入账等形式挪用公款	223
		通过挂账等方式挪用国家财政资金	213
行贿、受贿罪	为非法谋取利益，向他人行贿、接受他人贿赂	运用贪污资金，向他人行贿	164

资料来源：1. 本书采用手工统计的方式对中国裁判文书网公布的8500余个腐败案件进行了统计。截至2017年8月9日，在搜索栏中输入职务类犯罪包括贪污罪、挪用公款罪、受贿罪等，共得到33255本判决文书（包括重要案件和公开文书两类），其中公开文书共计8500例，重要案件共计24755例。重要案件是当前进入诉讼阶段的腐败案件，公开文书为已经受理完结的腐败案件。由于公开文书判例案件已属于结案范围，相关案件经过、腐败手段、涉及领域等描述准确、便于统计，故采用公开文书判例作为统计的样本。2. 本表统计了8500个案例中腐败分子常用的贪腐手段，采用词频统计的方式进行汇总而成。

二、现阶段我国预算治理抑制腐败的效果

腐败数量是衡量腐败治理效果的重要标准。因此，本书以Wind数据库2013年10月至2018年6月有关预算编制和执行中查处的腐败问题数为统计样本，来分析现阶段我国预算治理抑制权力腐败的现状。统计结果显示：近年来，查处出的腐败问题数呈现波动上升的趋势。

（一）腐败问题总体情况

总的来看（见表3-9），2013年10月至2018年6月，共查处预算编制和执行中的腐败问题215903件，其中2014年全年查处52546件、2015年全年查处36876件、2016年全年查处40985件、2017年全年查处51008件。从查处腐败问题的趋势来看，2013年10月以来，查处腐败问题数波动上升，由2013年10月的2386件，上升至2014年9月的6055件，到2017年12月查处问题数达到峰值为7594件。从图3-2中的趋势线也可以看出，查处腐败问题数呈波动上升的趋势，这说明，现阶段预算治理抑制权力腐败的效果还没有得到有效释放。

表 3－9　2013 年 10 月至 2018 年 6 月查处腐败问题情况　单位：件

时间	查处问题数	时间	查处问题数	时间	查处问题数
2013－10	2386	2015－05	3141	2016－12	5019
2013－11	3038	2015－06	3111	2017－01	2778
2013－12	3387	2015－07	2842	2017－02	2077
2014－01	2288	2015－08	3268	2017－03	2733
2014－02	2627	2015－09	3490	2017－04	3514
2014－03	3275	2015－10	3808	2017－05	3991
2014－04	3891	2015－11	4833	2017－06	5671
2014－05	4979	2015－12	4785	2017－07	4342
2014－06	5083	2016－01	3945	2017－08	3859
2014－07	4480	2016－02	2263	2017－09	4506
2014－08	4668	2016－03	2672	2017－10	4353
2014－09	6055	2016－04	3115	2017－11	5590
2014－10	5263	2016－05	3215	2017－12	7594
2014－11	5699	2016－06	4108	2018－01	4058
2014－12	4238	2016－07	3044	2018－02	2516
2015－01	1650	2016－08	2901	2018－03	3516
2015－02	1509	2016－09	3489	2018－04	3922
2015－03	1931	2016－10	3320	2018－05	4973
2015－04	2508	2016－11	3894	2018－06	6692

资料来源：根据 Wind 数据库有关腐败查处问题数绘制而成。

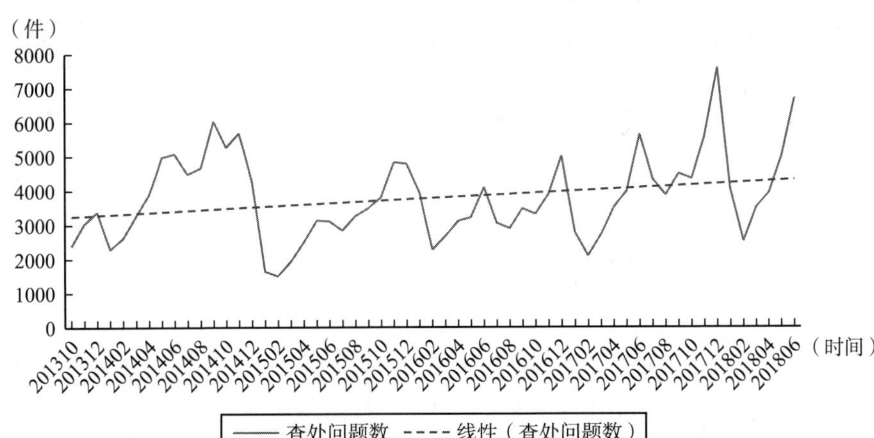

图 3－2　查处腐败问题趋势

资料来源：根据表 3－9 绘制。

（二）腐败问题级别

从查处腐败问题级别来看（见表3－10和表3－11），2013年10月至2018年6月，共查处省部级案件21件、地厅级2282件、县处级18509件、乡科级195091件。其中，2014年全年查处省部级案件2件、地厅级124件、县处级1964件、乡科级50456件；2015年全年查处省部级案件9件、地厅级385件、县处级3183件、乡科级33299件；2016年全年查处省部级案件3件、地厅级618件、县处级4589件、乡科级35775件；2017年全年查处省部级案件6件、地厅级706件、县处级5328件、乡科级44968件。在查处的省部级腐败问题中，峰值出现在2015年11月，共查处4件；在地厅级问题中，峰值出现在2017年12月，共查处98件；在县处级问题中，峰值出现在2018年6月，共查处713件；在乡科级问题中，峰值出现在2017年12月，共6800件。值得注意的是，查处的腐败问题大多在基层，越往基层，腐败案件查处越多，这表明2018年6月之前，基层政府预算编制和执行权滥用情况较为严重。

表3－10　2013年10月至2018年6月省部级和地厅级腐败问题数　单位：件

时间	省部级	地厅级	时间	省部级	地厅级	时间	省部级	地厅级
2013－10	0	9	2015－05	1	12	2016－12	1	72
2013－11	0	13	2015－06	0	17	2017－01	1	51
2013－12	0	25	2015－07	0	35	2017－02	0	59
2014－01	0	12	2015－08	0	58	2017－03	3	31
2014－02	0	3	2015－09	0	67	2017－04	0	70
2014－03	0	14	2015－10	2	26	2017－05	0	44
2014－04	1	6	2015－11	4	54	2017－06	0	63
2014－05	0	5	2015－12	1	56	2017－07	2	77
2014－06	0	7	2016－01	0	77	2017－08	0	62
2014－07	0	22	2016－02	1	21	2017－09	0	57
2014－08	0	6	2016－03	1	36	2017－10	0	43
2014－09	0	12	2016－04	0	52	2017－11	0	51
2014－10	1	13	2016－05	0	39	2017－12	0	98
2014－11	0	11	2016－06	0	52	2018－01	0	52
2014－12	0	13	2016－07	0	40	2018－02	0	36

续表

时间	省部级	地厅级	时间	省部级	地厅级	时间	省部级	地厅级
2015 - 01	0	18	2016 - 08	0	38	2018 - 03	0	68
2015 - 02	0	10	2016 - 09	0	48	2018 - 04	0	64
2015 - 03	1	10	2016 - 10	0	79	2018 - 05	1	96
2015 - 04	0	22	2016 - 11	0	64	2018 - 06	0	86

资料来源：根据 Wind 数据库有关腐败查处问题数绘制而成。

表 3 - 11　　2013 年 10 月至 2018 年 6 月县处级和乡科级腐败问题数　　单位：件

时间	县处级	乡科级	时间	县处级	乡科级	时间	县处级	乡科级
2013 - 10	150	2227	2015 - 05	324	2804	2016 - 12	636	4310
2013 - 11	138	2887	2015 - 06	227	2867	2017 - 01	442	2284
2013 - 12	183	3179	2015 - 07	269	2538	2017 - 02	252	1766
2014 - 01	162	2114	2015 - 08	335	2875	2017 - 03	345	2354
2014 - 02	123	2501	2015 - 09	287	3136	2017 - 04	438	3006
2014 - 03	141	3120	2015 - 10	287	3493	2017 - 05	375	3572
2014 - 04	163	3721	2015 - 11	429	4346	2017 - 06	447	5161
2014 - 05	176	4798	2015 - 12	383	4345	2017 - 07	447	3816
2014 - 06	170	4906	2016 - 01	401	3467	2017 - 08	423	3374
2014 - 07	148	4310	2016 - 02	222	2019	2017 - 09	453	3996
2014 - 08	165	4497	2016 - 03	301	2334	2017 - 10	419	3891
2014 - 09	199	5844	2016 - 04	313	2750	2017 - 11	591	4948
2014 - 10	181	5068	2016 - 05	315	2861	2017 - 12	696	6800
2014 - 11	225	5463	2016 - 06	445	3611	2018 - 01	548	3458
2014 - 12	111	4114	2016 - 07	336	2668	2018 - 02	296	2184
2015 - 01	174	1458	2016 - 08	374	2489	2018 - 03	430	3018
2015 - 02	144	1355	2016 - 09	418	3023	2018 - 04	381	3477
2015 - 03	154	1766	2016 - 10	405	2836	2018 - 05	606	4270
2015 - 04	170	2316	2016 - 11	423	3407	2018 - 06	713	5893

资料来源：根据 Wind 数据库有关腐败查处问题数绘制而成。

（三）腐败问题分类

表3－12反映了2015～2017年查处的预算编制和执行中腐败问题的分类情况，从统计的情况来看，主要涉及楼堂馆所、公务用车、公款旅游、发放津贴补助等违规问题。预算资金中的“三公”经费是腐败案件高发的重灾区，2015～2017年，违规发放津贴或福利类腐败案件共涉及30507件；违规配备使用公务车共涉及24479件；公款大吃大喝共涉及16515件；公款旅游共涉及7308件；楼堂馆所违规问题涉及3000件。值得注意的是，从整体上来看，所涉及的腐败问题呈现出上升态势，如公款大吃大喝从2015年的4767件上升到2017年的6504件；违规发放津贴或福利类腐败案件近年来发展迅速，从2015年的7487件，猛增到2017年的12636件。

表3－12　　2015～2017年查处腐败问题分类　　单位：件

年份	楼堂馆所违规问题	公款大吃大喝	违规配备使用公务车	公款旅游（国内）	公款出境旅游	违反发放津补贴或福利	其他问题
2015	670	4767	8651	1924	222	7487	2675
2016	874	5244	6741	2288	200	10384	2407
2017	1456	6504	9087	2507	167	12636	3222
合计	3000	16515	24479	6719	589	30507	8304

资料来源：1. 根据Wind数据库有关腐败查处问题数绘制而成。
2. 由于数据统计原因，2014年违反发放津补贴或福利数据缺失，故选取2015～2017年数据。

第三节　现阶段我国预算治理的权力约束诉求：亟须系统控权

一、对我国预算治理发展及现阶段权力约束现状的评价

审视中国预算改革的发展，始终全面贯彻“人民预算为人民”的发展理念，是我国预算改革取得突出成绩的秘诀。新时期，加快推进国家治理体系和治理能力现代化是中华民族伟大复兴的重要目标。党的十九届四中全会通过的《中共中央关于坚持和完善中国特色社会主义制度、推进国家治理体系和治理能力现代化若干重大问题的决定》提出：“坚持和完善中国特色社会主义制度、推进国家治

理体系和治理能力现代化的总体目标是，到我们党成立一百年时，在各方面制度更加成熟更加定型上取得明显成效；到二〇三五年，各方面制度更加完善，基本实现国家治理体系和治理能力现代化；到新中国成立一百年时，全面实现国家治理体系和治理能力现代化，使中国特色社会主义制度更加巩固、优越性充分展现”。[①] 在国家治理改革总目标的指导下，我国预算改革驶入了快车道，跑出了加速度。在党的领导下，一方面，围绕着“行政控制”，政府部门多项改革措施迅速落地，进一步优化了预算管理流程，强化了财经纪律，提升了预算约束效应。如 2020 年 1 月，财政部出台了《中央财政预算执行动态监控管理办法》。该《办法》就动态监控的主要内容、监控疑点信息核实、违规问题处理、动态监控结果运用、财政部等主体的职责进行了详细规定。这对于加强预算事中监督、纠正执行偏差，防范合规风险具有十分重要的意义。另一方面，围绕着“政治控制”，人大在强化预算审查与批准、加强预算日常监督上，不断创新监督方式，使得人大预算监督这一“老任务”有了“新特征”。如 2021 年 8 月，中共中央办公厅印发了《关于加强地方人大对政府债务审查监督的意见》，该《意见》就地方人大将政府债务审查监督纳入日常监督、全口径审查和全过程审查等相关内容作出了规定。这弥补了地方人大在政府债务审查与监督上的不足，强化了人大对预算的监督与约束效果。正是在党的领导下，围绕着强化政治控制、完善行政控制的预算改革取向，我国预算治理取得了积极的成效，不断满足人民群众对美好生活的向往，中国人民的自信感、自豪感不断提升。

但仔细梳理我国预算改革的发展历程，可以发现，我国走出了一条颇具中国特色的预算治理发展道路。不断强化“行政控制”是我国预算治理发展的一大特征。事实上作为一个后发的现代化国家，中国要在不断压缩的时空中，快速实现经济、政治、文化、生态等方面的现代化，就不得不依靠强大的行政力量来推动。然而，与不断强化的“行政控制”相比，“政治控制”效能有所提升，但仍显软化是我国预算治理发展的另一特征。虽然建立人大联网监督机制、人大预算审查重点的转变以及预算监督方式创新、地方人大加强对政府债务审查、部分地方人大探索构建预算修正机制等改革措施有效地提升了人大预算监督的效果，但总的来看，2018 年修订的《预算法》尚未赋予人大预算修正权，人大预算审批权尚不能全面落实，人大预算监督效能依旧不能完全得到释放。

在不断强化的“行政控制”与仍显弱化的“政治控制”模式下，我国预算治理的控权绩效尚未完全发挥，通过预算约束权力的效果没有得到彻底的释放。

---

① 《十九届四中全会学习资料》，2019 年 10 月 28 日，http：//politics. people. com. cn/GB/8198/430710/index. html。

这表现在：一方面，在预算编制与执行中，诸如擅自扩大项目支出范围、自行调剂项目经费等预算违规行为屡禁不止。如根据审计署公布的《中央部门单位2020年度预算执行等情况审计结果》显示：水利部所属建设管理与质量安全中心、水土保持监测中心、水资源管理中心在13个项目中扩大支出范围列支通讯费等134.27万元；商务部所属国际贸易合作研究院在项目经费中扩大开支范围891.8万元，其中2020年518.34万元；粮食和储备局局本级扩大专项资金开支范围，购买或进口专用设备；等等。[①] 采用虚假材料套取国家财政补贴资金、采用虚报项目、虚列支出、收入不入账等方式，套取专项资金等预算腐败行为尚还存在。另一方面，在预算编制和执行中的腐败问题数呈现出波动递增的趋势。特别值得注意的是，人民群众尤为关心的滥用“三公”经费的贪腐问题依然存在。从表3-12的腐败问题统计结果来看，2015~2017年，违规配备使用公务车共涉及24479件；公款大吃大喝共涉及16515件；公款旅游共涉及7308件。在政府过紧日子的要求下，各部门严格控制“三公”经费的增长，然而在实践中却出现诸如向其他单位转嫁经费、违规提高支出标准等违规方式列支“三公”经费。如根据审计署公布的《中央部门单位2020年度预算执行等情况审计结果》显示：3个部门和28家所属单位超标准配备公务用车、无偿占用下属单位车辆97辆，违规发放车补68.19万元；3家所属单位出国团组转嫁费用40.81万元。8个部门和13家所属单位无（超）计划召开会议1271个。8个部门和10家所属单位摊派或违规收（支）会议费1454.01万元。[②] 上述情况的存在，反映出了对权力约束不力的现状。

总的来看，当前我国预算治理面临着“行政控制”不断强化与“政治控制”仍显软化的双重冲击，现代预算的双轮驱动模式尚未完全形成。在这样的情况下，预算治理约束权力的功效没有彻底发挥出来。

二、现阶段我国预算治理存在的不足

我国预算治理凸显出不断强化“行政控制”，而“政治控制”仍显弱化的治理模式。在这一模式下，当前我国预算治理在法治、透明、绩效、民主四大标准上还存在不足。

（一）在法治方面的不足

由法制走向法治是现代预算的重要特征，法治化是预算治理现代化的标准之

①② 审计署2021年6月7日公布的《中央部门单位2020年度预算执行等情况审计结果》。

一。法制是法律和制度的总称。预算法律制度主要包括：预算法律法规体系、预算法律实施体系和预算法律问责体系。预算法律制度从立法、执法、守法三个层次来约束预算权力。法治是法律统治的简称。预算法治强调预算权力主体必须且只能在预算法律法规所规定的范围内行使权力。由法制走向法治，现代预算强调“通过法律的规范实施对政府权力的限制和约束，从而将政府行为纳入法治化轨道”。[①] 与现代预算法治化标准对比，我国存在的不足在于：我国预算法律制度不完善对政府预算权力的限制和约束不足，进而政府预算行为尚不能完全纳入法治化轨道。

1. 在预算法律法规体系上。

从立法层面来看，“有权必有法”是现代预算法治化的重要内容。完善的预算法律法规，是限定政府预算权力的基础。从我国当前的立法实践来看，相关法律法规的不完善是导致预算权力不受约束的重要原因。

其一，预算“进口端”。预算收入法定是约束政府预算权力的重要原则，预算收入法定主要是实现税收法定。我国现行《宪法》并没有明确体现税收法定原则，同时具有统领性质的“财政基本法”尚未颁布。随着依法治国的推进，在我国现行的税种中，《个人所得税法》《企业所得税法》《车船税法》等 11 个税种先后由全国人大立法通过，但其余通过授权国务院以制定行政法规或规章的形式来实现。这些行政法规或规章不仅法律级次低，而且部分法规政策经常变化，大大降低了税收收入的法定性，从而导致预算征收权没有受到有效约束，为腐败的发生提供了机会窗口。在笔者统计的 8500 个腐败案件中，滥用税收征收权是腐败案件的典型手段之一。例如广东省佛山南海区地税局高某、杨某、汤某和曾某，利用负责房地产过户审核和二手房减免税审核的职务便利，四人在用权过程中采用放松审核程序、虚假办理临商申报个人所得税业务等方式，为中介人员代理的购房客户谋取利益，四年间收受贿赂 670 万元，造成了税收收入的流失。在这一案例中，正是由于相关法律法规的不完善，对用权者减免税收的审核权规定不详，从而为贪腐分子带来了可乘之机。

其二，预算“出口端”。预算支出是国家对预算收入进行有计划的配置和使用的法定行为。在预算支出领域如果缺乏有效的法律约束，则有可能导致权力腐败的发生。我国当前规范预算支出的法律法规并不多，预算支出法定原则同样没有确立。因缺乏原则性指导，致使我国现行财政支出法体系中的“法律”这一层级的规范性文件极少，有关内容散见于《预算法》《政府采购法》等法律法规

① 邓研华：《从权力走向权利：预算改革的政治学分析》，载《海南大学学报（人文社会科学版）》2016 年第 3 期。

中。预算支出领域立法阶位不高，“这些低阶位的规范性文件很大程度上是导致行政权主导下的财政权混乱、无序状态的始作俑者，仅依据低阶位的规范性文件作出的财政支出决议可能引发财政支出的缺位、错位等一系列问题”。[①] 表3－7中，诸如项目执行不规范、政府采购执行不规范等行为的存在，就是预算支出端缺乏法律约束的例证。

2. 在预算法律实施体系上。

“用权必依法”是现代预算法治化的又一重要内容。从执法层面来看，法律执行力差是导致预算权力不受约束的重要原因。主要表现在：其一，《预算法》的刚性约束力较差。我国现行实施的《预算法》通篇贯穿了“法不授权不可为，法定授权必须为”的控权理念，立法目的在于约束政府预算行为，并就预算编制、审批、执行、调整等进行了明确的规定。《预算法》作为我国的经济宪法，在规范政府预算行为中，应当发挥出应有的约束作用。然而在预算实践中，预算执行主体屡屡突破预算安排、擅自违反财经纪律的限制、无视预算资金管理的规范。例如《预算法》明确规定，违规扩大开支范围是预算违规行为。然而，从表3－7审计署公布的2013～2016年中央部门预算执行审计结果来看，违规扩大开支范围这一违法行为屡禁不止，这充分说明《预算法》的刚性约束力较差，执行效果不佳。其二，法治观念淡薄。“依法理财，依法用财”是每一位为政者都应当始终牢记的法治观念，唯有时刻牢记法律的规定，才能够在用权的过程中心存敬畏，实现权力的自我约束。从笔者统计的8500个贪污案件来看，法治观念淡薄是腐败案件发生的重要原因之一。在表3－8的统计中，采用虚假材料套取国家“家电下乡”补贴资金、虚报退耕面积等典型手段骗取国家退耕还林补助金等案件共计1444件，其中大部分案件的涉案金额都较低。这类案件的一个典型特征在于：贪腐者本身的文化素质较低，对法律法规的认知不足，往往认为贪污金额小或者认为挪用资金不是完全为了满足自我的私欲就不属于违法行为。正是在这样的思想下导致了许多“微腐败”案件的发生，这恰恰说明法治观念淡薄，是导致权力被滥用的重要原因。

3. 在预算问责体系上。

“滥权必追责”是现代预算法治化的重要内容。从问责层面来看，相关问责体系不健全、预算问责能力较差是诱发预算权力腐败的又一原因。从表3－6审计署公布的2013～2016年中央部门预算执行审计结果来看，为何诸如部分项目未编制政府采购预算、项目预算执行不规范等违规行为屡禁不止，除了《预算法》的刚性约束较差之外，预算问责体系的不健全也是导致预算权力腐败的重要

① 刘剑文：《论财政法定原则——一种权力法治化的现代探索》，载《法学家》2014年第4期。

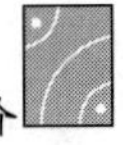

原因。现代预算的问责体系主要包括：一是以立法机关为主的政治问责；二是以政府部门和审计部门为主的行政问责；三是以社会公众为主的社会问责。在我国预算实践中，行政问责占主导是我国预算问责体系的主要特征。在行政问责中，由于审计制度的不完善，审计部门的问责能力较差。我国《审计法》第44条规定："被审计单位违反本法规定，转移、隐匿、篡改、毁弃会计凭证、会计账簿、财务会计报告以及其他与财政收支、财务收支有关的资料，或者转移、隐匿所持有的违反国家规定取得的资产，审计机关认为对直接负责的主管人员和其他直接责任人员依法应当给予处分的，应当提出给予处分的建议，被审计单位或者其上级机关、监察机关应当依法及时作出决定，并将结果书面通知审计机关；构成犯罪的，依法追究刑事责任。"[①] 审计部门对于政府部门预算执行中的权力越界行为，有责令改正的权力，如需问责，则需通过向行政机构提出问责建议的方式实现。这样的法律制度设计，明显不能有效发挥审计监督问责的功效。与行政问责相比较，以人大为代表的政治问责效力较差。

（二）在透明方面的不足

由公开走向透明是现代预算的又一重要特征，透明化是预算治理现代化的重要标准。预算公开是指政府年度财政收支计划的编制、审批、执行等全过程以适当的方式向社会公开。预算透明是指政府部门向公众最大限度地公开关于政府的结构和职能、财政政策的意向、公共部门账户和财政预测的信息，这些信息是可靠的、详细的、及时的、容易理解并且可以进行比较的。从二者的定义来看，预算透明是更高层次的要求，预算公开是预算透明的手段，预算透明是预算公开的目标。由公开走向透明，现代预算强调政府部门通过预算信息公开，一方面将政府的"钱袋子"公之于众，进而限制政府权力，避免暗箱操作；另一方面吸引社会公众参与到预算流程中，从而实现社会公众对政府预算权力的外部监督。与现代预算透明化标准对比，我国存在的不足在于：当前预算公开仍不足，通过将公共财产"曝光在阳光下"以实现权力约束效力的目标尚未有效实现。

1. 预算公开不够。

近年来我国预算公开改革取得了显著的成效，但仍显不足。预算信息公开的范围并没有完全覆盖全部财政资金，进而导致实践中"黑箱操作"行为时常发生。在决胜脱贫攻坚，全面建成小康社会的重要阶段，为落实相关政策，财政部安排专项资金加大了对贫困地区的投入力度，2017年中央财政补助地方专项扶贫资

① 《中华人民共和国审计法》，中国法制出版社2006年版。

金达861亿元。[①] 在如此规模庞大的专项扶贫资金中，很多农民并没有领取到本应属于他们的资金。在笔者统计的304例采用冒名顶替等虚假方式骗取国家扶贫资金的腐败案件中，预算信息的不公开是造成扶贫资金被侵吞的重要原因。例如宁夏灵武市某村主任王某，利用职务便利，以其亲属的名义冒领扶贫资金9.3万余元。在该案件中，该村村务公开内容常年不变，重大事项、重大开支根本不公开，村民无从了解相关扶贫政策，从而为王某采用冒名顶替的方式侵吞扶贫资金提供了便利。从扶贫资金腐败案例中，反映出当前我国基层政府部门的预算信息公开情况不容乐观，有的基层政府仍没有预算公开的意识，社会公众对政策、资金等相关信息不了解，不能充分发挥监督作用，权力在暗箱中操作，这为腐败的发生提供了温床。

2. 回应能力不足。

除了预算公开不够之外，回应能力不足也是造成预算权力腐败的重要原因。政府部门除了要公开相关预算信息之外，还要积极地回应社会公众的关切，这样才能够有效发挥社会公众对政府预算权力运转的监督效力。当前各地区纷纷曝出基层政府官员贪污扶贫资金的腐败案件，倘若政府部门尤其是基层政府部门能够主动地向社会公开扶贫资金的政策安排、资金流向、领用标准等信息，该领域腐败案件势必会得到有效的抑制。

（三）在绩效方面的不足

由“控制取向”到“绩效导向”是现代预算发展的重要特征，绩效化是预算治理现代化的标准之一。“控制取向”强调预算管理机构对预算执行机构的合规管理。“绩效导向”强调通过赋予预算执行机构一定的自由裁量权，从而促使其有效地配置公共资源，进而最大化地维护社会公共利益。由“控制取向”到“绩效导向”，现代预算强调对权力不仅仅要管住，更重要的是真正实现权力原本的价值和功能，体现善和正义。善就是要不断增进公共福利，正义就是要维护社会的公共利益。也就是说，现代预算绩效化标准强调在合规管理的基础上，不断提升预算权力运转绩效，从而不断增进公共福利，维护公共利益。与现代预算绩效化标准对比，我国存在的不足在于：预算绩效管理制度不健全，全方位、全过程、全覆盖的预算绩效管理体系尚未完全建立，尚不能有效地提升权力约束效力，维护社会公共利益的功效还不够。

1. 预算绩效管理制度不健全。

“取之于民”“用之于民”是现代税收国家的财政运行格局，因此，凡是涉

---

① 肖捷：《今年中央拟补助地方专项扶贫资金861亿严查挤占挪用》，2017年3月7日，http://news.cnr.cn/native/gd/20170307/t20170307_523642805.shtml。

及公共资金的环节、过程都应当纳入绩效管理的视野，实施全面预算绩效管理。从实践来看，当前我国全面预算绩效管理体系尚未完全建立，在诸多环节还存在一定的问题，从而导致其不能有效地提升权力约束的效力。如在绩效评价管理中，政府部门的所有财政资金都应当纳入绩效管理，这样才能够提升财政资金的使用效率，强化权力约束的绩效。从笔者统计的 8500 个腐败案件来看，腐败多发生在诸如国家家电下乡补贴资金、国家退耕还林补助金、国家扶贫资金、国家危房改造补贴款等专项财政资金领域。这些领域发生的腐败案件，除了有监管不力的因素之外，还与绩效管理尚未对重点支出政策和项目的事前评估进行全覆盖有关。专项财政资金领域缺乏绩效评估，导致了在资金使用过程中的随意性，由于权力缺乏必要的约束，进而带来了专项财政资金领域腐败案件的发生。与此同时，在 2018 年《全面实施预算绩效管理意见》出台之前，由于预算安排与支出绩效挂钩机制尚未完全建立，在实践中出现了部门利益绑架财政安排的现象。在部门利益作用下，预算约束规则容易发生扭曲，有的部门为了争取部门资金，不注重规划、可行性研究，什么钱好申请就申请什么，导致资金与业务脱节，从而时常出现项目被搁置无法执行，而发生预算资金被浪费的违规现象。

2. 政府部门担当能力不足。

所谓政府担当能力就是指政府部门勇于承担责任的能力。习近平主席指出："看一个领导干部，很重要的是看有没有责任感，有没有担当精神"。① 责任感就是领导干部要为手中的权力负责，权力来自于人民，要始终牢记全心全意为人民服务的用权真谛。体现在绩效管理中，就是要始终牢记公共资金的使用应当用在刀刃上，不应当随意浪费。公款大吃大喝，公款旅游等行为是中央"八项"规定明令禁止的行为，然而从统计结果来看，2015～2017 年查处公款大吃大喝案件 16515 件、查处公款旅游案件 7308 件（含境内和境外），这些行为的屡禁不止，与官员担当能力不足有莫大的关系。在这些官员的头脑中，这是"花公家的钱而不是花自己的钱"，这种缺乏责任感的意识，使得公共资金被肆意浪费。

（四）在民主方面的不足

由代议制民主到协商民主是现代预算发展的又一重要特征，民主化是预算治理现代化的重要标准。代议制民主强调公民经过民主程序选举出代表，基于人民主权的宪政制度安排对政府预算权力进行约束。协商民主强调社会公众直接参与预算流程，通过与政府部门充分交换预算意见，进而实现对政府预算权力的约束。由代议制民主到协商民主，现代预算强调民主的广度和深度的不断拓展，进

① 任天佑：《责任重于泰山》，载《光明日报》2014 年 4 月 15 日。

而对政府权力形成积极制约的效果。

事实上，“公权私用”动机的存在是导致预算权力腐败的重要原因。政府部门及预算执行者为了实现一定的社会公共利益，往往被赋予一定的自由裁量权。根据“经济人”假设的原则，政府部门及其预算执行者在用权的过程中，往往存在着追求个人利益最大化的倾向，而这有可能与公共利益的实现存在一定的偏差，在自由裁量权缺乏有效约束的情况下，用权者有可能会为了追求个人利益而滥用权力，从而导致预算权力腐败的发生。这里的传导链条在于：“公权私用”的动机→拥有相应的权力→权力缺乏约束与监督→滥用权力→预算权力腐败发生。实现权力的约束与监督是切断预算权力异化与腐败传导链条的重要方法。事实上，现代预算不断追求民主的价值品格，为抑制权力腐败提供了重要的方法论。现代预算通过不断完善民主机制，拓展民主的深度和广度，使得政府的预算行为始终在人民的监督下进行，从而切断了权力腐败的传导链条。与现代预算民主化标准对比，我国存在的不足在于：预算民主制度不完善①，民主的深度和广度拓展不足，导致对政府预算权力的制约效果不佳。

1. 从民主的深度来看。

人民代表大会作为我国的最高权力机关，对政府预算进行依法审查和监督，这是宪法和法律赋予的重要权能。然而在实践中，由于受多种因素的制约，我国人大及其常委会预决算审查监督机制固有功能不能有效地发挥，从而造成政府预算管理职能的越位、错位，具体表现为低效、不作为和乱作为。从表 3 - 8 的统计结果来看，诸如扶贫资金、国家危房改造补贴款、国家拆迁补贴款等贪腐案件的发生，与人大对重点政策和项目的监督不足有关。

2. 从民主的广度来看。

《预算法》虽在第 14 条、第 45 条、第 91 条对公民预算参与进行了规定，但公民的预算主体地位未能得到有效的体现。在实践中，虽然地方出现了多种多样的公众参与预算的形式，但这种参与在预算治理中的作用十分有限：“从主体上来看，普通公众参与的比重偏低；从形式上来看，协商式的会议型参与为主，较少赋予社会公众直接投票决定预算项目的权利；从层级上来看，主要在基层，以乡镇为主。社会公众参与大都属于‘咨询’，反映出社会公众参与预算决策的程度还有待进一步提升”。② 事实上，从预算实践来看，许多预算资金浪费的现象，

---

① 这里强调我国的社会主义民主制度在广度与深度上还没有充分发挥出约束权力的效用，这与西方国家强调的民主完全不同。在我国的社会主义民主，是在党的领导下，社会主义民主制度的逐渐完善，能够发挥出有效的权力约束效力。这也是对习近平主席所强调的要让全社会来监督权力，形成权力监督组合拳的回应。

② 任勇、许琼华：《基层协商民主中的参与式预算：困境与出路》，载《公共管理与政策评论》2015 年第 3 期。

主要与预算决策不当有关。政府部门在进行预算决策时，出于预算专业性的考量，主要依靠技术官僚和专家咨询系统进行决策，而社会公众的参与程度较低，反映在结果中，大多预算项目无法实施，预算资金被浪费。

三、我国预算治理困境的破解之道：系统控权

从理论上现代预算制度的发展模式来看，“政治控制”和“行政控制”分工、协作是预算治理发展的主要模式。“行政控制”体现国家（政府）对权力的约束，“政治控制”表现为公民对权力的约束。“政治控制”与“行政控制”展现了国家（政府）与社会之间交互影响、共荣互惠的预算治理关系。在国家与社会的互动中，形成了系统控权的治理格局，并促进了预算治理各要素向现代化转型。

当前，我国预算治理凸显“行政控制”不断强化与“政治控制”仍显软化的发展模式，国家与社会之间缺乏有效的良性互动，人大、社会公众在共同治理架构中尚未充分发挥其应有的权能，因而系统控权的格局在我国尚未完全形成。这就是我国当前预算治理所面临的困境。事实上，国家与社会之间绝非仅仅是一种相互对抗的关系，而是存在着更进一步的相互影响、相互交融的关系。如果在国家与公民之间建立一种分工与协作、休戚共荣的预算治理关系，即形成一个协同合作的控权框架，这应当是我国预算治理发展困境的破解之道。而解决的路径在于：以我国当前预算治理在法治、透明、绩效与民主四大预算治理现代化标准上的不足为镜，构建预算治理体系，提升预算治理能力，促进国家与公民之间的良性互动，进而形成系统控权的治理格局。

第四章

预算治理体系的机制构建与理论效果分析

尚未形成完善的系统控权的治理格局，是我国当前预算治理所面临的困境。要突破这一困境，就需要在国家与社会之间建立起一种休戚相关、互惠共荣的预算治理关系。然而如何才能结合国家机关与社会的双重治理力量，这势必需要形成一个完备的预算治理体系。本章首先对预算治理体系进行机制构建，针对当前我国预算治理在法治、透明、绩效与民主上的不足选择了相应的治理要素，并阐述其约束权力的作用机理及其达到的系统控权的治理效应，然后通过演化博弈分析了该体系监督与约束权力的理论效果。

第一节　以系统控权为目标的预算治理体系机制构建

一、预算治理体系约束权力的模式

以滥用委托权力为本质特征的腐败是我国现代化进程中所面临的重要社会问题之一。从第三章表3－6、表3－7、表3－8的统计结果来看，无论是预算违规行为或是“公财私用”的预算腐败行为，都存在着权力被滥用的现象，这充分说明了预算权力腐败具有顽固性的特征。要彻底抑制它，就必须采取多元化的权力制约模式，从源头上预防权力异化。诚然，预算治理体系的构建必须充分借鉴并采取多元全面的权力制约模式。

（一）以法律制约权力

法律对权力的作用主要表现在：“一是，任何人的权力都是来自宪法和法律；二是，任何权力都要受到立法与司法的制约；三是，法律的作用既要治民，更要治吏，制约政府”。[①] 权力具有扩张性、利益性等特征，为了保证其正常运转不发生异化，就必须要有符合权力性质的既定规则，这个规则只能是法律。以法律制约权力，对于权力主体来说，只有在法律的约束下，权力才能在既定的轨道上运行而不至于越轨和扭曲，制约权力异化，阻止权力滥用，也防止权力懈怠。对于监督主体来说，依法监督不仅能提高权力监督的权威性、准确性和强制性，更重要的是极大减少了人治因素的影响，从而提高了权力监督的有效性和持久性。[②]

以法律制约权力，需要做到以下几点：一是，确立权力法定原则。将权力的边界和范围始终限定在宪法和法律规定的空间之内，保证权力的行使不得僭越宪法和法律的规定。二是，权利保障原则。用宪法和法律对公民权利形成明确的规定和保护，划定权力行使的底线，杜绝权力超出法定边界入侵公民权利的领域。三是，正当程序原则。要充分认识到监督制度本身难以完全杜绝权力的滥用和僭越，因而需要通过宪法和法律设定责任追究方面的救济程序来防止权力的滥用。

（二）以权利制约权力

权力与权利二者之间有一定的区别。权力是人们根据自己的意志影响和支配他人行为的能力和力量。权力往往与强制性相伴，即对违背权力主体意志的行为，权力主体可以凭借其自身的能力对其进行惩罚。权力只有在拥有一定的作用对象时才可以形成。权利是法律赋予人们的一种权益和资格，是一种请求的资格而非强制力，往往与义务相关且不需要特定的相对人。

权利制约权力这一模式，强调的是权力所有者对权力行使者的监督与约束，是社会公众为了确保权力的行使没有偏离公共目标而对为政者进行的规约。所谓以权利制约权力，就相当于承认公民权利是根本前提，其以实现和保护公民的权利为旨归。它体现了近代社会与国家分野之后对权力的制约，也就是说，权利是权力制约的理念根源，也是权力制约的根本途径。

从人类发展的视角来看，诸如生命权、自由权等人类的某些权利是先于国家权力而存在的。国家权力存在的目的在于维护一定阶级、集团和人们的权利。国家权力的产生必须要经过公民的授权。公民之所以让渡一部分权利给政府，就是为了让政府更好地服务于社会，更好地实现自身的利益。如果政府的行为偏离了公众的期望，公民有权利通过各种方式对其问责。这就是权利制约权力的理论逻辑。

（三）以制度制约权力

以制度制约权力的模式来源于对人性悲观的估计，即出于对用权者品格的不

---

① 郭道晖：《民主·法治·法律意识》，人民出版社 1998 年版，第 23 页。

② 王世谊：《权力腐败与权力制约问题研究》，中国社会科学出版社 2011 年版，第 200～202 页。

信任，应该对此作出必要的防范，以便在这些用权者不够清廉的时候有应变的准备，这就需要建立一个良好的制度对为政者进行强制的制约。因此，不管是“好人”还是“坏人”都应当受到制度的制约。正如卡尔·波普所说：“我们渴望得到好的统治者，但历史的经验向我们表明，我们不可能找到这样的人，正是因为这样，设计使甚至坏的统治者也不会造成太大损害的制度是十分重要的”。[①]

以制度制约权力，就是要建立起能够有效约束权力运作的制度，这个制度应当具有两个特征：其一，能够有效地维护公共利益。好的制度能够有效地维护公共利益。要建立起好的制度，就需要加强民主建设，在制度设计中充分引入公众参与，从而建立起符合公共利益的制度。其二，制度应当具备延续性和稳定性。只有这样的制度才能够保证政府和公众的预见力，提高制度约束权力的绩效。

（四）以权力制约权力

法国思想家孟德斯鸠指出：“从事物的性质来说，要防止滥用权力，就必须以权力约束权力”。[②] 所谓权力约束权力，是指将权力划分为若干部分并将它们赋予不同主体行使，各主体之间既相互独立又相互牵制，从而达到约束权力的目的。

事实上，以权力约束权力的目的在于通过权力分工实现权力制衡。分权制衡的目的主要体现在三个方面：其一，权力的有限性。能够确保每种公权力都有自身运转的边界和范围。其二，权力的约束性。能够对有限的权力进行牵制和约束，以便保证权力的守法性。其三，权力的责任性。能够确保权力行使始终与清晰的责任相伴随，权力越大，肩负的责任就越重。总的来说，以权力制约权力的要义在于：任何权力的行使都必须受到其他权力的制约并对造成的后果承担责任，即做到权责要一致，有权必有责、用权受监督、违法必问责。[③]

从预算权力视角来看，权力约束权力的模式主要表现在：将预算权力划分给不同的主体，这些主体之间地位相互平等、权力独立，从而实现彼此之间的制衡避免出现某一主体因权力过大而滥用权力的现象。

二、预算治理体系之要素选择

预算治理体系是规范预算权力运行和维护权力运转秩序的一系列预算制度和程序。作为由一系列预算制度系统所组成的预算治理体系，其要素的选择需要以

---

① ［英］卡尔·波普：《猜想与反驳》，傅季重、周昌忠、蒋弋为译，上海译文出版社 1986 年版，第 491 页。

② ［法］孟德斯鸠：《论法的精神》下册，张雁深译，商务印书馆 1961 年版，第 166 页。

③ 王世谊：《权力腐败与权力制约问题研究》，中国社会科学出版社 2011 年版，第 192 页。

预算治理向现代化转型过程中所折射出的标准，即以法治、透明、绩效与民主作为导向。

（一）法治导向下的要素选择：预算法制

法治是预算治理现代化的标准之一。在现代预算法治化导向下，则要以预算法制做为预算治理体系的构成要素，选择依据在于：从现代预算的发展路径来看，由法制走向法治，预算法制是基础。唯有完善的预算法律制度，才能有效地限制政府预算权力，将政府预算行为纳入法治轨道。从现实因素来看，当前我国预算治理在法治标准上的不足表现在：预算法律法规制度的不完善。为此，唯有夯实预算法律制度，才能促使我国预算治理走向法治。综上所述，选择预算法制作为预算治理体系的构成要素之一。

事实上，预算法制同样体现了以法律制约权力的模式。预算法制由法律法规体系、法律实施体系和法律问责体系组成。其一，预算法律法规体系。通过预算法律制度设定权力运转的空间，防止任何超越法律的权力扩张行为，这回应了权力法定的要求。其二，法律实施体系。政府部门要严格按照法律规定的范围行使权力，防止权力运行超越边界侵害公民权利，这回应了权利保障的要求。其三，法律问责体系。对于超越权力运转范围的行为，要通过责任追究制度的设计来及时纠正，这是对正当程序原则的回应。

（二）透明导向下的要素选择：预算公开

透明是预算治理现代化的又一重要标准。在现代预算透明化导向下，则要以预算公开作为预算治理体系的构成要素，原因在于：由公开走向透明，预算公开是基础。政府部门唯有将反映预算权力运转流程的所有信息公开出来，才能为社会公众对比、分析相关信息，吸引公众参与到预算流程中监督政府预算行为奠定基础。从现实因素来看，当前我国预算治理在透明化标准上的不足表现在：预算公开制度不完善，离透明还存在一定的差距。为此，唯有不断巩固和完善预算公开制度，才能促使我国预算走向透明。综上所述，选择预算公开作为预算治理体系的又一构成要素。

在权利制约权力的模式中，人民主权理论是该模式的基础。在民主社会中，公民让渡自身的权利，授权予政府部门行使。在这样的委托代理关系中，公民有权了解政府部门的用权行为是否符合社会公众的共同利益，有权知悉与自身利益密切相关的事件。为此，保障公民的知情权是监督公权力的有效手段，也是权利制约权力模式的关键。预算公开是指政府及各部门应当向社会真实、全面、及时地公开预算信息，满足社会公众的知情权从而接受社会监督。在这里实际上是政府部门为了满足社会公众的知情权，向大众公开预算信息，社会公众通过其知情权的满足来监督与约束政府部门的用权行为。

（三）绩效导向下的要素选择：预算绩效

绩效是预算治理现代化的另一标准。在现代预算绩效化导向下，理所应当选择预算绩效作为预算治理体系的构成要素，原因在于：一方面，由控制走向绩效，现代预算实现了权力原本的价值和功能。在第二章中，图 2－2 反映了预算权力运转的情况，预算权力运转所要达到的目标在于实现公共利益。绩效导向强调在合规控制的基础上，通过不断增强预算权力运转效率，提升公共资金的使用效果，进而有效地维护社会公共利益。另一方面，基于现实因素的考量，我国预算治理在绩效标准上的不足体现在：预算绩效管理制度不健全，全方位、全过程、全覆盖的预算绩效管理体系尚未建立，因而不能有效地提升权力约束的效果。为此，唯有不断完善预算绩效管理，才能更好地增进社会福利，维护社会公共利益。综上所述，选择预算绩效作为预算治理体系的构成要素。

在制度约束权力的模式中，一个良好的制度具备两个重要的特征：其一，能够有效地维护社会公共利益；其二，具有良好的延续性和稳定性。全面预算绩效管理符合一个良好制度应当具备的特征。一方面，通过实施全面预算绩效管理，将各级政府收支、各部门和单位预算收支、政策和项目全面纳入绩效管理，能够不断优化预算收入结构，提升预算支出绩效，切实有力地维护社会公共利益。另一方面，通过实施全面预算绩效管理，建立起涵盖预算决策、预算编制、预算执行、决算等全过程的预算绩效管理链条，能够不断地优化预算管理流程，带动预算制度改革，形成稳定有效的权力约束效力。

（四）民主导向下的要素选择：预算制衡

民主是预算治理现代化的重要标准。在现代预算民主化导向下，选择预算制衡作为预算治理体系的构成要素，选择的依据在于：从现代预算民主的发展路径来看，由代议制民主到协商民主，现代预算在民主的深度和广度上不断拓展。代议制民主强调立法机构对政府预算权力的约束，协商民主则反映了社会公众对政府预算权力的监督。预算制衡是指预算权力包括预算编制权、预算审批权、预算执行权、预算监督权等，将这些权力分别配置给不同的权力主体，建立起相互约束、协调合作的制约机制，可以有效地硬化预算约束。制衡机制和协作机制是预算制衡的核心，制衡机制强调以权力制约权力，协作机制强调以权利制约权力。代议制民主所体现的立法机构对政府预算权力的约束，其根源在于立法机构通过实施预算审批、监督权来制约政府预算权力，这与制衡机制的要求相一致；协商民主所反映的社会公众对政府预算权力的监督，其根源在于通过保障社会公众的预算参与权来达到约束政府预算权力的目的，因而，协商民主反映了协作机制的要求。可见预算制衡和现代预算民主标准在约束政府预算权力上具有异曲同工之妙。从现实因素来看，我国预算民主制度尚不完善，预算治理在民主的深度和广度上存在不足，进而不能完全有效地约束政府权力，而通过预算制衡机制可以不断优化代议制民主和协商民主的权力约束效力。需要特别注意的是，本书选择预算制衡制度是强调始终坚持在党的领导下，充分发挥人大、社会公众在权力监督中的分工与协作效用，这与西方国家三权分立制度有着本质的不同。综上所述，基于上述考量选择预算制衡作为预算治理体系的又一构成要素。

三、预算治理体系的组成

基于上述分析，一个完善的预算治理体系是由预算法制、预算公开、预算绩效和预算制衡四部分组成（见图4－1）。这四部分之间相互联系，共同构成预算治理体系的制度系统。根据这四部分各自在预算治理体系中承担的功能不同，将预算治理体系分为基础层、条件层、动力层和结构层。首先，预算法制位于预算治理体系的基础层，其功能在于：通过完善的法律机制框定政府部门预算权力运转的范围和边界；其次，预算公开位于预算治理体系的条件层，其功能在于：通过公开预算信息为各预算治理主体了解权力运转情况提供条件；再其次，预算绩效位于预算治理体系的动力层，其功能在于：通过预算绩效不断提升约束权力的效果，减少权力懈怠；最后，预算制衡位于预算治理体系的结构层，其功能在于：在党的领导下，通过均衡机制形成分工与协作的权力结构。

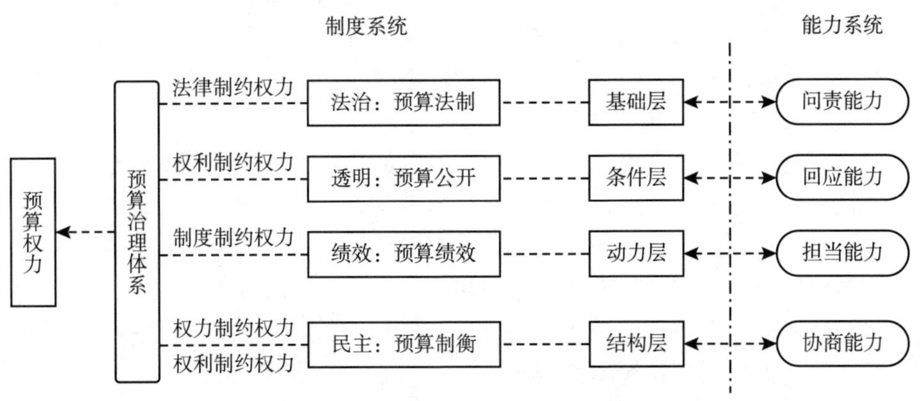

图4－1 预算治理体系构成示意图

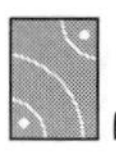

在制度系统内部相互作用的过程中，不断促进预算治理能力的提升。通过预算法制体系的构建及逐步完善，各主体预算问责能力得以提升；通过预算公开体系的构建，强化了回应能力；通过预算绩效，培育政府部门的担当能力；通过预算制衡，提升了协商能力。制度系统和能力系统之间相互作用、相互影响，共同规约着政府预算权力。

四、预算治理体系约束权力的功能机制

（一）预算治理体系约束权力的着力点

从我国预算治理的实践来看，“行政控制”不断强化与“政治控制”仍显软化是当前我国预算治理的发展模式。在这一模式下，国家与公民之间缺乏良性的互动，系统控权的治理格局尚未完全形成，其抑制权力腐败的效果并没有得到彻底地释放。在国家与公民之间建立相互影响的预算治理关系是预算治理体系构建的目标。那么，如何结合国家与社会的双重治理力量，形成“行政控制”与“政治控制”双轮驱动的预算治理模式，即系统控权的治理格局，这是预算治理体系约束权力的着力点。

笔者认为，公共财政保障人民权利、限制政府权力的禀赋是预算治理体系的着力点。原因在于：一方面，“行政控制”不断强化的治理模式，带来了一定的积极效果，但同时也存在着一定的弊端。“行政控制”不断强化体现为权力集中化，权力越集中越容易被滥用，第三章中表3－6、表3－7、表3－8所统计的预算违规行为和预算腐败行为就足以证明。要防止权力集中所带来的弊端，就需要控制权力，因此，控制权力是优化“行政控制”治理模式的一个着力点。另一方面，“政治控制”仍显软化的治理模式，说明公民参与治理的程度还不够。为此通过充分保障公民权利，吸引公民参与到治理中，从而发挥其约束权力的功能是优化“政治控制”治理模式的另一个着力点。

通过限制政府权力，保障人民权利，可以优化我国预算治理的发展模式，在国家与社会之间形成一种休戚相关的预算治理关系——“政府与公众之间的关系已不再仅仅表现为静态的委托代理关系，更不是管理与被管理关系。在政府提供公共物品以满足公共需求和个体表达公共偏好并以此提出诉求时，双方开始彼此重视对方的反应”。[①] 国家与公民在这样的预算治理关系中，充分发挥各自的治理力量，从而形成系统控权的共治格局。

---

① 王庆：《论现代财政与公共财政——兼述我国现代财政制度的构建》，载《当代财经》2014年第10期。

（二）预算治理体系约束权力的作用机理

1. 基础层：预算法制。

在预算治理体系中，预算法制位于预算治理体系的基础层。预算法制的功能在于：通过完善的法律制度，将政府预算权力限定在法律规定的范围之内，提升预算问责能力。预算法制强调要在立法、执法和守法上发挥对预算权力的约束作用。预算法制包含完善的预算法律法规体系、健全的预算法律实施体系和有效的预算法律问责体系。立法是执法和守法的前提，执法和守法是立法的目的。可见，通过预算法制体系的构建，从立法、执法、守法上形成对预算权力的闭环约束，进而将政府预算行为纳入法治化轨道。

具体的作用机理在于（见图4－2）：其一，立法。通过完善预算法律法规体系，明确政府预算权力和公民权利的边界。在这里边界的作用在于：一方面，限制政府权力。政府必须在法律规定的范围内运用权力，不得僭越权力边界。另一方面，保障公民权利。强调政府的权力运行不得侵蚀公民的合法权利。其二，执法。在立法完善的基础上，通过健全预算法律法规实施体系，使政府部门严以用权。一方面，政府部门在用权过程中要严格按照法律的规定执行，形成始终牢记“依法用权”的法治理念，内化为预算权力主体的责任意识，从而起到自我约束的效力；另一方面，保障社会公众的预算监督权，吸引社会公众积极监督政府的用权行为，从而起到外部监督的效果。其三，守法。通过构建多元的预算问责机制，

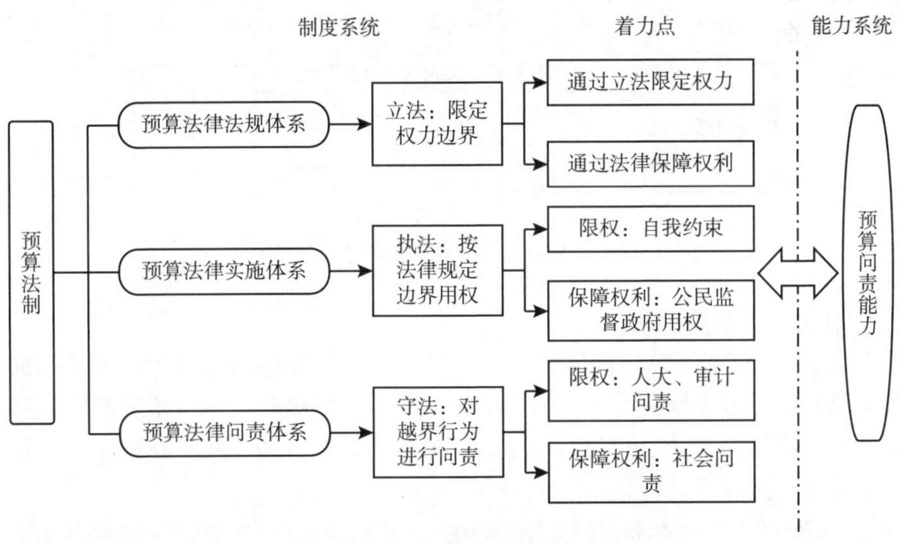

图4－2　预算法制对预算权力约束的作用机理

充分发挥立法机构、财政部门、审计部门、社会公众等治理主体在预算问责中的效力。一方面，通过人大、财政部门、审计部门等对政府僭越权力边界的行为进行有效的问责，从而形成强有力的刚性约束力；另一方面，社会公众基于维护纳税人利益的目的出发，对政府侵蚀纳税人合法权益的行为进行问责，进而能够充分发挥社会公众在预算问责中的作用。在上述过程中，各治理主体通过有效的问责机制对政府部门的权力越界行为进行预算问责，从而促进预算问责能力的提升。

2. 条件层：预算公开。

预算公开位于预算治理体系的条件层。在预算治理体系中，预算公开的功能在于：通过预算信息公开，实现权力的自我约束和外部监督，强化预算回应能力。预算公开对预算权力约束的作用机理在于（见图4－3）：其一，权力的自我约束。作为预算公开的主体，政府部门公开的预算信息要做到有效。有效的预算信息是政府部门权力自我约束的前提。这里的有效性强调预算信息应真实、全面、及时地向社会公开。其二，保障公众的预算知情权，实现外部监督。如果社会公众对公开的预算信息有异议，政府部门需要积极地进行回应，这充分保障了公民的预算知情权，从而实现社会公众对政府预算权力的监督。在这个闭合的信息传递渠道中，政府部门通过公开预算信息，实现了权力的自我约束，同时通过积极主动地回应社会关切又充分保障了社会公众的预算知情权，实现了外部监督。上述过程有效地强化了回应能力。

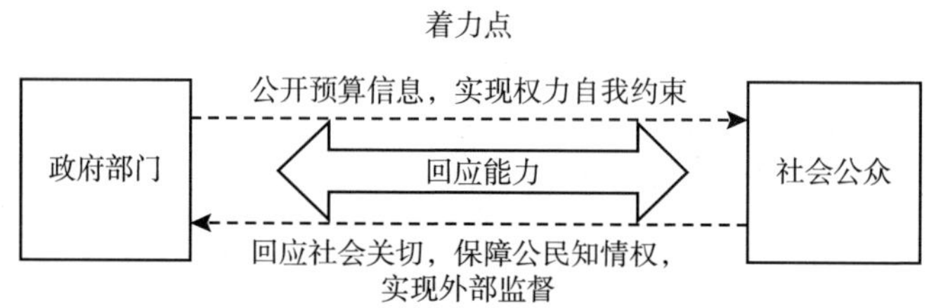

图4－3　预算公开对预算权力约束的作用机理

3. 动力层：预算绩效。

预算绩效[①]位于预算治理体系的动力层。预算绩效的功能在于：实施全面预算绩效管理，形成不断提升预算权力约束效果的内外循环机制，培养政府部门的担当能力。实施全方位、全过程、全覆盖的预算绩效管理，就是在赋予预算执行

① 全面预算绩效管理实际上体现了一种授权型的管理模式，通过在预算管理机构与预算执行机构之间建立一种“合同关系”，鼓励预算执行机构以绩效为导向厉行节约，提升权力运转效率，通过授权型的绩效管理能够优化当前“行政控制”不断强化的发展模式。

机构一定的自由裁量权的基础上，突出绩效导向，抓好重点环节：“预算编制要突出绩效导向、预算执行要加强绩效监控、决算环节要全面开展绩效评价、强化评价结果的刚性约束、推动预算绩效管理扩围升级”。①

全面预算绩效管理约束权力的作用机理为（见图4－4）：

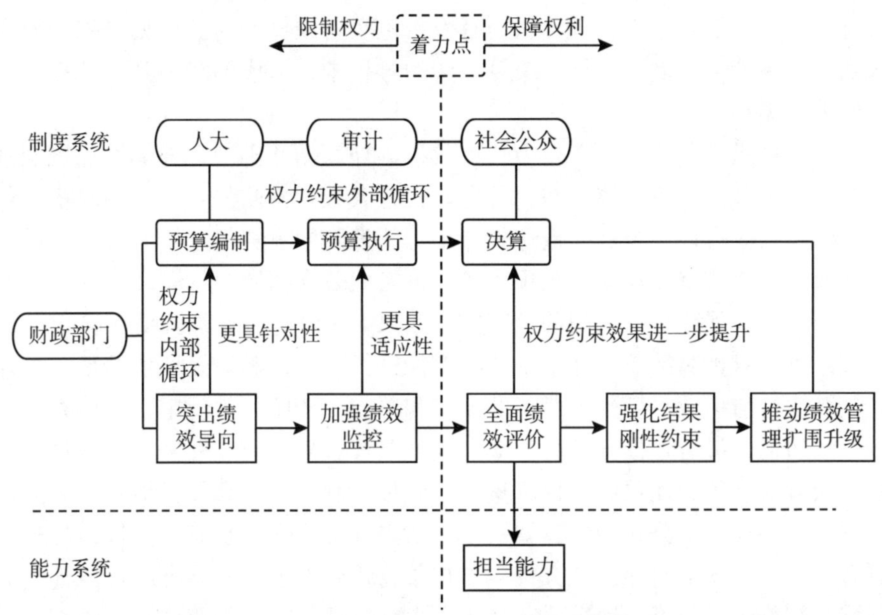

图4－4　预算绩效对预算权力约束的作用机理

其一，形成不断提升预算权力约束效果的内部循环机制。内部循环机制强调预算管理部门对预算执行部门的控制，这主要体现在预算权力运转的环节中：首先，在预算编制上。突出绩效导向作用，将绩效关口迁移至预算决策中，对重大政策和项目，结合预算评审、项目审批等开展事前绩效评估，评估的结果作为申请预算的依据，防止拍脑袋决策，从源头上提高预算编制的科学性和合理性。同时，要强化绩效目标管理，全面设置部门和单位整体绩效目标、政策及项目绩效目标，将绩效目标作为预算安排的前置条件。这对预算权力的运行更具针对性，从而能更好地从源头上强化对预算权力的管控。其次，在预算执行上。按照谁支出谁负责的原则，对绩效目标实现程度和预算执行进度实行“双监控”，发现问题及时分析原因并纠正，从而对预算权力的运行更具适应性，形成对预算权力运

① 《中共中央、国务院关于全面实施预算绩效管理的意见》，2018年9月25日，http：//www.gov.cn/zhengce/2018－09/25/content_5325315.htm。

转的动态监控。最后，在决算上实现：(1) 通过全面开展绩效评价，建立绩效评价的常态化机制，创新评价方法，提高评价质量。(2) 强化绩效评价结果的刚性约束，健全绩效评价结果反馈制度和绩效问题整改责任制，形成反馈、整改、提升绩效的良性循环。(3) 建立绩效评价结果和预算安排、政策调整的挂钩机制，强化绩效评价结果对预算编制的导向作用。(4) 通过推动绩效管理的扩围升级，将所有政府收支纳入绩效管理，从而有效规范政府预算行为。可见，将绩效管理融入到预算决策、编制、执行、决算运转的过程中，形成不断提升预算权力约束效果的内部循环机制。

其二，形成不断优化预算权力约束效果的外部循环机制。外部循环机制强调治理效应的升级，这主要体现在：首先，提升人大预算监督效力。将政策和项目绩效目标、绩效自评和重点绩效评价结果等信息随同决算报送给人大，有助于促进人大预算审查监督重点向支出预算和政策实施效果拓展，从而强化人大预算监督效果。其次，强化审计部门的预算监督效果。审计部门要加强对预算绩效管理的监督，重点对预算绩效自评结果的真实性进行审核，对绩效评估结果弄虚作假的、预算执行与绩效目标严重背离的部门和单位，按照相关规定，提请有关部门进行绩效问责。最后，提升社会公众的权力监督效果。通过推进绩效信息向社会公开，探索建立部门和单位的预算整体绩效报告制度，提高预算绩效信息的透明度，进一步保障社会公众的预算知情权，增强社会公众对政府预算权力的外部监督效力。同时，规范引导第三方机构参与预算绩效管理，能够有序提高社会公众的预算参与能力。可见，通过不断强化人大、审计部门与社会公众的预算权力监督效力，能够形成不断优化治理效应的外部循环机制。

通过实施全面预算绩效管理，形成内外结合的权力约束机制。限制政府权力和保障公民权利的着力点也表现在其中。在限制政府权力上，内部约束机制实质上强化了财政部门对其他部门权力约束的效力；在外部约束机制中，人大、审计部门的功效也在于限制政府预算权力。在保障公民权利上，在外部约束机制中，强调通过对公众的预算知情权和参与权的保障来优化外部监督效力。在上述过程中，政府部门的责任担当能力得到进一步提升。

4. 结构层：预算制衡。

预算制衡位于预算治理体系的结构层。预算制衡的功能在于：在党的领导下，通过制衡机制和协作机制，形成分工与协作的预算权力结构，优化预算参与能力。预算制衡从深度和广度上拓展了预算民主。从深度上来看，通过不断完善人民代表大会制度，有效地发挥人大对政府部门权力的约束效力；从广度上来看，通过不断完善社会公众预算参与制度，保障公众参与权，充分发挥公众对政府权力的约束效能。这一过程，能够优化预算参与协商能力。

预算制衡对预算权力约束的作用机理为：通过制衡机制和协作机制，硬化预算约束，防止权力被滥用。具体而言：其一，制衡机制。事实上，按照预算流程划分，行政部门拥有预算编制权、预算执行权等权力；而立法机构则拥有预算审批权、预算监督权等权力。因此，以立法机构的预算权力来约束政府部门的预算权力，基本上就平衡了预算权力系统。立法机构通过行使审批权、监督权对政府预算权力进行约束，政府部门依律合理运用权力，履行公共受托责任，为实现社会公共利益进行预算活动，从而硬化了预算约束。其二，协作机制。引导社会公众参与预算，通过满足社会公众的预算参与权来实现对政府预算权力的约束。社会公众参与预算，能够充分地交流相关信息，降低信息不对称性，增强信息沟通的效果，最终达到硬化预算约束的目的。在这过程中，政府部门通过引入社会公众参与预算，进行充分的预算信息交流，能够不断地优化预算协商能力（见图4－5）。

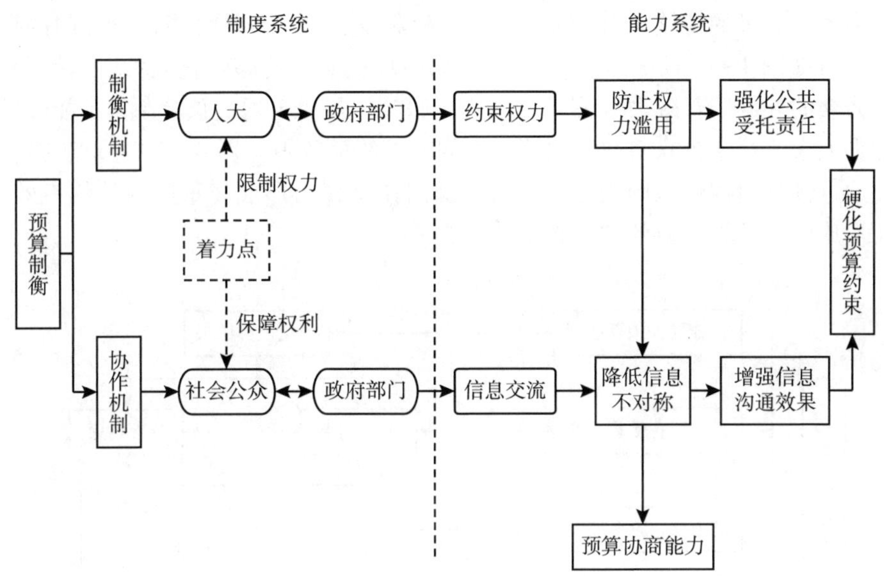

图4－5　党的领导下预算制衡对预算权力约束的作用机理

五、预算治理体系系统控权的约束效力

通过预算治理体系的构建，促进了国家与公民之间的良性互动，形成“行政控制”与“政治控制”双轮驱动的预算治理模式，即人大、政府部门、审计部门、社会公众共同参与的系统控权的治理格局。在系统控权的治理格局中，各主体权力约束效力得到充分展现，主要表现在以下两点。

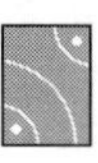

（一）系统控权的“共振”效应

预算治理体系权力约束的“共振”效应体现在：通过不断强化政府预算权力的内部约束和外部约束，从而形成硬化预算约束的叠加效果（见图4－6）。具体而言：首先，位于基础层的预算法制。通过预算法律法规体系的完善，从而为各主体发挥权力约束的功效奠定法律基础（图4－6中节点①）。在健全的法律法规实施体系下，一方面，政府部门要按照法律的规定严以用权，从而起到权力的自我约束效力（图4－6中节点②）；另一方面，社会公众要积极监督政府部门的用权行为（图4－6中节点③）。预算法律问责体系的构建，对政府部门用权行为起到外部监督效力（图4－6中节点④）。其次，通过预算公开，既实现了政府部门的权力的自我约束（图4－6中节点⑤），又发挥了社会公众对政府权力的监督效力（图4－6中节点⑥）。再其次，通过动力层预算绩效的构建，能够形成不断提升权力约束效果的持续动力。在内部循环机制下，进一步增强了政府部门的自我约束效力（图4－6中节点⑦），同时外部循环机制，能够强化人大、审计部门、社会公众的外部监督效力（图4－6中节点⑧）。最后，通过预算制衡，能够进一步增强人大、社会公众对政府预算权力的外部约束效果（图4－6中节点⑨）。可见，通过预算治理体系的构建，对政府部门预算权力形成多重的内外约束效应，进而形成硬化预算约束的“共振”效果。

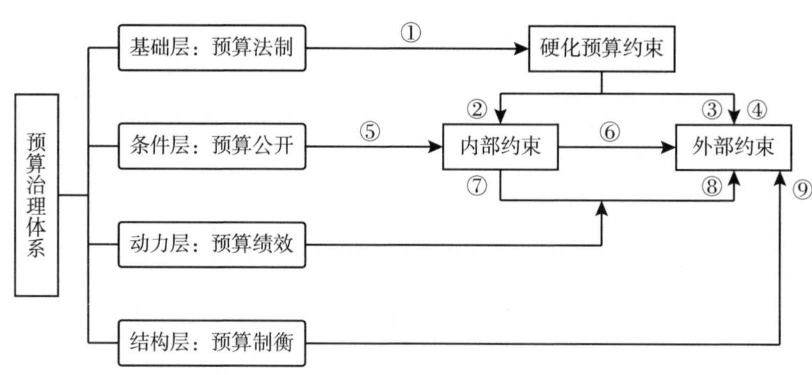

图4－6　预算治理体系系统控权的“共振”效应

（二）系统控权的“聚力”效应

预算治理体系权力约束的“聚力”效应体现在：以预算绩效为连接点，在充分发挥人大、财政部门、审计部门和社会公众各自的权力约束优势的基础上，将这些优势通过预算法制、预算公开、预算制衡聚合在一起，以期实现约束权力的聚合效应（见图4－7）。具体而言：首先，专业化是财政部门在权力约束中的优势。通过实施全面预算绩效管理，通过技术规则与流程的完善，以发挥财政部门专业化的权力监督效力（图4－7中节点①）。其次，将政策信息、绩效目标等随同决算报送给人大，促使人大审核预算向预算支出和政策拓展。人大在行使预算审批权时，通过重点审核支出预算总量与结构、重点支出和重大投资项目、部门预算、财政转移支付、政府债务等来发挥人大的权力约束优势（图4－7中节点②）。再其次，通过加强审计部门对预算绩效管理的监督，充分发挥审计部门对预算执行活动评价的专业优势（图4－7中节点③）。最后，通过规范引导第三方机构参与预算绩效管理能够发挥社会公众的预算监督优势（图4－7中节点④）。

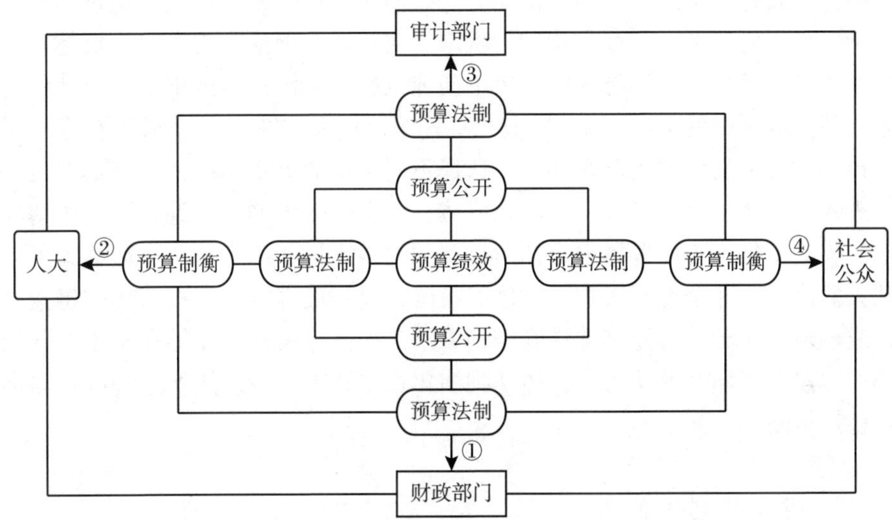

图4－7　预算治理体系系统控权的“聚力”效应

以预算绩效为连接点，通过预算法制、预算公开、预算制衡将各治理主体聚合在一起。预算绩效与预算制衡中的制衡机制和协作机制相连接，能够将人大、社会公众的权力约束效力聚集起来；预算绩效与预算法制中的问责机制相连接，能够将人大、审计部门、财政部门和社会公众聚集起来；预算绩效与预算公开机制相连接，以预算信息公开为纽带，能够为各主体治理优势的发挥提供条件。因此，可见以预算绩效为连接点，通过预算法制、预算公开、预算制衡，将人大、财政部门、审计部门和社会公众聚集起来，进而形成权力约束的“聚力”效果。

第二节　预算治理体系权力约束的理论效果：基于动态演化博弈分析

一、演化博弈理论的提出

演化博弈理论最初产生于生物学领域。当面临复杂问题时，生物体虽缺乏理性思维，但具有一定的学习和模仿能力。它们在博弈中相互适应，通过不断的试错和学习，从而达到一种稳定均衡的状态。演化博弈理论是用参与人群体来代替博弈中的参与者个人，用群体中选择不同纯策略的个体占群体中个体总数的百分比来代替博弈论中的混合策略。① 演化稳定策略的基本思想是：假设存在一个全部选择某一特定策略的大群体和一个选择不同策略的突变小群体。当这个突变小群体进入大群体后就会形成一个混合群体，如果突变小群体在混合群体中博弈所得到的收益支付大于原群体中个体所得到的收益支付，那么这个小群体就可以侵入到大群体中，并会逐渐影响大群体的策略选择；反之，就会在博弈中迅速被淘汰，或逐渐倾向于与大群体选择同样的策略。如果某一群体能够完全不被任何突变小群体侵入，那么就认为该群体达到演化稳定状态，该群体所选择的策略即为演化稳定策略。②

二、研究的基本假设

在预算权力腐败中，行贿与受贿是比较常用的腐败手段，为此，本书以行贿与受贿的腐败案件为例来进行演化博弈分析。事实上，行贿者与受贿者之间的博弈具有典型的演化博弈特征。行贿者与受贿者之间，会根据对方的博弈策略，不断调整自身的策略，进而在长期博弈中生成稳定的动态演化策略。根据演化博弈理论，本书提出如下研究假设。

假设1：有限理性假设

行贿者与受贿者作为腐败博弈的参与方，由于自身的认知能力、学习能力的

---

① Alos - Ferrer C, Ania A B. The Evolutionry Stability of Perfectly Competitive Behavior [J]. Access Download Statistics, 2005 (26): 497 - 516.

② 黄阳：《企业财务危机预警仿真研究——基于多职能体演化博弈视角》，经济科学出版社2014年版。

限制，其行为不可能具有完全理性。受贿者被一时的利欲熏心，面对金钱诱惑时，不能完全理性地判断自身行为的得失，往往存在着侥幸心理。对于行贿者而言，由于行贿者受信息搜集、自身能力等因素的影响，其行为也不可能具有完全理性，如“送礼没有送到点子上”。

假设 2：信息不对称假设

在行贿与受贿博弈中，策略双方存在着信息不对称的现象。贪腐者在其中拥有信息优势，其实施的腐败行为具有“莫比乌斯带”① 特征。贪腐者往往表里不一，无法从外表对其进行真实的判断。行贿者相对于贪腐者而言，则处于信息劣势方。

假设 3：复制动态假设

在腐败博弈中，行贿者与受贿者之间存在相互学习和策略调整的情况，如行贿者会根据受贿者在某段时间内的策略调整自身的行为。这里假设行贿者与受贿者双方相互学习和策略调整的时间较慢，可以用生物进化的动态方程——复制动态方程公式来表示。

三、演化博弈模型的构建及参数设定

假设在政府采购腐败案件中，地方政府和采购参与企业是腐败博弈的直接参与者。通过上一节分析，我们论证了预算治理体系约束预算权力的作用机理。通过预算治理体系的构建，促进了国家与公民之间的良性互动，进而形成系统控权的治理格局：人大、财政部门、审计部门和社会公众等治理主体能够充分发挥各自的权力约束优势，并形成约束政府权力的“共振”和“聚力”效应。由于博弈论涉及主体之间的行为选择，故本部分以人大、财政部门、审计部门和社会公众等治理主体来代表预算治理体系。

在腐败博弈中，企业要获得中标资格可以通过两种途径：其一，通过向相关人员行贿获得中标资格；其二，按照严格的政府采购程序，参与政府采购流程，获得中标资格。此时企业面临的策略集为：{行贿，不行贿}。假设地方政府具有决定中标资格的权力，在执行政府采购程序的过程中，需要承担一部分成本，同时地方政府面临着绩效考核压力。此时地方政府有两种策略选择：其一，不严格执行政府采购程序，接受企业的贿赂；其二，严格执行政府采购程序，不接受企业的贿赂。因此地方政府的策略集为：{要求贿赂，拒绝贿赂}。根据上述模型，

① 莫比乌斯带是指把一根纸条扭转 180 度后，两头再粘接起来做成的纸带圈，纸袋圈一个正面，一个反面，涂上不同的颜色有不同的视觉效果。在这里莫比乌斯带形容腐败分子往往有两面性，即正常的一面和贪腐的一面。

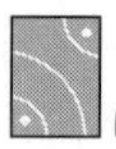

我们设定如下参数：

$C1$：地方政府严格执行政府采购程序不收受贿赂所需要承担的成本。

$C2$：企业正常参与政府采购程序，不行贿所需要付出的成本。

B：企业通过贿赂政府官员获得中标资格时需付出的贿赂金，$B<C2$。

P：假设政府严格执行政府采购程序，企业的贿赂行为就一定会被发现；政府不严格执行政府采购程序，企业的贿赂行为被发现的概率为 P，$0<P<1$。

Q：企业的贿赂行为被发现时所面临的处罚。

W：地方政府确定中标资格企业后所获得的收益。

R：企业获得采购资格所获得的收益。

θ：为地方政府在执行政府采购中采购效益的考核指标，$0<\theta<1$。

δ：通过预算治理体系的构建，形成了人大、财政部门、审计部门和社会公众等多主体参与的系统控权的治理格局，各主体对政府官员在政府采购中的用权行为进行监督。多元主体的介入会降低严格执行政府采购政策的成本，且如果地方政府不严格执行政府采购政策将面临着声誉风险。δ 代表各治理主体在系统控权的治理架构中参与权力约束的成熟度，即系统控权的效力释放程度，可以用柯布道格拉斯函数形式表示，记为 $\delta=Ar^{\alpha}k^{\beta}$，其中 r 表示各主体对腐败的关注程度，$0<r<1$；k 表示各主体参与腐败治理的层次，$0<k<1$；A 表示理想状态下，各主体参与腐败治理所应该达到的最优水平，其值为固定值，为简单起见本书假设 $A=1$，$\alpha=1$，$\beta=1$。

$(1-\delta)C1$：在系统控权格局下政府部门所需要承担的监督成本。

$P^{(1-\delta)}$：在系统控权格局下企业行贿行为被发现的概率。

δe：地方政府不严格执行政府采购政策收受贿赂的行为暴露后，面临着丧失公信力的声誉风险，e 为常量。

本书借鉴“鹰鸽博弈”[①] 模型设立博弈参与方为地方政府（$k=1$）和企业（$k=2$）。在系统控权格局下，腐败博弈中地方政府官员与企业的博弈支付矩阵见表 4-1。假设 x 表示企业中采取严格按照政府采购流程，不通过行贿获得中标资格的比例；y 表示地方政府中采取严格执行政府采购程序，不接受贿赂的比例；则企业中不严格按照政府采购流程，通过行贿方式获得中标资格的比例为 $1-x$；地方政府中不严格执行政府采购程序，收受贿赂的比例为 $1-y$。

---

① 鹰鸽博弈模型是约翰·梅纳德·史密斯（John Maynard Smith）在《演化与博弈论》中提出的假设模型，该模型表述了两种动物为某一食物而争斗，每只动物都能像鹰或鸽那样行动，鹰鸽博弈是研究复制动态和 ESS 均衡中比较常用的分析方法。

表 4-1　系统控权治理架构下地方政府与企业博弈支付矩阵

企业（$k=2$）	地方政府（$k=1$）	
	拒绝贿赂	要求贿赂
不行贿	$R-C2$，$\theta W-(1-\delta)C1$	$R-C2$，$\theta W-\delta e$
行贿	$R-B-Q$，$\theta W+Q-(1-\delta)C1$	$R-B-P^{1-\delta}Q$，$\theta W+P^{1-\delta}Q-\delta e$

四、动态演化博弈分析

（一）动态博弈方程

企业采取不行贿和行贿策略的期望收益分别为：

$$U_1=y(R-C2)+(1-y)(R-C2) \tag{4-1}$$

$$U_2=y(R-B-Q)+(1-y)(R-B-P^{1-\delta}Q) \tag{4-2}$$

此时企业的平均收益为：

$$\begin{aligned}\overline{U}_1=&x[y(R-C2)+(1-y)(R-C2)]\\&+(1-x)[y(R-B-Q)+(1-y)(R-B-P^{1-\delta}Q)]\end{aligned} \tag{4-3}$$

企业采取严格按照政府采购流程，通过不行贿的方式获得中标资格的复制动态方程为：

$$\frac{\mathrm{d}x}{\mathrm{d}t}=x(1-x)[B+P^{1-\delta}Q-C2+(Q-P^{1-\delta}Q)y] \tag{4-4}$$

地方政府采取拒绝贿赂和要求贿赂的期望收益分别为：

$$U_3=x[\theta W-(1-\delta)C1]+(1-x)[\theta W+Q-(1-\delta)C1] \tag{4-5}$$

$$U_4=x(\theta W-\delta e)+(1-x)(\theta W+P^{1-\delta}Q-\delta e) \tag{4-6}$$

此时地方政府的平均收益为：

$$\begin{aligned}\overline{U}_2=&y\{x[\theta W-(1-\delta)C1]+(1-x)[\theta W+Q-(1-\delta)C1]\}\\&+(1-y)[x(\theta W-\delta e)+(1-x)(\theta W+P^{1-\delta}Q-\delta e)]\end{aligned} \tag{4-7}$$

地方政府采取严格执行政府采购程序，不接受贿赂确定企业中标资格的复制动态方程为：

$$\frac{\mathrm{d}y}{\mathrm{d}t}=y(1-y)[Q-P^{1-\delta}Q-(1-\delta)C1+\delta e+(P^{1-\delta}Q-Q)x] \tag{4-8}$$

此时可以得到演化博弈的二维动力系统：

$$\frac{\mathrm{d}x}{\mathrm{d}t}=x(1-x)[B+P^{1-\delta}Q-C2+(Q-P^{1-\delta}Q)y] \tag{4-9}$$

$$\frac{dy}{dt}=y(1-y)[Q-P^{1-\delta}Q-(1-\delta)C1+\delta e+(P^{1-\delta}Q-Q)x] \quad (4-10)$$

对该二维动力系统的稳定点进行分析，系统在平面 $S=(\{(x,\ y)|0\leqslant x,\ y\leqslant 1)$ 的局部平衡点有 5 个，分别是 $E_1(0,\ 0)$、$E_2(0,\ 1)$、$E_3(1,\ 0)$、$E_4(1,\ 1)$、$E_5(x^*,\ y^*)$，其中：

$$X^*=-\frac{Q-P^{1-\delta}Q-(1-\delta)C_1+\delta e}{P^{1-\delta}Q-Q} \quad (4-11)$$

$$Y^*=-\frac{B+P^{1-\delta}Q-C_2}{Q-P^{1-\delta}Q} \quad (4-12)$$

根据 Friedman 的均衡算法，二维群体动态系统的平衡稳定点，可由该系统的雅可比矩阵的局部稳定性分析而得。二维动力系统的雅可比矩阵为：

$$J=\begin{bmatrix}\partial F(X)/\partial X & \partial F(X)/\partial Y\\ \partial F(Y)/\partial X & \partial F(Y)/\partial Y\end{bmatrix}$$

$$=\begin{Bmatrix}(1-2X)\begin{bmatrix}B+P^{1-\delta}Q-C2+\\(Q-P^{1-\delta}Q)y\end{bmatrix} & -X(1-X)(P^{1-\delta}Q-Q)\\ -y(1-y)(Q-P^{1-\delta}Q) & (1-2y)\begin{bmatrix}Q-P^{1-\delta}Q-(1-\delta)C1+\\ \delta e+(P^{1-\delta}Q-Q)X\end{bmatrix}\end{Bmatrix} \quad (4-13)$$

在这里我们令 $A_1=B+P^{1-\delta}Q-C2$，表示企业严格遵守政府采购流程，不通过行贿获得中标资格的潜在收益；$A_2=(1-P^{1-\delta})Q$，表示企业行贿不被发现得到的额外净收益，显然 $A_2>0$；$A_3=Q-P^{1-\delta}Q-(1-\delta)C1+\delta e$，表示政府严格执行政府采购程序，不收受贿赂的期望净收益。

雅可比矩阵的行列式可以表示为：

$$detJ=(1-2x)(1-2y)(A_1+A_2y)(A_3-A_2x)+A_2^2xy(1-x)(1-y) \quad (4-14)$$

雅可比矩阵的迹为：

$$trJ=(1-2x)(A_1+A_2y)+(1-2y)(A_3-A_2x) \quad (4-15)$$

在某均衡点处满足 $detJ>0$ 且 $trJ<0$，则复制方程的均衡点是系统的演化稳定点。因此，演化系统的行列式和迹见表 4-2。

表 4-2　演化系统均衡点处的行列式和迹

均衡点	$detJ$	trJ
(0, 0)	A_1A_3	A_1+A_3
(0, 1)	$-(A_1+A_2)A_3$	$(A_1+A_2)-A_3$
(1, 0)	$-(A_3-A_2)A_1$	$-A_1+(A_3-A_2)$

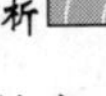

续表

均衡点	$detJ$	trJ
(1, 1)	$(A_1+A_2)(A_3-A_2)$	$-(A_1+A_3)$
(X^*, Y^*)	$-A_1A_3\dfrac{A_2^2-A_2A_1-A_2A_3+A_1A_3}{A_2}$	0

（二）稳定性分析

当$A_1<0$，$A_3<0$时，（0，0）为演化系统的唯一稳定点。这说明企业严格遵守政府采购流程，不通过行贿方式获得中标资格的潜在收益为负；地方政府严格执行政府采购程序，不收受贿赂的期望净收益同样为负，演化稳定策略为｛行贿，要求贿赂｝。此阶段属于预算治理体系构建初期，δ值较小表明：社会公众预算参与成熟度较低，人大、审计部门等在监督政府预算行为上的功效尚不足。上级部门虽然制定了严格的政府采购程序，但地方政府遵从的成本较高，且在执行中由于缺乏必要的外在监督，因此地方政府严格遵守采购程序的意愿不足。企业此时由于违法成本远低于合法成本，且外部监督乏力，企业行贿行为被发现的概率较低，企业将会选择行贿策略，系统演化策略趋向于｛行贿，要求贿赂｝。

当$A_1+A_2<0$，$A_3>0$时，（0，1）为演化系统的唯一稳定点。A_1+A_2代表企业严格按照政府采购流程，获得中标资格的净收益。在本阶段，企业由于严格按照流程获得中标资格的净收益较小，而政府部门严格执行政府采购程序的期望净收益较高，系统演化稳定策略为｛行贿，拒绝贿赂｝。此阶段属于预算治理体系的发展阶段。在本阶段，通过预算治理体系的构建，人大、财政部门、审计部门和社会公众开始发挥对政府预算行为的监督效力。此时，上级部门制定了严格的政府采购程序，地方政府由于受到人大、上级部门和社会公众的有力监督，违法成本较高，因此遵从政府采购程序的意愿较强。企业由于严格遵从政府采购流程获得中标资格的净收益较小，虽然面临着被发现的概率增加，但企业愿意铤而走险采取行贿的方式来获得资格。因而，此时演化稳定策略为｛行贿，拒绝贿赂｝。但这种｛行贿，拒绝贿赂｝的稳定策略并不可持续。本阶段由于受到预算治理主体的监督，地方政府违法成本较高，选择拒绝贿赂的策略，并因此获得较高的政治声誉。企业在本阶段虽选择行贿，但是由于没有“门路”，并没有获得相关的收益。在下一阶段，由于地方政府在本阶段拒绝贿赂收益，地方政府将延续本阶段的策略。面对着行贿行为被发现的概率增加，企业会调整本阶段的策略，选择不行贿。

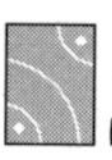

当$A_1>0$，$A_3<0$，且满足$A_3-A_2<0$时，（1，0）是演化系统的唯一稳定点。A_3-A_2代表政府部门严格执行政府采购程序的净收益。在本阶段，企业严格按照政府采购程序获得中标资格的潜在收益为正，政府部门严格执行政府采购程序的净收益为负，演化稳定策略为｛不行贿，要求贿赂｝。本阶段同样属于预算治理体系的发展阶段，各主体监督预算权力的效力还未充分释放。对政府部门而言，上级部门虽制定严格的政府采购程序，但由于地方政府执行成本较高，人大、上级部门和社会公众的监督乏力，因而地方政府严格遵从的意愿不高。企业由于遵从政府采购程序获得中标资格的成本较低，企业将选择不行贿的策略。事实上｛不行贿，要求贿赂｝的稳定策略也不可持续。本阶段企业采取不行贿的策略，获得相应的收益。地方政府采取要求行贿的策略，却没有获得期望的收益。在下一阶段，随着预算治理体系的不断完善，各治理主体监督权力的效果增强，面对行贿行为被发现的概率增加，企业将延续本阶段的不行贿策略。面对外部监督力的增强，地方政府将调整策略，转变为拒绝贿赂。

当$A_1>0$，$A_3>0$，且满足$A_3-A_2>0$时，（1，1）是演化系统的唯一稳定点。A_3-A_2代表政府部门严格执行政府采购程序的净收益。此时，企业严格按照政府采购程序获得中标资格的潜在收益为正，地方政府严格执行政府采购程序的净收益也为正，系统演化稳定策略为｛不行贿，拒绝贿赂｝。本阶段属于预算治理体系的完善阶段。通过预算治理体系的不断完善，预算治理能力不断提升，各治理主体的参与度不断提升，系统控权的治理效果得到充分地释放，δ值提高。人大、财政部门、审计部门和社会公众在公共理性的价值导向下，通过各自的渠道参与到腐败治理中，多元主体抑制腐败的功效得到彻底地释放。此时上级部门制定了严格的采购程序，地方政府出于维护公共利益考虑，面对着外部强有力的监督，遵从制度的意愿较强。同时企业拥有捍卫市场公平的决心，面对行贿行为被发现的概率大大提高，企业将选择不行贿策略。此时的策略｛不行贿，拒绝贿赂｝是预算治理体系抑制权力腐败的理想状态。

当$trJ=0$时，(X^*, Y^*)为系统的鞍点，不符合系统均衡稳定的条件$detJ>0$且$trJ<0$，则不能够组成系统演化稳定策略。事实上，在该阶段，在其他条件不变的情况下，随着δ的提高，人大、财政部门、审计部门和社会公众参与腐败治理的成熟度不断提升，均衡策略的收敛速度加快。

（三）预算治理体系抑制权力腐败的长期演化路径分析

基于上述分析，预算治理体系抑制权力腐败的长期演化路径为：随着预算治理体系的完善，预算治理能力逐步提升，系统控权的治理效果最终将得到彻底地释放。事实上，无论初始博弈点位于系统的任意位置，随着预算治理体系的不断完善，各预算治理主体参与度不断提高，最终都将会在 $E(1, 1)$ 点达到长期稳定。

在 $E(0, 0)$ 点时，由于预算治理体系初具雏形，δ 值较小，各治理主体预算参与度并不高，短期内企业选择行贿、地方政府选择接受贿赂的策略。接下来，博弈将会演化为两条路径：其一，渐近于 $E(0, 1)$ 点。面对腐败盛行，政府部门出于维护执政合法性的考虑，逐渐加强对地方政府采购行为的监督，同时，随着预算治理体系的不断完善，人大和社会公众对政府行为的监督效力逐渐提升，地方政府此时在内外压力下，将转变策略选择拒绝贿赂。在本阶段，企业在上阶段通过行贿获得了对应的收益，将会重复上阶段的策略选择行贿。其二，渐进于 $E(1, 0)$ 点。在上阶段企业选择行贿策略，本阶段，随着行贿给企业带来的期望收益逐渐下降，企业通过行贿获得中标资格的意愿逐渐降低，此时，企业策略选择转变为不行贿。地方政府由于在上一阶段接受贿赂获得了相应的收益，且在此阶段将继续选择要求贿赂的策略。接下来，随着预算治理体系的逐渐完善，δ 值不断提高。在渐进于 $E(0, 1)$ 点的路径中，本阶段由于受到预算治理主体的监督，地方政府违法成本较高，选择拒绝贿赂的策略，并因此获得较高的政治声誉。企业在本阶段虽选择行贿，但是由于没有“门路”，并没有获得相关的收益。在下一阶段，由于地方政府在本阶段拒绝贿赂受益，地方政府将延续本阶段的策略。面对着行贿行为被发现的概率增加，企业会调整本阶段的策略，选择不行贿。在渐进于 $E(1, 0)$ 点的路径中，本阶段企业采取不行贿的策略，获得相应的收益。地方政府采取要求行贿的策略，却没有获得期望的收益。在下阶段，随着预算治理体系的不断完善，各治理主体监督权力的效果增强，面对行贿行为被发现的概率增加，企业将延续本阶段的不行贿策略。面对外部监督力的增强，地方政府将调整策略，转变为拒绝贿赂。最终演化路径将收敛于 $E(1, 1)$ 点，从而达到预算治理体系的理想状态。

五、演化博弈结论与总结

借鉴鹰鸽博弈模型，在政府采购腐败中设置博弈参与方为地方政府（$k=1$）与企业（$k=2$），并引入了人大、财政部门、审计部门、社会公众等多元主体，通过演化博弈方程，分析了预算治理体系抑制权力腐败的长期演化路径：在预算治理体系构建初期，δ 值较小，系统控权的效力尚未完全发挥出来，各治理主体预算参与成熟度不高，此时系统短期内将收敛于｛行贿，要求贿赂｝；随着预算治理体系的逐步完善，δ 值不断提高，即人大、财政部门、审计部门和社会公众参与成熟度不断提升，系统均衡策略的收敛速度加快，预算治理体系系统控权的

“共振”和“聚力”效应将得到彻底释放，最终达到{不行贿，拒绝贿赂}的理想状态。这说明：通过预算治理体系的构建，促进了国家与公民之间的良性互动，形成了系统控权的治理格局，各主体通过该体系能够形成权力约束的“共振”和“聚力”效应，从而能够有效地抑制权力腐败。

第五章

预算治理体系权力约束的实证检验

第四章通过预算治理体系的机制构建能够形成系统控权的治理格局，其约束权力的“共振”和“聚力”效应将得到彻底的释放，从而能够抑制权力腐败的发生。为了验证预算治理体系的有效性，本章以抑制腐败作为测量监督与约束权力的标准，采用中国预算实践经验数据，通过面板回归对预算治理体系系统控权的现实功效进行实证检验。

第一节　文献回顾与研究假设

预算治理体系是由预算法制、预算公开、预算绩效和预算制衡四部分组成。根据对现有文献进行梳理，本书提出如下研究假设。

一、预算法制与腐败抑制的关系

梳理已有的文献，可以发现预算法制与腐败抑制之间存在着内在的逻辑关系。

其一，完善的司法制度能够起到抑制腐败的作用。万广华和吴一平（2012）认为：司法制度包含立法和执法两个层面，任何一个法治国家必须制定好法律并严格实施，这样能够有效地抑制腐败。[①]

其二，通过强化财税法治建设，能够有效地抑制腐败。寇铁军和胡望舒（2016）认为：一方面，腐败的对象是公共资金，而财税法制是管理公共资金的法律，因此通过财税法制建设可以抑制腐败；另一方面，财税法制贯穿于财政收入与支出的整个流程，能够实现对公共财产权的有效控制。在财政支出端，通过支出过程阳光化可以控制政府的支出行为；在财政收入端，根据税收法定原则能

① 万广华、吴一平：《司法制度、工资激励与反腐败：中国案例》，载《经济学（季刊）》2012 年第 11 期。

够事前对政府滥用税收权进行规制。①

其三，预算法制作为财税法治的核心，在抑制腐败中能够发挥应有的作用。刘朔涛（2017）认为，预算法制的重要内容在于规范约束政府财政收支行为。财政收支不规范是造成腐败盛行的原因，只要管住政府不规范的财政收支行为，就能减少腐败。②

通过上述分析可以发现，法制因素是抑制腐败的重要因素。本书认为，在预算治理体系中，预算法制要求做到有法可依和有法必依。有法可依要求完善预算法律法规体系，有法必依要求健全预算法律法规实施体系和预算问责体系。完善的预算法律法规体系能够限定政府的用权行为，保障公民权利不受侵犯；健全的预算法律法规实施体系能够实现政府权力的自我约束和社会公众外部监督的结合；预算问责体系则能够强化人大、审计部门等对政府预算行为的约束以及社会公众对政府行为的监督。可见，通过预算法制能够有效地约束政府预算权力，提升问责能力，从而起到抑制权力腐败的效果。基于此，提出本书的研究假设：

H1：在其他条件不变的情况下，随着预算法制的不断完善能够减少腐败的发生。

二、预算公开与腐败抑制的关系

预算公开是抑制腐败的重要利器。郭剑鸣（2011）认为：通过预算公开，将政府的预算文本和相关信息公布于众，吸引社会公众广泛参与到预算过程中监督政府的财政权和事权，从而减少官员寻租的机会，起到抑制腐败的效果。③ 黄寿峰和郑国梁（2015）认为：对于位高权重的官员，随着财政透明度的上升，腐败被查处的可能性增大，官员承担的机会成本较高。为此，官员选择不腐败是明智选择。④

事实上，监督公权力运行，需要弄清楚政府财政行为的内容、方式，从根源上寻找出滋生腐败的环节。为此，通过预算公开将反映政府所有财政行为的收支表格公布出来，从而为监督主体提供条件，成为抑制权力腐败的重要抓手。胡锦

① 寇铁军、胡望舒：《财税法制建设与反腐败成效：基于中国省域面板数据的研究》，载《财政研究》2016 年第 11 期。

② 刘朔涛：《财政法治的反腐败效应研究——基于省级面板数据的实证分析》，载《财政监督》2017 年第 10 期。

③ 郭剑鸣：《从预算公开走向政府清廉：反腐败制度建设的国际视野与启示》，载《政治学研究》2011 年第 2 期。

④ 黄寿峰、郑国梁：《财政透明度对腐败的影响研究——来自中国的证据》，载《财贸经济》2015 年第 3 期。

光和张献勇（2011）[①]、李春根和徐建斌（2016）[②] 也印证了上述观点。

本书认为，在预算治理体系中，政府部门通过预算公开，将有效的预算信息传递给社会公众。社会公众在了解相关信息之后，通过反馈渠道将意见反馈给政府部门，政府部门对有关疑问及时作出回应。在这一过程中，实现了社会公众对政府权力的监督，同时也实现了政府权力的自我约束，强化了回应能力。因此，提出如下研究假设：

H2：在其他条件不变的情况下，通过预算公开，提升透明度从而能够抑制腐败。

三、预算绩效与腐败抑制的关系

由于预算绩效管理涉及整个预算流程，因此，预算绩效与抑制腐败的关系主要体现在预算流程的优化上。许正中等（2011）认为：实行预算绩效管理能够防止资金“跑冒滴漏”。预算绩效管理涉及整个预算流程，通过建立起以预算编制为起点，预算调整与问责为终点的封闭式的预算流程，利用预算权力运转过程中的专业制衡机制，使各主体之间相互牵制，全面准确地反映、评价政府部门的受托责任，及时纠正偏差，使预算执行结果与目标的偏离最小化，从而能够防止资金的浪费。[③] 童香英（2016）认为：实施预算绩效管理，在预算编制环节，强化预算评审，细化预算编制，能够防止自由裁量权过大的弊端；在预算执行环节，强化预算约束，能够防止预算单位自行调整资金的行为，减少腐败发生概率；在预算监督上，通过提升财政透明度，强化对预算执行的实施监督，从而有利于约束资金的运用，减少截留、挤占、挪用预算资金的机会。[④]

本书认为，实施全面预算绩效管理能够形成权力约束的内外循环机制，从而能够不断提升权力约束效果以及预算治理控权绩效，培育担当能力。内部循环体现在：通过在预算编制环节突出绩效导向、预算执行环节加强绩效监控、决算环节全面开展绩效评价、强化绩效评价结果刚性约束、推动预算绩效管理扩围升级，从而形成以全过程为核心，带动全方位、全覆盖的预算绩效管理体系。在这过程中，财政部门的权力约束效果得到不断提升。外部循环体现在：通过充分发挥人大、审计部门、社会公众的权力约束效力，不断强化对政府部门预算权力的外在约束，推动预算治理控权绩效的系统升级。通过内外循环机制，既有效地约

---

① 胡锦光、张献勇：《预算公开的价值与进路》，载《南开学报（哲学社会科学版）》2011 年第 2 期。

② 李春根、徐建斌：《中国财政预算透明与地区官员腐败关系研究》，载《当代财经》2016 年第 1 期。

③ 许正中、刘尧、赖先进：《财政预算专业化制衡、绩效预算与防治腐败》，载《财政研究》2011 年第 3 期。

④ 童香英：《深化预算管理改革　加强源头防腐基础建设》，载《预算管理与会计》2016 年第 6 期。

束了政府预算权力，同时也充分保障了社会公众的权利。基于上述分析，提出有关研究假设：

H3：在其他条件不变的情况下，通过实施全面预算绩效管理能够减少腐败的发生。

四、预算制衡与腐败抑制的关系

预算实质是政治过程，因此，预算制衡涉及预算权力结构的优化。学者们认为预算制衡与抑制腐败的关系在于以下几个方面。

郭利民（2012）认为：我国预算制衡机制不完善是造成腐败的原因，主要表现在：预算编制、执行和监督权集中在一个部门，从而不利于预算编制与执行；审计部门隶属于政府部门，弱化了审计监督的效能；人大预算审查监督职能弱化。因此，优化预算制衡机制，能够抑制权力腐败。① 王银梅等（2013）认为：通过预算制衡机制能够实现权力的约束，从而能够抑制腐败。预算制衡存在制约效应和协作效应。从制约效应来看，由于预算权力在运转过程中存在着权力寻租的机会，拥有公权力的政府官员在缺乏监督与约束的环境下，会滥用权力进行寻租，带来的结果就是腐败现象的发生，因此，强化对预算权力的监督，建立制衡机制，使得各权力主体之间相互约束。通过制约效应的发挥，能够强化对权力的监督，降低腐败发生的概率。从协作效应来看，由于预算管理实质是各利益主体之间的博弈过程，在各主体之间存在信息不对称的现象，因而在预算执行中存在着腐败隐患。通过制衡机制的协作效应，各机关通过协作实现信息和技术的共享，这能够弱化信息不对称，提高各机关的预算能力，进而降低腐败发生的概率。②

本书认为，在党的领导下，预算制衡通过制衡机制和协作机制发挥对政府预算权力的约束效果，提升预算协商能力。制衡机制在于强化人大对政府部门预算权力的制约，协作机制在于提升社会公众对政府部门的权力约束效果。通过制衡机制和协作机制，优化人大与政府部门、社会公众与政府部门之间分工与协作的预算权力结构。基于上述分析，提出如下假设：

H4：在其他条件不变的情况下，通过预算制衡机制的不断完善能够抑制腐败的发生。

五、预算治理体系与腐败抑制的关系

从现有的文献来看，学者们关于预算治理或预算治理体系与抑制腐败之间关

---

① 郭利民：《重构我国预算制衡机制浅析》，载《法制与社会》2012 年第 36 期。

② 王银梅、楚雪娇、张亚琼：《分权制衡机制与政府预算约束》，载《宏观经济研究》2013 年第 7 期。

系的探讨还比较少。郑石桥和贾云洁（2012）分析了预算治理构造与预算机会主义的关系。认为预算机会主义就是在预算编制、执行过程中，利用不正当的手段来谋取个人利益。预算治理构造可以抑制预算机会主义的发生，其作用机理主要体现在三个方面：其一，预算文化。预算文化能够转变预算主体价值观念，进而能抑制预算机会主义行为。其二，制衡。在整个预算流程中，通过制衡机制的植入来实现抑制预算机会主义行为的目的。其三，问责机制。通过事后对预算主体实施的预算行为进行评价，并在此基础上进行奖励或者惩罚。① 崔潮（2016）从治理型财政的视角，论述了其对预算权力约束的作用机理。认为由于政府权力具有天然的扩张性和侵犯性，因此，需要从体制内外对政府权力进行监督。体制内的监督主要来自于分权制衡，也就是通过以权力制约权力的方式来实现；体制外的监督主要通过以权利制约权力和以社会制约权力的方式来实现。②

本书认为，预算治理体系通过预算法制、预算公开、预算绩效和预算制衡四个方面共同发挥对政府预算权力的约束作用。预算法制的功能在于：框定预算权力的运转范围，提升预算问责能力；预算公开的功能在于：通过信息公开，实现政府权力的自我约束和社会公众的外部监督，强化回应能力；预算绩效的功能在于：通过实施全面预算绩效管理提升权力约束效果和预算治理控权绩效，培养政府部门的担当能力；预算制衡的功能在于：通过均衡机制优化各主体的权力效能，形成均衡性的权力结构，提升协商能力。在上述组成部分相互作用的过程中，实现了人大、财政部门、审计部门和社会公众等多元主体参与的系统控权的治理格局。在系统控权中，各主体能够充分发挥各自的权能，实现权力约束的“共振”和“聚力”效应。基于上述分析，提出本书的研究假设：

H5：在其他条件不变的情况下，预算治理体系的构建能够抑制权力腐败的发生。

第二节　研究设计

一、模型设定与变量定义

根据上述研究假设，本书以寇铁军、胡望舒（2016）和黄寿峰、郑国梁

① 郑石桥、贾云洁：《预算机会主义、预算治理构造和预算审计——国家审计嵌入公共预算的理论架构》，载《南京审计学院学报》2012 年第 9 期。

② 崔潮：《治理型财政：中国财政现代化建设的新阶段》，载《地方财政研究》2016 年第 10 期。

（2015）的研究为基础，构建如下计量模型：

$$Cor_{it}=\beta_0+\beta_1 Law_{it}+\beta_2 Decent_{it}+\beta_3 Wage_{it}+\beta_4 Edu_{it}+\beta_5 Dep_{it}+\beta_6 Open_{it}+\beta_7 Pd_{it}+\beta_8 Gs_{it}+\mu_{it} \tag{5-1}$$

$$Cor_{it}=\beta_0+\beta_1 Ft_{it}+\beta_2 Decent_{it}+\beta_3 Wage_{it}+\beta_4 Edu_{it}+\beta_5 Dep_{it}+\beta_6 Open_{it}+\beta_7 Pd_{it}+\beta_8 Gs_{it}+\mu_{it} \tag{5-2}$$

$$Cor_{it}=\beta_0+\beta_1 Ef_{it}+\beta_2 Decent_{it}+\beta_3 Wage_{it}+\beta_4 Edu_{it}+\beta_5 Dep_{it}+\beta_6 Open_{it}+\beta_7 Pd_{it}+\beta_8 Gs_{it}+\mu_{it} \tag{5-3}$$

$$Cor_{it}=\beta_0+\beta_1 BLa_{it}+\beta_2 Decent_{it}+\beta_3 Wage_{it}+\beta_4 Edu_{it}+\beta_5 Dep_{it}+\beta_6 Open_{it}+\beta_7 Pd_{it}+\beta_8 Gs_{it}+\mu_{it} \tag{5-4}$$

$$Cor_{it}=\beta_0+\beta_1 Sys_{it}+\beta_2 Decent_{it}+\beta_3 Wage_{it}+\beta_4 Edu_{it}+\beta_5 Dep_{it}+\beta_6 Open_{it}+\beta_7 Pd_{it}+\beta_8 Gs_{it}+\mu_{it} \tag{5-5}$$

其中，i 代表除西藏之外的，我国 30 个省、自治区、直辖市，t 代表年份。模型（5－1）~（5－4）主要用来反映构成预算治理体系各组成部分对权力腐败的抑制效果。具体而言：模型（5－1）主要反映预算法制对权力腐败的抑制效果；模型（5－2）主要反映预算公开对权力腐败的抑制效果；模型（5－3）主要反映预算绩效对权力腐败的抑制效果；模型（5－4）主要反映预算制衡对权力腐败的抑制效果。模型（5－5）则是在上述 4 个模型基础之上构建生成，主要反映预算治理体系对权力腐败的抑制效应。模型中的变量定义如下：

（一）核心变量

本书涉及的主要解释变量包括 *Cor*、*Law*、*Ft*、*Ef*、*Bla* 和 *Sys*。

1. *Cor* 代表各地区腐败情况。

从当前的研究现状来看，目前有关腐败的测量主要包括三种方式：第一，周黎安和陶靖（2009）[①] 采用各地区人民检察院每年立案侦查的职务类犯罪（贪污受贿、渎职案件等罪名）立案数来衡量一地区腐败情况；第二，陈刚等（2009）[②] 采用各地区人民检察院职务类犯罪立案数除以各地区公职人员数量的比值来衡量各地区腐败情况；第三，吴一平（2008）[③] 采用各地区人民检察院职务类犯罪立案数除以各地区人口数来衡量。本书认为从我国有关职务类犯罪的法

① 周黎安、陶婧：《政府规模、市场化与地区腐败问题研究》，载《经济研究》2009 年第 1 期。

② 陈刚、李树、余劲松：《援助之手还是攫取之手？——关于中国式分权的一个假说及其验证》，载《南方经济》2009 年第 7 期。

③ 吴一平：《财政分权、腐败与治理》，载《经济学（季刊）》2008 年第 3 期。

律规定来看[①]，职务类案件的犯罪主体是国家工作人员，各地区职务类犯罪立案数反映出了各地区国家工作人员腐败情况，因此，本书采用《中国检察年鉴》中各地区人民检察院每年公布的职务类犯罪立案数（*Cor*）来衡量各地区腐败情况。同时本书采用《中国检察年鉴》中各地区人民检察院每年工作报告中职务类犯罪涉及的国家公职人员数量（*Cor*1）作为反映各地区腐败情况的替代指标，进行稳健性检验。

2. *Law* 代表各地区预算法制情况。

目前关于预算法制的测量主要有两种：一是，刘朔涛（2017）[②] 运用收入法定性和财政不规范性来反映财税法治情况。收入法定性采用了税收收入（个人所得税、企业所得税和车船税）占各地区总收入的比例来衡量；财政不规范性则是采用了各省当年非税收入与各省当年总收入的比例来反映。二是，寇铁军和胡望舒（2016）[③] 采用各地区的财税立法数量来反映各地区财税法制建设情况。由于预算法制强调预算法律制度，为此本书采用每万人地方政府财税立法数来反映各地区预算法制水平。各地区每万人中财税法律数量等于该地区当年有效的财税法律法规数量除以该地区人口数量。地区当年有效的法律法规数量等于各地区当年有效的财税法律法规数与全国当年有效的财税法律法规数之和。

3. *Ft* 代表各地区预算公开情况。

从当前的研究现状来看，有关预算公开的度量，大部分学者采用上海财经大学公共政策研究中心公布的历年《中国财政透明度报告》中的中国省级财政透明度指数作为预算公开的数据。如黄寿峰和郑国梁（2015）[④] 采用省级财政透明度指数来反映财政透明度；李春根和徐建斌（2016）[⑤] 也采用该数据，通过实证分析了各地区财政透明度与腐败之间的关系。本书借鉴目前学术界有关预算透明度数据选取的通用做法，采用该中心公布的透明度指数作为预算公开的衡量指标。

4. *Ef* 反映各地区预算绩效情况。

根据财政部出台的《关于全面推进预算绩效管理的指导意见》中有关预算绩

① 我国《刑法》关于职务类犯罪的法条有：382 条：贪污罪是国家工作人员利用职务上的便利侵吞、窃取、骗取或者以其他手段非法占有公共财务的；384 条：挪用公款罪是国家工作人员利用职务上的便利，挪用公款归个人使用进行非法活动的，或者挪用公款数额较大进行营利活动的等。

② 刘朔涛：《财政法治的反腐败效应研究——基于省级面板数据的实证分析》，载《财政监督》2017 年第 10 期。

③ 寇铁军、胡望舒：《财税法制建设与反腐败成效：基于中国省域面板数据的研究》，载《财政研究》2016 年第 11 期。

④ 黄寿峰、郑国梁：《财政透明度对腐败的影响研究——来自中国的证据》，载《财贸经济》2015 年第 3 期。

⑤ 李春根、徐建斌：《中国财政预算透明与地区官员腐败关系研究》，载《当代财经》2016 年第 1 期。

效的定义[①]以及数据的可得性，本书采取预算资金效率来反映预算绩效的情况。对预算资金效率的测量，本书借鉴陈诗一和张军（2008）[②]、代娟和甘金龙(2013)[③] 的做法，采用 DEA 模型来对预算资金效率进行测度。DEA 模型是根据多投入、多产出指标对相同类型决策单元 DMU 的相对有效性进行测度。故在预算资金投入方面，笔者选取一般预算支出作为地方政府预算投入变量，同时提出相应的子指标；在预算支出方面，由于直接测量地方政府的支出结果是有困难的，本书主要利用体现政府支出功能且各省都具有的四类支出指标来代替，即教育、医疗卫生、环境和基础设施支出，同时提出相应的子指标（见表 5－1）。为了避免数据发生偏移，减少各子指标之间的相互影响，本书对二级指标均进行了正规化处理，即各项子指标均除以各自的均值，然后对各子指标的均值采取简单平均后，得到历年相对应的投入和产出综合指标。然后，运用 DEAP 2.1 软件，从而得出各地区预算资金效率数据。[④]

表 5－1　　　　地方预算资金支出效率评价指标

评价指标	一级指标	二级指标
投入指标	地方预算投入	一般预算支出占 GDP 的比重、人均一般预算支出
产出指标	教育支出	各级教育教职工人数占总人口比、各级教育师资学生占比*
	卫生支出	每千人卫生技术人员数、每千人医疗卫生机构床位数
	环境支出	各地区人均生活垃圾清运情况、人均林业投资完成情况
	基础设施支出	人均铁路里程、公路里程、邮电业务量、有效灌溉面积占农作物总播种面积比

注：*各级教育教职工人数占总人口比为小学、初中、高中、中等职业学校和普通高校教职工人数占总人口比；各级教育师资学生占比为小学、初中、高中、中专和普通高校老师和学生比。

5. *Bla* 代表各地区预算制衡的情况。

王银梅等（2013）[⑤] 认为：预算制衡体现分权制衡的思想，通过分权制衡机制能够使得预算编制权、预算执行权以及预算监督权之间形成有效的制约效应和

① 预算绩效是预算资金所达到的产出和结果。预算绩效管理强调预算支出的责任和效率。要求在预算编制、执行、监督的全过程中更加关注预算资金的产出和结果。产出一般是指预算资金在一定期限内提供的公共产品和服务情况，即资金效率；效果一般是指上述产出可能对经济、社会、环境等带来的影响情况，以及服务对象或项目受益人对该项产出和影响的满意程度等。

② 陈诗一、张军：《中国地方政府财政支出效率研究：1978—2005》，载《中国社会科学》2008 年第 4 期。

③ 代娟、甘金龙：《基于 DEA 的财政支出效率研究》，载《财政研究》2013 年第 8 期。

④ 李燕、王晓：《国家治理视角下我国地方财政透明对财政支出效率的影响研究》，载《中央财经大学学报》2016 年第 11 期。

⑤ 王银梅、楚雪娇、张亚琼：《分权制衡机制与政府预算约束》，载《宏观经济研究》2013 年第 7 期。

协作效应，从而能够硬化政府预算约束。可见，预算制衡作为一个抽象的政治概念，其体现为预算权力的制约与协作的内在机理，从而能够有效地强化预算约束。因此，预算约束效力是衡量预算制衡的重要指标。在中国式分权的背景下，政府预算存在着软约束现象。在实际的预算管理过程中，地方政府违规使用预算资金、对预算资金随意调剂使用、截留挤占的现象较为常见，这背后体现出了预算制衡的效力问题。为此，本书采用预算软约束指标来反映预算制衡的情况。郭月梅、欧阳洁（2017）[①] 认为：地方政府对预算资金的违规使用情况在一定程度上反映出了预算软约束的情况，采用地方政府预算资金违规使用金额占财政支出的比重作为预算软约束的度量指标。本书同样采取该方法反映各地区预算制衡的情况。

6. *Sys* 反映各地区预算治理体系的整体情况。

预算治理体系作为由预算法制、预算公开、预算绩效以及预算制衡所组成的综合性体系，其体现了各地区的预算治理能力。预算治理体系指标是上述四部分的有机结合。本书在预算法制、预算公开、预算绩效以及预算制衡度量指标的基础上，通过系数加权的方式生成了预算治理体系的数据。具体做法：通过模型（5－1）~（5－4）的回归，分别得到预算法制、预算公开、预算绩效和预算制衡的有关系数，然后将四部分系数值相加得出预算治理体系的总系数值。接下来，分别把预算法制、预算公开、预算绩效和预算制衡的系数值除以总系数值，再分别乘以各自的原始值，并将该值相加最终得出各地区预算治理体系的数值。

（二）控制变量

以上是有关核心变量的描述。除了核心变量之外，本书还包含其他控制变量，见表5－2。

表5－2　本书相关变量定义

核心变量		控制变量	
变量名称及符号	定义	变量名称及符号	定义
腐败（*Cor*）	各地区人民检察院每年的职务类犯罪立案数	财政分权（*Decent*）	各省地方财政支出占该省当年 *GDP* 的比重
腐败（*Cor1*）	各地区职务类犯罪中涉及的国家公职人员数量	工资（*Wage*）	各地区公共管理和社会组织人员平均工资水平

① 郭月梅、欧阳洁：《地方政府财政透明、预算软约束与非税收入增长》，载《财政研究》2017年第7期。

续表

核心变量		控制变量	
变量名称及符号	定义	变量名称及符号	定义
预算法制（*Law*）	每万人地方政府财税立法数	教育（*Edu*）	各地区大学生与地区总人口的比值
预算公开（*Ft*）	中国省级财政透明度指数	经济发展（*Dep*）	各地人均 GDP
预算绩效（*Ef*）	采用 DEA 模型，通过构建投入和产出指标测算而来	开放程度（*Open*）	各地区进出口总额占当地 GDP 的比重
预算制衡（*Bla*）	地方政府预算资金违规使用金额占财政支出的比重	民营化程度（*Pd*）	各地区城镇非国有单位就业人员数占城镇就业人员数比重
预算治理体系（*Sys*）	基于回归模型（5－1）~模型（5－4）中，各组成部分的系数值计算而来	政府规模（*Gs*）	预算内财政支出占当地 GDP 的比重

资料来源：根据本节内容绘制而成。

1. *Decent* 反映各地区财政分权的情况。

关于财政分权对腐败的影响，目前学界的看法不一。菲斯曼（Fisman）和加蒂（Gatti）（2002）[①]、潘春阳（2011）[②] 等学者认为财政分权会减少腐败的发生；而巴丹（Bardhan）（2002）[③]、吴一平（2008）[④] 等学者认为财政分权会进一步恶化腐败。关于财政分权的界定，不同学者采取不同的做法。本书借鉴刘朔涛（2017）[⑤] 的做法采用各省地方财政支出占该省当年 GDP 的比重来衡量该地区财政分权的程度。

2. *Wage* 代表各地区公务员工资。

工资是影响腐败的重要因素。范子英（2013）认为效率工资可以有效地缓解腐败[⑥]。本书借鉴潘春阳（2011）等[⑦]、黄寿峰和郑国梁（2015）[⑧] 的做法采用

① Fisman R and Gatti R Decentralization and Corruption: Evidence across Countries [J]. Journal of Public Economics, 2002, 83 (3): 325－245.

② 潘春阳、何立新、袁从帅：《财政分权与官员腐败——基于 1999－2007 年中国省级面板数据的实证研究》，载《当代财经》2011 年第 3 期。

③ Bardhan P. Decentralization of Governance and Development [J]. Journal of Economic Perspectives, 2002, 16 (4): 185－205.

④ 吴一平：《财政分权、腐败与治理》，载《经济学（季刊）》2008 年第 3 期。

⑤ 刘朔涛：《财政法治的反腐败效应研究——基于省级面板数据的实证分析》，载《财政监督》2017 年第 10 期。

⑥ 范子英：《转移支付、基础设施投资与腐败》，载《经济社会体制比较》2013 年第 2 期。

⑦ 潘春阳、何立新、袁从帅：《财政分权与官员腐败——基于 1999－2007 年中国省级面板数据的实证研究》，载《当代财经》2011 年第 3 期。

⑧ 黄寿峰、郑国梁：《财政透明度对腐败的影响研究——来自中国的证据》，载《财贸经济》2015 年第 3 期。

各地公共管理和社会组织人员平均工资水平来反映各地区公务员工资水平。

3. *Edu* 代表各地区教育水平。

教育对腐败的影响学术界的看法也不统一。潘春阳等（2011）[①]、万广华（2012）等[②]认为人力资本的积累有助于减少腐败的发生。而阿伦德（Ahrend，2002）认为，教育水平的提高，使得官员的反侦察能力提升，从而加剧了腐败。本书借鉴黄寿峰和郑国梁（2015）[③] 的做法采用各地区大学生与地区总人口的比值来刻画各地区的教育水平。

4. *Dep* 反映各地区经济发展水平对腐败的影响。

周黎安和陶靖（2009）[④] 论证了中国经济增长对腐败没有显著的影响。本书借鉴黄寿峰和郑国梁（2015）[⑤]的做法采用各地人均 GDP 来衡量各地区经济发展水平。

5. *Open* 代表地区开放程度。

艾德斯和特利亚（Ades and Tella，1999）[⑥] 认为贸易开放程度能够有效抑制腐败。本书同样借鉴黄寿峰和郑国梁（2015）[⑦]的做法采用各地区进出口总额占当地 GDP 的比重来衡量。

6. *Pd* 反映各地区民营化程度。

黄寿峰和郑国梁（2015）[⑧]认为民营化程度的提高有助于减少腐败。本书借鉴他们的做法采用城镇非国有单位就业人员数占城镇就业人员数比重来表示。

7. *Gs* 代表各地区政府规模。

周黎安和陶靖（2009）[⑨]认为政府规模过大是导致腐败的一个重要因素。为此，本书借鉴黄寿峰和郑国梁（2015）[⑩]的做法采用预算内财政支出占当地 GDP 的比重来表示。

二、数据来源及描述性统计

本书所采用的数据分别来自：第一，腐败数据。该数据来自历年《中国检察年鉴》中各地方人民检察院每年工作报告中的贪污罪、渎职罪等职务类犯罪立案数以及案件所涉及的国家公职人员数量。由于《中国检察年鉴》所公布的数据滞

---

① 潘春阳、何立新、袁从帅：《财政分权与官员腐败——基于 1999 - 2007 年中国省级面板数据的实证研究》，载《当代财经》2011 年第 3 期。

② 万广华、吴一平：《司法制度、工资激励与反腐败：中国案例》，载《经济学（季刊）》2012 年第 11 期。

③⑤⑦⑧⑩ 黄寿峰、郑国梁：《财政透明度对腐败的影响研究——来自中国的证据》，载《财贸经济》2015 年第 3 期。

④⑨ 周黎安、陶婧：《政府规模、市场化与地区腐败问题研究》，载《经济研究》2009 年第 1 期。

⑥ Alberto Ades and Rafael Di Tella. Rents, Competition, and Corruption [J]. American Economic Review, 1999, 89 (4): 982 - 993.

后两年，同时为了本书其他变量实证的需要，职务类犯罪立案数搜集的是2007～2013年的数据，职务类犯罪国家公职人员数搜集的是2008～2012年的数据。第二，预算法制数据。来自北大法意网“中国法律法规库”，通过在检索栏搜索财政法律统计而来，数据年份为2007～2013年。第三，预算公开数据。来自历年上海财经大学公共政策研究中心每年公布的《中国财政透明度报告》中的省级财政透明度数据，由于该报告数据发布的原因，2010年的数据并没有公布，故本书搜集的预算公开的数据包含的是2007～2009年、2011～2013年的数据。第四，预算绩效数据。各评价指标数据均来自历年《中国统计年鉴》，数据涵盖2007～2013年。第五，预算制衡数据。来自历年《中国财政年鉴》，数据同样涵盖了2007～2013年。第六，其他数据。财政分权数据来自历年《中国财政年鉴》，各地区人均工资、各地区教育水平、各地区经济发展水平、开放程度、民营化程度、政府规模数据分别来自历年《中国统计年鉴》和《中国财政年鉴》，数据涵盖2007～2013年。

表5－3是本书主要变量的描述性统计。本书的被解释变量腐败程度（立案数）在取对数值之后，最大值为8.089，最小值为4.836，均值为6.812。腐败程度（公职人员数）作为本书稳健性检验变量，其取对数值之后，变量最大值为8.338，最小值为4.682。本书的主要解释变量预算法制数值反映出各地区人均财税的立法数量和立法差别，最大值为3.336，最小值为0.146，说明各地区财税法制水平有一定的差别。预算公开数据，由于2010年数据的缺失，故最小值呈现为0，最大值为77.700，且平均值为24.410，这说明各地区之间的预算公开情况不一且差别较大。在预算绩效数据中，最大值为1.000，最小值为0.325，该数据的范围在0～1之间，1代表绩效最好、0代表绩效最差。预算制衡数据反映各地区预算约束的效果，从最大值与最小值的差别来看，各地区之间预算约束效力相差较大。本书预算治理体系综合数据，反映了我国当前各地区预算治理的情况，其中最大值为1.363，最小值为－3.058。在本书的控制变量数据中，各变量最大值与最小值差别较大，如经济发展水平数据中，最大值为9.761，最小值为0.729；财政分权中，最大值为6.300，最小值为0.500。

表5－3　　　　变量描述性统计

变量	变量含义	观察值	平均值	最小值	最大值	标准差
Cor	腐败程度（立案数）	210	6.812	4.836	8.089	0.737
*Cor*1	腐败程度（公职人员数）	150	7.058	4.682	8.338	0.733
Law	预算法制	210	0.705	0.146	3.336	0.707

续表

变量	变量含义	观察值	平均值	最小值	最大值	标准差
Ft	预算公开	210	24.410	0.000	77.700	14.650
Ef	预算绩效	210	0.661	0.325	1.000	0.166
Bla	预算制衡	210	0.070	0.001	0.636	0.094
Sys	预算治理体系	210	0.085	-3.058	1.363	0.838
Decent	财政分权	210	2.704	0.500	6.300	1.279
Wage	公务员工资	210	40000	20000	92000	15000
Edu	教育水平	210	0.015	0.003	0.033	0.007
Dep	经济发展	210	3.450	0.729	9.761	1.914
Open	对外开放程度	210	492.40	54.27	2591.00	597.60
Pd	民营化程度	210	0.011	0.001	0.044	0.009
Gs	政府规模	210	0.241	0.098	0.640	0.099

资料来源：根据有关变量数据，采用 Stata 12.0 软件生成。

第三节　研究结果与分析

一、实证结果与分析

本书利用 Stata 12.0 软件，进行面板回归。对腐败变量求对数，其余变量采取滞后一期的做法。方程（5-5）是在方程（5-1）~方程（5-4）的基础上生成的，为此本书将重点分析预算治理体系方程（5-5）的实证结果（见表 5-4）。

表 5-4　　实证回归结果

变量	回归结果				
	方程（5-1）	方程（5-2）	方程（5-3）	方程（5-4）	方程（5-5）
Law	-0.523*** (-10.90)				
Ft		-0.004** (-2.38)			

续表

变量	回归结果				
	方程（5－1）	方程（5－2）	方程（5－3）	方程（5－4）	方程（5－5）
Ef			－0. 416 * （－1. 79）		
Bla				0. 615 * （1. 72）	
Sys					－0. 451 *** （－11. 14）
Decent	0. 156 *** （4. 04）	0. 397 *** （9. 55）	0. 405 *** （9. 48）	0. 398 *** （9. 45）	0. 216 *** （6. 06）
Wage	－0. 000 *** （－3. 51）	－0. 000 （－1. 41）	－0. 000 （－0. 98）	－0. 000 （－1. 28）	－0. 000 ** （－2. 28）
Edu	－0. 006 （－0. 00）	11. 373 ** （2. 50）	12. 553 *** （2. 66）	11. 502 ** （2. 50）	－4. 982 * （1. 41）
Dep	0. 043 （1. 34）	－0. 084 ** （－2. 12）	－0. 090 ** （－2. 19）	－0. 081 ** （－2. 01）	－0. 007 （－0. 23）
Open	－0. 000 *** （－7. 19）	－0. 000 *** （－6. 74）	－0. 000 *** （－6. 57）	－0. 000 *** （－6. 70）	－0. 000 *** （－6. 87）
Pd	17. 907 *** （3. 47）	－0. 620 （－0. 10）	－3. 248 （－0. 48）	－0. 045 （－0. 01）	10. 689 ** （2. 16）
Gs	－0. 622 * （－1. 8）	－2. 959 *** （－8. 53）	－2. 542 *** （－6. 04）	－2. 877 *** （－8. 15）	－0. 463 （－1. 32）
Constant	7. 321 *** （63. 92）	6. 985 *** （46. 22）	6. 626 *** （22. 21）	6. 974 *** （43. 37）	6. 690 *** （57. 07）
R-squared	0. 896	0. 829	0. 826	0. 826	0. 898
r2_a	0. 891	0. 821	0. 818	0. 818	0. 893
F	182. 6	102. 7	101	100. 8	186. 4

注：1. ***、**、*分别表示1%、5%、10%的显著性水平；
2. 括号中为对应变量的标准误。

（一）预算治理体系构成部分回归结果分析

1. 预算法制（*Law*）。

在方程（5－1）中，预算法制的系数为负且在 0.01 水平上显著。这说明随着预算法律制度的逐步完善，能够有效地约束权力并抑制腐败。从数值上来看，在其他因素不变的情况下，每增加 1 件人均财税立法案，腐败就能够降低 0.523 个单位。也就是说，增加人均财税法律法规 10 件，可以使腐败程度降低 5.23 个单位。这一实证结果证明了本书所提出的 H1 研究假设：在其他条件不变的情况下，随着预算法律制度的逐步完善，能够限定政府预算权力，从而减少腐败的发生。这也同样佐证了寇铁军和胡望舒（2016）提出的增加财税立法数量能够显著地减少腐败发生率。事实上，近年来随着我国依法治国战略的逐步实施，预算法治水平逐渐提升，预算领域法制建设步入了“快车道”。财税法律法规的完善，明确了政府预算权力的运转范围，保障了权力在既定轨道中运转，防止权力僭越和权力懈怠，从而对抑制权力腐败起到了积极的作用。

2. 预算公开（*Ft*）。

在方程（5－2）中，预算公开的系数为负且在 0.05 水平上显著。这表明随着预算信息的公开，预算透明度逐渐提升，政府预算权力的运转曝光在阳光下，能够减少权力腐败的发生。从数值上来看，在其他因素不变的情况下，预算公开程度提升 1 个单位，能够降低腐败程度 0.004 个单位。实证结果证明了 H2 假设的合理性，同样该结果与李春根和徐建斌（2016）的实证结果相一致。“从理论上来看，政府官员的腐败主要是通过职能活动实现的，而每一项职能活动都离不开财政收支”。[①] 因此，预算信息公开，在权力监督与约束中扮演着重要的角色。如蒋洪和刘小兵（2009）所说：“财政透明度反映财政信息公开的程度，财政信息公开能够保证民众对财政资金用途和安排享有基本的知情权，知情权是民众对政府及其工作人员实行监督的前提和基础”。[②] 反之，如果预算信息不公开，民众就不能对政府的用权行为进行监督，这在一定程度上会引发腐败。

3. 预算绩效（*Ef*）。

在方程（5－3）中，预算绩效的系数为负且在 0.1 水平上显著。这表明随着全面预算绩效管理的实施，政府预算权力运转效率不断提升，公共利益得到有效地维护，进而减少权力懈怠和权力腐败的发生。从数值上来看，在其他条件不变的情况下，预算绩效提升 1 个单位，能够降低腐败 0.416 个单位。这一结果证明

---

① 李春根、徐建斌：《中国财政预算透明与地区官员腐败关系研究》，载《当代财经》2016 年第 1 期。

② 蒋洪、刘小兵：《中国省级财政透明度评估》，载《上海财经大学学报》2009 年第 2 期。

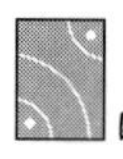

了 H3 假设的合理性。从腐败发生的根源来看，预算编制粗放，缺乏完整性；在预算执行中，预算资金支出透明度不高，随意性较大是造成腐败的重要原因。

4. 预算制衡（*Bla*）。

在方程（5－4）中，预算制衡的系数为正且在 0.1 水平上显著。这说明预算制衡能够有效地约束预算权力，腐败发生的概率也有所下降，这证明了 H4 假设的合理性。事实上，本书采用预算软约束指标来衡量预算制衡的效果，预算软约束体现预算制衡机制不完善没有发挥出应有的效果，所以导致政府在预算执行中，预算资金违规率偏高从而引发腐败。这里的逻辑是：预算制衡机制不完善——预算软约束——预算资金违规率偏高——腐败发生。这也从实证的结果中得到了印证，在其他条件不变的情况下，预算软约束提升 1 个单位，腐败发生将增加 0.615 个单位，换句话说，预算制衡效果差是腐败发生的重要原因。因此，如果预算制衡机制完善，就能够不断地强化预算约束，降低腐败发生的概率。事实上，正如王银梅等（2013）所说："强化对预算权力的监督，建立分权制衡机制，使得各权力主体之间相互制约，通过制约效应的发挥，能够强化对权力的监督，降低腐败发生的概率"。[①] 预算制衡强调通过权力和权利制约权力，从而实现各主体之间的分工与协作，能够有效地降低权力异化的概率。

（二）预算治理体系回归结果分析

在方程（5－1）~方程（5－4）的基础上，方程（5－5）为预算治理体系抑制权力腐败的实证结果。结果显示：预算治理体系的系数为负且在 0.01 的水平上显著。这说明，通过构建预算治理体系，能够促进国家与公民之间的良性互动，从而形成系统控权的治理格局。在系统控权的治理格局中，各主体能够有效地约束政府权力，进而能够抑制权力腐败。从数值上来看，在其他条件不变的情况下，预算治理体系约束权力的联合效力提升 1 个单位，就能够降低腐败 0.451 个单位。如果预算治理体系约束权力的联合效力提升 10 个单位，腐败就能降低 4.51 个单位，这样的比例，充分显示预算治理体系在腐败抑制中的巨大作用。这一结论也印证了 H5 的研究假设。

通过预算治理体系的构建，形成由预算法制、预算公开、预算绩效和预算制衡所组成的制度系统，并带动着预算问责能力、回应能力、担当能力和协商能力的提升，从而形成系统控权的治理格局。在系统控权的治理格局中，权力约束的效力得到了充分地释放：其一，"共振"效应的形成。"共振"效应体现在：预算法制通过立法、执法和守法，形成了政府部门权力的内在约束和外在约束的功

① 王银梅、楚雪娇、张亚琼：《分权制衡机制与政府预算约束》，载《宏观经济研究》2013 年第 7 期。

效；预算公开除了实现政府部门权力的自我约束之外，还强化了社会公众的外部监督效力；预算绩效通过约束权力的内部循环机制，强化了政府权力的自我约束，同时外部循环机制提升了权力的外部约束效果；预算制衡通过制衡机制和协作机制，进一步增强了对政府预算权力的外部监督效果。可见，在预算治理体系中内外约束效力得到不断的强化，从而形成权力约束的合力。其二，"聚力"效应的实现。主要体现在：以预算绩效为连接点，在充分发挥人大、财政部门、审计部门和社会公众各自的权力约束优势的基础上，将这些优势通过预算法制、预算公开、预算制衡聚合在一起，以实现约束权力的聚合效应。综上所述，预算治理体系展现权力约束的"共振"和"聚力"效应，从而能够有效地抑制权力腐败。

（三）控制变量回归结果分析

控制变量的回归结果，主要基于方程（5-5）的结果来进行分析。[①]

1. 财政分权。

从回归结果来看，财政分权的系数为正且在0.01水平上显著。这说明我国财政分权没有有效地抑制权力腐败，反而加剧腐败。这一结论也印证了吴一平（2008）的实证结论。在我国，财政分权之所以加剧腐败是因为地方政府容易与地方利益集团捆绑，加上权力监督和问责机制不完善，地方政府官员腐败现象更为常见。

2. 工资。

工资的系数为负且在0.05水平上显著。这说明工资的增长能够有效地抑制腐败的发生。这一结果也与范子英（2013）的结果相一致。公职人员工资的增长，能够满足个人欲望。当面对金钱诱惑时，公职人员会权衡腐败的机会成本，减少贪腐行为的发生。事实上，新加坡公务员实行的"高薪养廉"政策的机理也正是如此。

3. 教育。

教育的系数为负且在0.1水平上显著。这说明教育水平的提升能抑制腐败的发生。事实上，教育水平的提升能够强化公职人员的道德认知，内化为内在的约束效力，进而能够抑制权力腐败的发生。因此，教育水平的提升能对腐败产生负影响。

4. 经济发展。

经济发展的系数为负但不显著。这与周黎安和陶靖（2009）的实证结果相一

① 本书重点讨论预算治理体系系统控权的效果，因此，在分析控制变量时主要采取了方程（5-5）的回归结果，考虑到篇幅的限制，方程（5-1）~方程（5-4）中，有关各控制变量的分析在这里不再赘述。

致。这说明经济发展对腐败没有显著性的影响。事实上，无论经济发展处于什么水平，腐败现象总是存在，经济发展对腐败没有产生显著性影响。

5. 对外开放程度。

对外开放程度的系数为负且在0.01水平上显著。这说明贸易开放程度显著抑制腐败。这与艾德斯和特利亚（Ades and Tella，1999）的实证结果相一致。随着贸易开放程度的提升，政府寻租的空间减小，从而能够抑制腐败的发生。

6. 民营化程度。

民营化程度系数为正且在0.05水平上显著。这说明随着民营化程度的加深反而促进腐败的发生。事实上，在市场经济体制不健全的情况下，民营企业生存发展举步维艰，为了在与国有企业的竞争中博得先机，不得不采取贿赂政府官员的方式，来获得部分资源。因而民营化程度与腐败发生正相关。

7. 政府规模。

政府规模的系数为负但并不显著。这说明政府规模的扩大并不能够抑制权力腐败。事实上，政府规模的扩大，对于政策的执行力度将有所降低，从而权力运转效果较差。因此，并不一定能够减少腐败的发生。

二、稳健性检验

本书采用职务类犯罪国家公职人员数作为腐败数值的替代变量，对回归进行稳健性检验，检验结果见表5-5。其一，采用预算治理体系数据与职务类犯罪国家公职人员数据进行简单回归。回归结果显示：预算治理体系系数为负且在0.01水平上显著。其二，在预算治理体系数据与职务类犯罪国家公职人员数回归的基础上，引入上述7个控制变量进行回归。回归结果显示：预算治理体系系数依然为负，且在0.01水平上显著。通过稳健型检验，发现预算治理体系回归结果的系数和显著性并没有发生改变。这说明，预算治理体系的构建能够有效抑制权力腐败。

表5-5　　稳健性检验回归结果

变量	回归结果	
Sys	-0.738*** (-19.24)	-0.418*** (-8.29)
Decent		0.230*** (5.63)

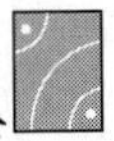

续表

变量	回归结果	
Wage		-0.000 (-0.98)
Edu		6.978* (1.77)
Dep		-0.006 (-0.15)
Open		-0.001*** (-7.85)
Pd		7.530 (1.29)
Gs		-0.805* (-1.84)
Constant	7.042*** (221.55)	6.900*** (49.47)
R-squared	0.719	0.889
r2_a	0.717	0.882
F	370.4	138

注：1. ***、**、*分别表示1%、5%、10%的显著性水平。
2. 括号中为对应变量的标准误。

第四节　研究结论

本章利用2007~2013年数据，采用面板回归的方法，对预算治理体系抑制权力腐败的效果进行实证检验。经过研究发现：通过预算治理体系的构建，能够促进国家与公民之间的良性互动，形成系统控权的治理格局。在系统控权的治理格局中，各主体能够充分发挥其约束权力的效能，进而能够有效地抑制权力腐败。因此，在实践中，我国政府应当注重预算治理体系的制度构建，为抑制腐败提供制度性保障。

其一，预算法制能够抑制腐败。从回归结果来看，预算法制与权力腐败之间是负相关的。近年来随着依法治国战略的逐步推进，我国预算法制建设步入快车道，预算法律法规体系正逐渐完善。通过预算法律法规的完善有效地约束了政府预算权力，进而抑制了腐败的发生。接下来，在注重预算法律法规体系完善的同时，更应当注重法律执行体系和问责体系的构建。唯有立法、执法和守法相统一，才能将政府预算行为纳入法治化轨道。

其二，预算公开同样能够抑制腐败。现阶段，我国政府预算信息公开已步入常态化，公开的预算信息越来越详细，更能全面反映政府权力运行，为公众监督政府行为提供条件，这对抑制权力腐败起着重要作用。然而，我国预算公开离预算透明的要求还存在一定的差距，这表现在回归结果上，虽然显著但仍有进一步提升的空间。因此在实践中应当更加注重预算信息公开的有效性同时注重信息反馈渠道的建设，进一步提升我国预算透明度。

其三，预算绩效在腐败抑制中也发挥着重要作用。现阶段，通过对预算支出进行绩效评价，能够提升预算资金的运用效率，在减少权力懈怠的同时实现抑制腐败的功效，但回归结果显示预算绩效在腐败抑制中的作用还可以进一步强化。因此，接下来在实践中应当注重实施全面预算绩效管理，进一步释放预算绩效对腐败的抑制功效。

其四，预算制衡能够起到约束预算权力并抑制腐败的功效。通过预算制衡发挥权力与权力、权利与权力之间的约束功效，从而能够抑制腐败，但回归结果显示我国当前在预算制衡上仍有进一步改进的空间，在制度建设中应当进一步提升人大、社会公众等主体的预算监督效力。

其五，预算治理体系能够有效地抑制权力腐败。回归结果显示预算治理体系抑制腐败的效果显著。通过预算治理体系的构建，形成由预算法制、预算公开、预算绩效和预算制衡所组成的制度系统，并带动着预算问责能力、回应能力、担当能力和协商能力的提升，从而形成系统控权的治理格局。因此，在接下来的实践中，我国政府应当注重预算治理体系的制度构建。

经过理论论证和实证的检验表明：预算治理体系的构建能够有效地约束政府预算权力。为此，在实践中，我国政府应当注重预算治理体系的制度构建，为廉政制度建设贡献力量。

第六章

我国预算治理体系的制度构建

理论论证和实证检验表明：预算治理体系的构建能够形成系统控权的治理格局，各主体能够充分发挥权力约束的“共振”和“聚力”效应，从而起到抑制权力腐败的效果。为此，我国应当注重预算治理体系的制度构建，为廉政制度建设提供新思路。本章将在充分借鉴域外国家预算治理体系构建经验的基础上，结合实证结论和具体实践，对我国预算治理体系进行制度构建。我国预算治理体系包括：其一，预算治理体系的价值导向；其二，预算治理体系的功能机制；其三，预算治理体系的协同机制；其四，预算治理体系的配套机制。

第一节　域外国家预算治理体系构建的经验与启示

抑制权力腐败是当今世界各国无法回避的共同话题。域外国家通过预算治理体系的构建来控制与约束预算权力，从而抑制腐败的经验尤为值得我们借鉴。

一、预算治理体系组成部分的构建经验与启示

（一）预算法制的经验与启示

通过完善的预算法律制度将政府预算行为纳入法治化的轨道，从而抑制权力腐败是发达国家的重要做法。

1. 建立完善的预算法律法规体系。

设立一套完善的预算法律体系来规约权力是发达国家的基本经验。从各国的实践来看，完善的预算法律体系是由宪法和专门的预算法律所组成。通过法律体系对预算权力和公民预算权利的边界进行了明确的规定。

（1）从宪法上来看。宪法是一国关于权力配置的根本大法。限制政府预算权

力，保护公民权利是现代国家宪法的重要内容。其一，关于公民预算权利的规定和保护。一方面，在保护公民私人财产权上。各国宪法均明确提出了尊重和保护公民的财产权，同时规定公民所应当承担的义务，在这基础之上通过税收法定原则对公民的财产权加以保护。如日本宪法第 29 条规定公民的财产权不受侵犯；第 30 条规定税收法定主义的原则，即国民有按照法律规定纳税的义务；第 84 条规定了税收的开征以及现行税种的变更必须由法律加以规定。从各国宪法来看（见表 6－1），税收法定大致包含三种模式：一是，明确代议制机关行使立法权；二是，明确规定税收必须以法律形式规定；三是，兼顾上述二者，既明确了税收立法的主体，同时也规定税收必须以法律的形式规定。另一方面，在保障公民预算知情权、监督权和参与权上。各国宪法一般是通过确定预算公开制度来保护公民的预算知情权和监督权。如法国宪法第 33 条规定除特殊情况和履行特定程序后，议会所有会议必须公开举行；美国《联邦宪法》第 1 条第 9 款规定关于公共财政资金的一切收支的项目和报告应当予以公开。在预算参与权上，很少有国家宪法直接加以规定，通常的做法是通过宪法规定人民主权原则或人民有权参与管理国家事务，至于采取何种形式则交由其他具体的预算法律予以规定。其二，关于预算权力的规定。各国宪法对代议制机关和政府预算权力进行了明确的规定，从而形成了以权控权的效力。一方面，在代议制机关预算权力的规定上。各国宪法基本确立了代议制机关预算中心主义，并对代议制机关的预算权力进行了明确的规定。各国宪法均确立了国家预算由行政机关编制并由代议制机关予以审批的宪政习惯。代议制机关通过审批政府预算草案，对政府形成有效的约束。代议制机关在预算审批中的权限不仅仅是同意预算草案，更重要的是对预算草案进行修正。从发达国家实践来看，在宪法层面赋予代议制机关预算修正权并予以一定的限制是重要的做法，如德国《基本法》第 110 条赋予了联邦议会预算决定权，同时为了避免联邦议会滥用预算修正权，德国《基本法》第 113 条规定联邦议会如果要增加预算支出或者减少预算收入必须征得联邦政府的同意。另一方面，在政府预算权力的规定上（见表 6－2）。在第二章中，图 2－2 反映了预算权力运转的情况，预算权力运转所要达到的目标在于实现公共利益。各国宪法通过明确规定政府预算权力的行使目的来实现约束效力。如日本宪法第 25 条规定政府的职责在于保障公民最低限度的权利，政府必须提高公民的社会福利；第 89 条规定公共资金的目的是为了公用，国家公款不得私用。同时，各国宪法也对政府预算编制权和执行权予以明确。如德国《基本法》第 114 条明确了政府拥有预算编制权和执行权；日本宪法第 73 条和第 86 条规定由内阁享有预算编制权。政府预算编制权和执行权在宪法上的明确，是合理配置预算权力的基础，也是实现以权力约束权力效力的根基所在。

表 6－1　　部分国家宪法中关于税收法定原则的规定

税收法定模式	国别	宪法条文
确定税收立法主体	乌兹别克斯坦	第 123 条：税收确定权属于乌兹别克斯坦共和国议会
	爱尔兰	第 21 条：财政法案只能由众议院提出
	保加利亚	第 84 条：税收由国民议会决定
	荷兰	第 104 条：国会决定课征税收
	马其顿	第 86 条：国会决议税收
规定税收以法律定之	意大利	第 23 条：不根据法律，不得规定任何个人税或财产税
	爱沙尼亚	第 113 条：国家税收、收费、关税、罚款以及强制保险金的支付由法律规定
	比利时	第 170 条第 1 款：国家税收利益仅可由法律规定
	波兰	第 216 条：为实现公共目标的财政资金应依照法律的规定收取和支出
	丹麦	第 43 条：非依法律不得征收、改变或撤销任何税收，非依法律不得征兵或举债
混合型	希腊	第 78 条：非经议会制定法律列明纳税主体与收入总量、财产类型，不得征税
	芬兰	第 3 条：议会决定国家财政；第 81 条：税收须以法律确定之
	西班牙	第 133 条：税收立法专属国会，并通过法律行使
	吉尔吉斯斯坦	第 13 条：税收权利属于议会，税种以法律规定
	马尔代夫	第 97 条：行政机关不得征税，议会制定的法律除外

资料来源：翟帅：《论我国〈宪法〉预算权配置制度及其完善》，中央财经大学博士论文，2016 年 4 月。

表 6－2　　部分国家宪法中关于政府预算权目的的规定

国别	宪法条文
也门	第 12 条：对赋税和公共费用的征收应尊重社会利益，实现公民间的社会公正
阿尔巴尼亚	第 59 条：国际在其宪法权及由其支配的各种措施之内对私人的自由和责任予以辅助，其目标为……
爱尔兰	第 11 条：国家的一切收入……，并承担法定的费用和责任
白俄罗斯	第 21 条：每个人都有权享有应有的生活水平，包括有足够的饮食、服装、住房以及满足这种生活水平所必要的条件……，国家应保障之
俄罗斯	第 7 条：国家政策旨在创设条件以保证人能有尊严地生活和自由地发展

资料来源：翟帅：《论我国〈宪法〉预算权配置制度及其完善》，中央财经大学博士论文，2016 年 4 月。

（2）从预算法律上来看。回应预算改革中的现实需要，顺势而为，通过逐步健全和完善预算法律来约束政府预算权力是西方现代国家重要的治理经验。以现代预算制度日臻成熟的美国为例。美国预算法律体系是随着预算治理的发展而逐步完善的，每一个法案的出台都是经济和社会发展的产物。根据不同时期的现实需要，适时制定和修改有关预算法律法规从而不断健全预算管理制度，强化对政府预算权力的约束效力。从 1776 年至 20 世纪 30 年代，在小政府、大社会的经济管理背景下，1870 年《反超支法》和 1921 年《预算与会计法》颁布的目的在于：通过加强预算收支管理，防止政府规模不断膨胀，减少对经济的干预；20 世纪 30 年代至 20 世纪七八十年代，随着国家干预经济的职能逐步加强，总统在预算编制中逐渐成为主导并开始干预预算执行，为控制总统的预算管理权，1974 年制定了《国会预算和截留控制法》。该法规定了总统推迟预算执行和截留预算执行的条件及程序，对于限制总统预算权力起到了积极作用。20 世纪 80 年代后期，面对高额的财政赤字，1985 年《平衡预算与赤字控制法》和 1990 年《预算执行法》的颁布，便是国会控制财政赤字、限制政府规模的产物。20 世纪末期，以绩效管理为特征的政府管理模式在全世界兴起，1993 年《政府绩效与结果法案》就是绩效管理模式下的立法产物。

2. 构建严格的预算法律实施体系。

构建严格的法律实施体系，硬化预算约束并控制腐败是现代国家又一重要的治理经验。

（1）政府部门严格按照法律的规定执行预算。美国通过法律制度的完善构建了严格的预算管理程序，从预算编制、预算执行到预算监督都有相应的规范流程。“从预算程序上看，从总统提出预算编制的时间和程序，到总统向国会提交预算草案，以及总统收到国会预算决议，各个程序和环节法律上都有明确的规定”。[①] 同样，新加坡法律对政府预算权力进行了严格的规定，包括政府预算编制、预算执行等各个环节，并对各部门的权限也做出了详细的说明。完备的预算流程为政府部门严格执行预算奠定了良好的基础。在严密的预算流程下，政府部门严格按照法律的规定执行预算，从而硬化了预算约束，防止腐败的发生。

（2）社会公众有效监督政府的预算执行。社会公众积极监督政府预算执行，有效地规范和约束了政府的用权行为。新加坡预算刚性约束除了体现在严密的预算程序上，还离不开社会公众的监督。预算草案向议会提交前需要接受社会公众的监督，同时，在社会公众的监督下政府部门必须严格按照批准的预算执行，不得随意改变。

① 美国预算法律制度考察团：《美国预算法律制度的特点及其启示》，载《中国财政》2011 年第 16 期。

3. 建立有效的预算法律问责体系。

构建多元的预算问责体系是发达国家规范政府预算执行的有效手段。具体而言：

（1）充分发挥立法机构和审计部门的预算问责效力。建立专门的预算监督机关，来规范和约束政府预算权力是各国的普遍做法。当前在该机关的隶属关系上，存在着立法型、司法型、行政型以及独立型四种模式。其中行政型预算监督模式是将审计部门隶属于行政机构，受制于行政部门，因而无法真正发挥应有的作用故较少被采纳。立法型监督模式是将审计部门隶属于代议制机关，对代议制机关负责，进而能够充分发挥立法机构和审计部门的预算监督和问责效力。立法型监督模式受到了现代预算发源地英国和发扬地美国的推崇。英国议会在1866年通过《国库与审计部法》，宣告了世界上第一个立法型预算监督模式诞生；美国1921年《预算与会计法》将审计部门隶属于国会，对审计总署的职责、权限、机构设置、人员任免等做出了详细的规定。

（2）构建纳税人诉讼制度，保障社会问责效力。纳税人诉讼制度是抑制腐败的重要方法。美国长期的纳税人诉讼制度实践经验值得借鉴。纳税人诉讼在美国州与地方被广泛授予，其主要经验包括：一是，成熟原则的确定。纳税人不能仅仅声称政府的财政行为没有获得他们的同意，具体的财政项目证明案件是获得审查的重要条件；二是，前置程序的设置。纳税人在进行诉讼前应该先向违法的政府官员或部门提出申请，只有在遭到拒绝后才可以向法院提起诉讼。

（二）预算公开的经验与启示

通过将预算信息公开，不断提升财政透明度进而抑制腐败，是域外国家在预算治理中的重要做法。

1. 保障公开信息的有效性，实现权力的自我约束。

要通过预算公开实现权力的自我约束，保障公开信息的有效性是前提。从各国的实践来看，在保障信息有效性上的经验主要包括：其一，预算信息全面完整。从美国和新加坡公开的预算信息来看，内容十分全面，涵盖了政府的全部收入和支出，同时不仅将之前的信息公布出来方便社会公众进行纵向比较，而且还将各部门之间的信息也公布出来方便社会公众进行横向比较。其二，预算信息通俗易懂。预算信息的公开并不是政府部门将信息“挂出来”就可以了，而是应该真正做到让社会公众看得懂、看得明白。新加坡预算信息公开采取图片、文字、表格、视频等方式，全方位、多角度地向社会公众传递预算信息。同时，为了让公众更加了解预算，更是把预算过程、预算管理甚至预算案审议讨论的全文报告公布出来供公众阅读。其三，预算信息公开的及时性。预算信息需要及时地向社会公开，如果拖延太久就失去了信息公开的意义。在这点上，美国对预算公开的时间做出了详细的规定，每年预算信息也是在第一时间向社会公布以保证时效。

2. 及时回应社会关切，有效发挥社会公众的监督效力。

除了保障预算信息的有效性之外，及时回应社会关切，充分保障公民的预算知情权，进而有效发挥社会公众的监督效力，也是各国在预算公开中的重要经验。美国政府每年都会将所有的预算正式文件通过互联网、新闻媒体等向社会公布，并采取多种形式及时回应社会公众的预算疑问，如通过广播、电视等形式。新加坡政府在预算回应上，除了采取传统的信息传播媒介外，还采用了脸书、推特等现代通讯方式。

（三）预算绩效的经验与启示

以预算绩效管理为契机，形成不断提升权力约束效果和预算治理效应的内外循环机制，防止权力异化并杜绝权力懈怠是域外国家又一重要的治理经验。

1. 内部循环：以绩效提升用权效率，减少浪费。

通过不断强化预算绩效管理，形成不断提升权力运转效率的内部循环机制是域外国家的重要做法。新加坡作为清廉国家之一，这方面的经验值得借鉴：一方面，建立科学有效的绩效评估机制。在新加坡，通过建立科学有效的评估机制，有效地提升了政府部门预算权力的运转效率，强化了政府部门的责任意识，如在新加坡预算绩效评价中，资本化成本指标的设立在预算权力监督中发挥了重要的作用。该指标反映了政府部门利用资源的实际效果，为了不断优化该指标，各部门必须正当、努力地行使预算权力增加收入。另一方面，定期进行绩效考核。为了提高财政资金的使用效率，杜绝浪费和防止腐败，新加坡每年都要对各部门的预算执行情况进行绩效考核。程序在于：各部门向审计署提交年度绩效报告，审计署对各部门的报告进行审计，并在此基础上形成政府预算执行报告提交国会审议。值得一提的是，在绩效评价结果运用上，新加坡将预算绩效评价报告作为财政资金安排的重要因素，从而有效地减少了预算资金浪费的现象。

2. 外部循环：以绩效带动治理防止权力腐败。

以绩效为连接点提升立法机构、审计部门、社会公众的权力约束效能从而抑制权力腐败是域外国家预算绩效管理的重要经验。一方面，在预算绩效信息公布上。以绩效管理带动治理效应的提升，其关键点在于预算绩效信息的有效公布。新加坡财政部门每两年会定期公布新加坡公共部门成果检查报告，从而反映各部门的支出成果。以 2016 年新加坡成果检查报告为例。该报告总共包括五大核心内容，分别是：所有人的机遇、更多社会关怀、可爱的家园、一个安全可靠的新加坡、善治与国家建设中的新加坡。每个部分都包含详细的分类指标，对新加坡公共部门过去两年的财政支出进行效果评价。例如在可爱的家园中，包括了交通、环境、住房、水供应等指标，详细描述了过去两年中各部门公共支出的情况以及取得的成绩。另一方面，在联动效应上。美国政府预算绩效不论是在理论研究上还是实践上都拥有丰富的经验。美国正是以绩效管理为契机，带动各主体在权力约束中联合发力。美国绩效管理形成了政府力推（1992 年克林顿政府将绩效预算作为政府改革的核心）、专门机构负责（1993 年政府成立国家绩效评估委员会负责绩效预算的监管和执行）、国会迅速立法（1993 年国会颁布《政府绩效与结果法案》）、国会会计总署严格评价（国会会计总署负责对联邦政府各部门实施绩效的评价）等多主体共同发力的治理效应。①

（四）预算制衡的经验与启示

三权分立是西方国家权力制约的重要实践，这与我国的政治制度并不相同。我国是在中国共产党领导下的分工与协作的预算权力结构，为此，三权分立并不值得我们借鉴，但其中的制约与合作效应值得思索。

1. 制约效应上。

立法机构在预算权力结构中应该发挥重要的作用。在美国，宪法确定了国会在预算权力结构中的重要地位。从美国现代预算发展的历程来看，国会始终扮演着重要的角色。自宪法颁布到 20 世纪初的绝大部分时间里，国会在预算实践中占据主导地位，总统虽然拥有一定的行政权，但总的来看，总统更多的是执行国会制订的法律。虽然 20 世纪后，国会的权力已大大削弱，但国会作为三个重要的部门之一，依然是约束总统权力的重要力量。

2. 合作效应上。

充分保障公民预算参与权，提升预算参与能力，是域外国家重要的经验。在新加坡，公众可以全过程参与到预算中，从而全方位地对政府预算权力进行监督。在预算编审阶段，预算草案在提交国会审议时，就要接受社会公众的质询；在预算执行阶段，政府预算执行的相关信息可以在网站上找到并且内容详细，涵盖了有效的对比数据，从而便于接受公众监督；预算执行的绩效评估同样也要受社会监督。在新加坡，政府的全部收入都来源于预算，通过将整个预算过程向社会公开，任何滥用预算权力的行为都被公之于众，接受社会各界的监督，从而能够有效地约束权力，杜绝腐败的发生。在美国，公民拥有提案权可以针对攸关自身利益的预算案，通过法定程序上升为具有法律效力的议案，同时，美国公民还可以通过各种组织积极参与到预算中，充分发挥公民的预算监督效力。

---

① 肖鹏：《美国政府预算制度》，经济科学出版社 2014 年版。

二、预算治理体系的构建经验与启示

纵观发达国家预算治理体系的构建经验，无论各个国家采取什么样的财政体制，其发展趋势基本趋同，即形成系统控权的治理格局。这个治理格局由立法机构、财政部门、审计部门和社会公众等共同组成。在系统控权的共治框架中，各主体充分发挥着各自的优势，有效地约束政府预算权力进而抑制权力腐败。

首先，从立法机构来看。充分发挥立法机构在以权控权模式中的功效是各国的普遍做法。日本国会审议、批准预算草案，一经国会批准的政府预算草案不得进行调整，如需调整要重新经议会审议批准，同时，日本国会拥有缩减财政支出规模的权力。美国国会通过介入预算流程来约束行政部门的预算权力，同时设置了完备的预算监督机构，如预算委员会、拨款委员会、拨款小组委员会、国会预算局和审计总署等来监督政府的预算行为。

其次，从财政部门来看。在系统控权格局中财政部门充分发挥专业化的监督优势。在法国，财政部门不仅直接参与预算收支的管理过程，而且通过设置财政总监、公共会计、税务稽查等监督机构实现对政府财政收支过程的专业监管。

再其次，从审计部门来看。保持审计部门的独立性，充分发挥其在系统控权中的优势是各国的普遍做法。瑞典的国家审计署具有较强的独立性，在进行预算审计时，可以在各个政府部门、公共机构设立办事机构，对预算执行情况进行监督。在日本，会计检察院负责对预算进行监督，其主要的职责在于审计中央财政收支和国有资产经营活动且偏重于对财政支出进行审计。

最后，从社会公众来看。社会公众在系统控权的治理格局中发挥着重要的作用。瑞典的财政透明度很高，且贯穿于预算管理的全过程，这有利于吸引广大社会公众积极参与到预算监督中来，从而充分发挥其应有的控权职能。在日本，社会公众对监督政府预算行为，防止权力腐败同样大有裨益。

第二节　我国预算治理体系的价值导向

“中学为体，西学为用”。对于西方预算治理体系的构建经验，我们应当取其精华、去其糟粕，在充分借鉴国外成熟经验与做法的基础之上，构建具有中国特色的预算治理体系。具有中国特色的预算治理体系须在正确价值观的指引下构建和运行。党的领导、人民当家作主、依法治国以及三者的有机统一，是我国 40 多年改革开放取得成功的宝贵经验，这势必是保障我国预算治理体系有效运转的

价值导向。

一、必须坚持党的领导

三权分立是西方权力制约思想的核心。与西方不同，我国预算权力的配置以及各主体预算职能的发挥是在党的领导下进行的。唯有坚持党的领导，才能保持正确的政治方向；唯有坚持党的领导，才能充分发挥各主体分工与协作的约束效能。中国共产党的领导是预算治理体系控权功能发挥的最大优势。

国家治理体系和治理能力现代化，是中国共产党领导下的现代化。预算治理体系是党领导下的预算制度。该体系各项制度的完善，各主体控权功能的发挥都是贯彻落实党中央路线方针政策的具体化，必须自觉维护党中央权威和集中统一领导，旗帜鲜明讲政治。预算治理体系的制度构建，必须自觉地在思想上、行动上与党中央保持高度一致；该体系相关制度的完善，从思路酝酿、政策设计、方案出台到落实落地，都要坚决服从党中央工作大局，确保各项改革工作始终坚持正确的政治方向。

二、必须坚持人民当家作主

精英主义和政治冷漠是西方国家代议制民主发展过程中所面临的政治困惑。与西方国家不同，我国是工人阶级领导的、以工农联盟为基础的人民民主专政的社会主义国家，国家的一切权力属于人民，因此，西方国家民主发展过程中的政治困惑在我国并不存在。始终坚持人民的主体地位，充分发挥人民的作用是发扬社会主义民主的要求，也是预算治理体系应当坚持的重要原则。

预算治理体系的制度构建，必须体现人民的意志、保障人民的权益、激发人民的创造活力；必须最大限度地满足社会公众的需要，保障人民的知情权、参与权、表达权、监督权；必须充分体现有事好商量，众人的事情由众人商量的人民民主真谛。推进预算制度改革，唯有充分发扬社会主义民主，才能确保各项改革有持久的动力。

三、必须坚持依法治国

全面依法治国是中国特色社会主义的本质要求和重要保障。必须把党的领导贯彻落实到依法治国全过程和各方面，坚定不移走中国特色社会主义道路，完善以宪法为核心的中国特色社会主义法律体系，建设中国特色社会主义法治体系，建设社会主义法治国家，发展中国特色社会主义法治理论，坚持依法治国、依法执政、依法行政共同推进。

依法治国是实现国家治理体系和治理能力现代化的必然要求。预算改革必须要坚持法治化的方向，将政府预算行为纳入法治轨道。要严格按照《宪法》《预算法》《监督法》等法律法规的规定，进一步改革和完善预算管理制度。同时，预算改革过程中积累的成熟经验、成熟的做法，也要通过起草、修订相关法律法规，提升其法律层次，完善法律制度，不断推进预算管理的科学化、民主化、法治化。

四、必须坚持党的领导、人民当家作主、依法治国的有机统一

党的领导是人民当家作主和依法治国的根本保证，人民当家作主是社会主义民主政治的本质特征，依法治国是党领导人民治理国家的基本方式，三者统一于我国社会主义民主政治的伟大实践。人民代表大会制度是坚持党的领导、人民当家作主、依法治国有机统一的根本政治制度，必须长期坚持、不断完善。要支持和保证人民通过人民代表大会行使国家权力。发挥人大及其常委会在立法工作中的主导作用，健全人大组织制度和工作制度，支持和保证人大依法行使立法权、监督权、决定权、任免权，更好发挥人大代表作用，使各级人大及其常委会成为全面担负起宪法法律赋予的各项职责的工作机关，成为同人民群众保持密切联系的代表机关。

推进预算治理现代化离不开人民代表大会制度，预算民主和预算法治的实现都要依赖人民代表大会制度。要充分发挥人大在预算治理中的作用，改进人大的工作方式，健全人大组织制度，强化人大的预算监督效力。唯有推动人民代表大会制度与时俱进，强化人大在预算治理中的地位，才能积极有序地推进预算治理现代化。

第三节　我国预算治理体系的功能机制

预算治理体系的核心是充分借鉴国外经验，在价值导向的引领下形成健全的功能机制。预算治理体系的功能机制由两部分组成：一是制度系统，二是能力系统。制度系统是由预算法制、预算公开、预算绩效和预算制衡四部分组成。通过四部分的相互整合，能够使预算权力在高密度的规则体系下理性运转。除此之外，一个良好的预算治理，还需要治理主体联合努力，凝聚各方主体能够认同和

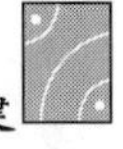

接受的预算共识，充分增强多元治理主体的认同感和归属感，这充分体现了预算治理能力系统的重要性。预算治理体系的功能机制就在于通过制度系统的相互交融和相互作用，不断提升预算治理能力，从而形成系统控权的治理格局，彻底释放预算治理体系约束权力，抑制腐败的功效。结合我国实践，预算治理体系功能机制的构建路径应当包括以下几方面的内容。

一、预算法制：限定政府权力，提升问责能力

从理论上来看，预算法制位于预算治理体系的基础层，其功能在于：限定政府预算权力，提升问责能力。上述功能的实现依赖于完善的预算法律制度，即预算法律法规体系、预算法律法规实施体系和预算问责体系。从实践来看，正是由于当前我国预算法律制度的不完善——预算法律法规体系、预算法律法规实施体系和预算问责体系的不健全，从而使得权力没有受到有效地约束。同时，在第五章的实证检验中，方程（5－1）的回归结果显示：预算法制的系数为负数且在0.01水平上显著，这表明通过法律制度的完善能够将政府预算权力纳入法律规范下，从而防止其膨胀，进而起到抑制权力腐败的效果，接下来在制度构建中，除了进一步完善预算法律法规体系之外，还应当注重健全预算法律实施体系和预算问责体系，这样才能将政府的预算行为逐步纳入法治化的轨道。综合理论和现实因素的考量，结合我国具体的实践，预算法制的完善应当包含如下内容。

（一）完善预算法律法规体系：限制政府权力

1. 在《宪法》上明确预算权利与预算权力的边界。

《宪法》是一部关于公民基本权利和国家权力建构的根本大法，在规范公权力运转中起着根本性的指导作用。从我国目前《宪法》法律条文上来看，关于预算权利和权力的条文配置较少。

（1）关于公民预算权利的规定。在宪法层面明确公民的预算权利与税收法定原则是西方国家预算法制构建的重要经验。我国《宪法》第2条规定国家的权力来源于人民，从理论上来看，作为权力的来源，公民的预算权利应该是开放的。现代预算在发展过程中越来越体现出技术性强的特征，因而公民不可能参与预算管理的全过程，但基于公民私有财产不受侵害的权利，公民应当享有预算监督权、知情权、参与权等。从我国宪法来看，关于公民预算权利的规范并没有直接的规定：其一，《宪法》第13条规定公民合法的私有财产不受侵犯；第56条规定公民有依照法律纳税的义务。从这两条中，可以推出税收法定的原则，但从我国税收立法实践来看，宪法税收法定原则仍比较空洞，尚需进一步明确。其二，

《宪法》第2条第3款规定，人民能够依照法律，参与管理国家的各项事务。这里当然可以推导出公民也能够参与预算管理，因而公民的预算参与权是有宪法基调的，至于公民应当如何参与、怎么参与等具体程序设计问题应有《预算法》予以说明，但现行《预算法》对于公民参与预算的规定付之阙如。其三，《宪法》第27条第2款规定国家机关和工作人员要倾听人民的意见，接受人民的监督；第41条规定公民对所有国家机关和工作人员，有批评和建议的权力。这两条可以推出公民享有预算监督权和知情权，但同样没有明确提出。

（2）关于预算权力的规定。从宪法上明确代议制机关与政府的预算权力，从而充分发挥二者的控权功效同样也是西方现代国家预算法制构建的重要经验。从我国来看。其一，《宪法》关于人大预算权力的规定显得较为含糊。《宪法》第62条第11项规定：全国人大拥有审查和批准国家预算和预算执行情况报告的权力；第67条第5项规定：全国人大常委会审查和批准国家预算在执行过程中所必须作的部分调整方案。全国人大作为我国最高的权力机关，在预算权力结构中的预算权威应当是最高的。从条文字面上来看，全国人大“批准”预算，是否意味着人大只能“批准”预算而不能对预算做出处理，换言之，人大是否就只能“被动批准”预算。实践中，尚无国家预算遭到否绝的情况。《宪法》上的含糊，造成了实践中人大预算权力成为“橡皮图章”的印象。其二，在政府预算权力的规定上不清晰。国家存在的职责在于维护社会公共利益、增进社会福利，为此，获取相应的财政收入是应有之意。《宪法》第13条、第19条、第21条等条款对政府的义务进行了规定，即国家有保护公民私人财产权和继承权的义务，国家有发展教育、医疗等社会事务的义务等，但国家以什么样的形式获取相应的预算收入发展上述事业，我国《宪法》并没有明确表述。同时，我国《宪法》第89条第5项规定了政府负责编制和执行国家预算的权力，虽然在这一点上进行明确，但依然不能充分地体现分工与协作的理念。表现在实践中行政部门内部分工与协作效果不佳，部门预算制度改革、国库集中收付制度改革、将预算外资金纳入预算管理改革等是在矛盾已经深化的情况下不得不进行的改革。

由于我国《宪法》上对预算权利和预算权力缺乏明确的规定，从而在实践中弱化了对政府预算权力约束的效能。因此，建议在以后的《宪法》修订中应当进一步明确预算权利和预算权力的边界。首先，在公民预算权利上。应当用条文明确提出公民享有的预算参与权、预算知情权、预算监督权，这为《预算法》相关机制的设定奠定坚实的宪法基础。其次，在预算权力上。一方面，应当明确人大预算审批权的含义，同时落实税收法定原则，清理各项有违税收法定原则的规范性文件，将各种以行政法规形式存在的税收实体法逐步上升为法律。通过上述措施在《宪法》层面为人大更好地履行预算职责约束政府部门预算权力奠定基

础。另一方面，《宪法》有必要对政府预算权力的具体行使和分工进行明确，形成财政部门负责预算执行和监督，其他政府部门负责预算收入与预算支出编制的局面。

2. 出台“财政基本法”明确财政法定和财政民主原则。

“财政基本法”是对财政活动的各项基本事项、基本原则作出规定的法律规范，是统领财政法律体系的重要法律文件。从我国的立法实践来看，《宪法》中并没有对财政法定原则进行明确的规定，我国“财政基本法”尚未出台，虽然《预算法》承担了一部分基本法的功能，但总的来看《预算法》是一部程序法，很难胜任基本法的角色。体现在实践中，无论是预算“进口端”还是预算“出口端”均没有坐实财政法定，导致权力没有受到有效的约束，进而为腐败现象的发生提供制度激励。

纵观发达国家的法治经验，财政基本法律规范在各国广泛存在，只是形式不同。有的国家在宪法、基本法中体现，如德国《基本法》中第十章对财政基本制度进行了规定；有的国家通过制定专门的基本法进行明确的规定，如日本在《财政法》和《地方财政法》中体现。借鉴国际经验，考虑到财税法律体系尚不健全的现状，我国应当出台专门的“财政基本法”就有关财政基本规范问题进行规定，在其中应当明确财政法定原则和财政民主原则。财政法定原则，强调财政收支程序法定化，从而有利于保证政府收支行为规范、透明，减少“越位”和“错位”现象以及腐败的发生；财政民主原则，强调由人民代表大会决定是否收入、如何收入、是否支出、如何支出、支出多少等，从而保障人民对财政收支的监督。

3. 增强《预算法》控权与授权效能的发挥。

《预算法》在第1条开宗明义地表明立法目的是：“规范政府收支行为，强化预算约束，加强对预算的管理和监督”,[①]“控权”成为《预算法》的核心功能。较于旧法，新《预算法》对多个条款进行修订完善，其中就预算的编制、审批、执行、调整等预算程序做出详细的规定，流程上也更加严格规范。[②]但《预算法》存在过多的授权性条款，这模糊了政府预算权力的边界，进而影响《预算法》“控权”功能的发挥。如《预算法》第4条规定，政府的全部收入和支出都应当纳入预算；第5条规定了“全口径”预算的范围；然而，《预算法》第9、10、11条仅对政府性基金预算、国有资本经营预算和社会保险基金预算的收支原则进行了规定；第28条则将上述三本预算的收支范围授权于国务院执行。这

---

① 《中华人民共和国预算法》，中国法制出版社2018年版。

② 相关法条在2014年《预算法》中进行了修订，2018年《预算法》未发生变化。

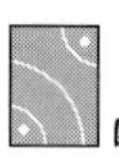

三本预算作为“全口径”预算的重要组成部分，将其收支范围以授权立法的形式授予政府部门，可能导致预算不能全面反映政府的全部收入，模糊了“全口径”预算的范围。《预算法》是关于预算编制、审批、执行以及调整的重要法律法规，有关条文是对预算程序的基本性规定。虽然《预算法》相关条文的规定并不能做到面面俱到，需要《预算法实施条例》予以补充，因此，必要且合理的授权性条款的存在，有助于进一步完善与落实《预算法》，但过多的授权性条款却使得行政机构借此获得更大的预算权力，从而违背了《预算法》作为“控权”法的立法初衷。

顺势而变是现代预算发扬地美国在预算法制构建上的重要经验。在当前，治理理念正式纳入官方和大众视野的背景下，适时修订《预算法》成为当前回应经济社会发展的必然举措。《预算法》如何才能真正肩负起控权法的重任从而体现对政府预算权力的控制，这需要结合《预算法》的授权性的基因。事实上，《预算法》应被定位为双性联结体，既是一部授权法的典范，也是控权法的代表。就控权性而言，预算制度体系的构建应当更多地体现控权性，加大人大在预算权力体系中的影响力，从而彻底唤醒人大的控权效能。就授权性而言，重点对公民予以授权，赋予公民在预算治理过程中的预算知情权、话语表达权、协商参与权、预算监督权，通过外部性的预算授权，将其融入预算治理实践中，逐渐形成一股强大的倒逼力量，从而反向促使预算法控权性的发挥，最终实现预算共治的动态平衡。①

（二）健全预算法律实施体系：硬化预算约束

在做到有法可依的基础上，更为重要的是要做到执法必严。为此，要做到：

1. 促进《预算法》的有效落实。

控制与约束权力是预算治理体系构建的目标。《预算法》就政府预算编制权、执行权、决算权的用权范围，程序和职责进行了明确的规定，这对控制与约束政府预算权力具有重要的导向作用。② 但在预算实践中，有些政府部门在用权过程中出现突破法律规定的行为，这是对《预算法》的公然挑战。加快落实《预算法》的相关规定是当前重要的工作内容。落实《预算法》的相关规定涉及到错综复杂的利益关系，是对各级政府部门既有工作模式的挑战。为此，各部门要始终坚持正确的方向，以问题为导向，坚持整体推进和重点突破的思路，重构原有的工作模式，将政府部门预算权力的运转切实纳入法律法规的轨道中。

---

① 蒋悟真：《预算公开法治化：实质、困境及其出路》，载《中国法学》2013 年第 5 期。

② 相关法条在 2014 年《预算法》中进行了修订，2018 年《预算法》未发生变化。

2. 强化预算法治理念，树立为人民服务的意识。

要防止预算权力运转过程中跨越边界，硬化预算约束，还需要政府部门形成有效的法治理念和服务意识。其一，需要不断强化预算法治理念，树立对法律的敬畏感。预算法治理念，实际上是将法律条文的硬性约束内化为预算主体的自我约束，真正从权力主体潜意识里形成“不敢僭越”的效应。强化预算法治理念需要改变传统的“管理”思维。《预算法》第1条，从立法目的上对预算法治理念进行重构。以此为契机，政府部门必须改变以往作为预算管理者的施政态度，取而代之的应该是一种责任意识、包容意识。这需要加强对《预算法》立法理念的学习，通过组织学习与培训的方式，从根本上了解“去管理化”的法律真谛。其二，需要树立起为人民服务的意识，做到敬畏人民。人民是国家的主人，政府官员是人民的公仆。因此，在用权过程中要树立起为人民服务的意识，须时刻牢记：政府预算权力来自于人民的授权，权力行使是在为人民服务，不能做有损人民公仆形象的用权行为，要时刻敬畏人民。

3. 加快形成“以法治权”的社会氛围。

“以法治权”的社会氛围强调：预算活动的所有参与者都应当遵守法律、捍卫法律，并逐步培养法治社会所崇尚的民主、责任、协作等理念。纳税人作为预算活动的重要参与者之一，应当善于在法律的框架之内监督政府的用权行为，捍卫财经纪律，硬化预算法律的刚性约束，避免政府预算行为偏离法律所规定的范围。重视和发挥社会公众在监督政府预算权力中的效能，同样也是西方现代国家重要的治理经验。

可见，要充分发挥社会公众的效能，法律的信仰是十分重要的。党的十八届四中全会通过的《关于全面推进依法治国若干重大问题的决定》指出：“法律的权威源自人民的内心拥护和真诚信仰”。[①] 为此，唯有加快形成“以法治权”的社会氛围，在社会公众心中真正树立起法律的权威，才能为社会公众发挥监督政府权力的效能奠定基础。

（三）构建有效的预算问责体系：提升预算问责能力

预算问责能力是指各问责主体能够对违背预算法律法规、滥用预算权力的执行者进行惩罚的能力。预算问责可以有效地约束政府的收支行为，确保预算最大限度地“取之于民，用之于民”。因此，预算问责是预算治理的重要内容，对于约束政府预算权力具有十分重要的现实意义。

---

① 《中共中央关于全面推进依法治国若干重大问题的决定》，2021年4月13日，https：//m. thepaper. cn/baijiahao_12190184。

预算问责能力的提升要依赖有效的预算问责体系，现代预算治理要求构建多元的预算问责体系。“徒法不能自行”，只有通过多元预算问责体系的构建，才能有效地发挥各主体的预算问责能力。多元预算问责体系强调形成以立法机构为主的政治问责、以政府部门和审计部门为主的行政问责以及以社会组织和社会公众为主的社会问责。从当前我国《预算法》有关预算问责的主体来看，人大、各级政府、各级财政部门、审计部门、社会公众、司法部门等虽都有所涉及，但预算问责体系明显偏向于以审计部门和政府部门为主的行政问责，而以人大为主的政治问责和以社会公众为主的社会问责明显偏弱。同时，在行政问责中审计部门的预算问责能力较弱。

其一，审计与问责相分离，审计部门的预算问责能力较弱。从预算审计的角度来看，预算审计的目的并不在于揭露政府预算活动中的违法违规行为，而是希望通过预算审计能够促使政府部门合理用权、规范用权。这项功能的发挥离不开审计发现问题之后的问责追究。从当前预算实践来看，政府部门预算违规行为呈现出“年年审计，年年犯”的特征，这与我国问责制度的设计有关。《审计法》第 44 条规定，审计机关对于政府部门预算执行中的权力越界行为有责令改正的权力，如需问责，则需通过向行政机构提出问责建议的方式实现。这样的法律制度设计，明显不能有效发挥审计监督问责的功效，造成审计监督问责对政府预算权力约束效果不佳。

其二，政治问责和社会问责缺乏相关的制度设计，人大和社会公众的预算问责能力不强。目前我国预算问责体系主要体现为行政系统的“同体问责”，而人大和社会公众的“异体问责”较弱，这与缺乏相关的问责制度设计有关。一方面，在政治问责上，《预算法》并未赋予审计部门独立的监督地位，审计部门隶属于行政部门，人大并不能独立地请求审计主体进行审计；另一方面，《预算法》第 91 条虽赋予社会公众控告权和检举权，但对于如何实施缺乏相关的制度设计。

为此，要充分发挥各治理主体的预算问责能力，需要构建有效的预算问责体系。

在审计问责上。伴随着 2018 年国家机构改革，我国组建了中央审计委员会。中央审计委员会作为党中央决策议事协调机构，能够更好地发挥审计部门的预算监督问责作用，这提高了审计监督在问责体系中的地位。为此，以中央审计委员会的设立为契机，结合党的十八届四中全会提出的“建立重大决策终身责任追究制度及责任倒查机制”，修改相关法条赋予审计部门直接的预算问责权力，特别是预算决策严重失误或者预算不作为造成重大损失的预算问责权限。在未来的改革中，可以借鉴英国和美国的立法型审计模式，将审计部门从各级政府直管的事后预算监督机构转变为对人大全面负责的集预算审计、督查和问责为一体的机构，这也有利于发挥人大在预算问责中的攻坚作用。

在社会问责上。从表 3－12 中反映的 2015～2017 年查处的腐败问题来看，公款大吃大喝、违规配备使用公务车、公款旅游等现象是对纳税人利益的侵蚀，为此，我国纳税人诉讼制度构建的必要性已毋庸置疑。纳税人诉讼制度是指当出现政府部门损害纳税人的合法权益、违反相关法律法规的行为时，纳税人只要能够证明政府预算收支行为侵害了自己的利益，就可以以自身的名义对政府预算行为提起行政诉讼，通过司法途径维护自己的合法权益，要求相关政府工作人员承担相应的法律责任。当前我国正处于构建纳税人诉讼制度的良好时机：首先，党的十八届四中全会提出："人民权益要靠法律保障，法律权威要靠人民维护"，纳税人诉讼制度的构建是回应党的号召的重要抓手，也是建设中国特色社会主义法治体系的重要举措。其次，《预算法》的修订，反映出通过法律制度规制财政权的现实需求正在加强。最后，我国"纳税人意识"已经获得长足的发展，纳税人通过诉讼维护纳税权益的认知逐步提升。如从我国纳税人诉讼"第一案"：2006 年湖南省常宁市某村村主任蒋某，针对常宁市财政局违反政府采购相关规定，超预算购买高级轿车的行为提起行政诉讼；到当前纳税人诉讼的快速发展：如 2017 年广州德发房产建设有限公司就广东省广州市地方税务局第一稽查局纳税金额问题提起诉讼。这表明纳税人意识已日益成熟。为此，接下来应当根据我国实践，构建具有中国特色的纳税人诉讼制度，要对受案范围、主体资格、举证责任分配、纳税人诉讼前置程序等问题进行明确。

二、预算公开：保障公民知情权，强化回应能力

从理论上来看，政府及其所属部门向社会真实全面及时地公开预算信息，这本身就是权力自我约束的表现，同时，面对社会公众的预算关切，积极主动地进行回应，保障公民对财政资金用途和安排的知情权，从而强化了社会公众的外部监督效力。从现状来看，我国在预算公开上存在不足，还不能称为透明以及回应能力不够是当前实践中面临的主要问题。根据财政部 2018 年公布的地方预算决算公开排行榜显示：河南预决算公开度最高达到 99.228 分，重庆最低 91.206 分，最低分与最高分之间的差距较大，这充分说明了当前我国预算公开制度还存在不足。[①] 同时，在上一章的实证检验中，方程（5－2）的回归结果显示：预算公

① 《财政部发布 2018 年度地方预决算公开度排行榜》，2019 年 12 月 31 日，http：//www.gov.cn/xinwen/2019－12/31/content_5465457.htm。

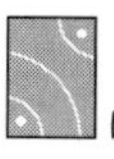

开的系数为负数且在0.05水平上显著。这说明通过预算公开，财政透明度逐步提升，能够约束政府预算权力，起到抑制腐败的效果，但仍有进一步提升的空间，接下来在预算改革中，应当以透明为导向，继续推进预算公开制度建设。具体而言：

（一）提升预算公开信息的有效性：实现权力的自我约束

其一，预算信息的全面完整性。保障预算公开信息的全面完整，方便社会公众比较是美国和新加坡预算公开的重要经验。我国《预算法》为预算信息公开提供了法律依据，第14条规定了预算公开的基本原则和基本要求，预算公开的范围、时间和主体，强调除涉及国家秘密的预算信息，都应当向社会公开；第92条对预算公开执行不力的法律责任进行了明确规定，强化法律的约束；同时，第32条对预算编制的要求进行了细化，支出按功能分类要求到项一级，这避免了因为编制粗糙而影响公开效果。《预算法》对预算信息公开的规定，对于构建公开透明的预算制度具有十分重要的意义。然而，《预算法》第14条对预算公开的规定并未贯穿到预算全过程，缺乏如何公开的规定：首先，缺乏对公开细节的规定。如预算编制的依据、预算执行的过程、预算调整的内容及理由、预算监督的过程与详情。其次，缺乏对公开程度的界定。第14条要求对预算、预算调整、决算、预算执行情况的报告及报表进行公开，但公开到何种程度没有详细的说明；最后，缺乏对公开方式的说明。预算公开应当采取何种形式，没有说明。

从实践上来看，我国预算公开的信息依然不够全面完整，主要体现在部分预算信息缺乏相关说明、没有体现预算的全过程。预算信息应当详细说明预算资金的来龙去脉，同时要将相关预算过程完整体现出来。如公开涉及政府部门在预算调整中的相关信息，要充分反映调整的内容、资金的去向、是否严格按照《预算法》的规定履行预算调整程序等，这样才能真正发挥各主体对政府预算行为的监督效力，才能从源头上控权防腐。同时，在实践中基层政府部门的预算公开不容乐观，从扶贫资金腐败案件中反映出来，基层政府部门主动公开意识不强，有的地方甚至出现不公开的现象。但也应当看到政府部门在预算公开的实践中也做出了许多积极有益的探索，如在预算绩效信息公开上，2018年9月，在中共中央、国务院《关于全面实施预算绩效管理的意见》中明确了预算绩效信息公开的要求，各级财政部门应当推进绩效信息的公开；在政府债务信息公开上，2018年12月，财政部公布了《关于印发〈地方政府债务信息公开办法（试行）〉的通知》，其中就地方政府债务信息公开的原则、渠道、方式等进行了明确的规定。

因此，建议在接下来的预算公开制度改革中，就预算公开的细节、公开的程度与方式等在《预算法》中进行修订与完善以期更好地指导预算公开实践，促进

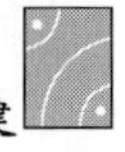

预算信息全面完整的公开。同时，近年来财政部为督促地方政府预算公开出台了许多文件：财政部2014年公布了《财政部关于深入推进地方预决算公开工作的通知》、2016年又公布了《财政部关于切实做好地方预决算公开工作的通知》和《地方预决算公开操作规程的通知》、2021年公布了《关于推进部门所属单位预算公开的指导意见》等。此外财政部加大了对地方预决算信息公开的监督监察力度，并自2016年起公开了地方预决算公开排行榜，这对于促进地方政府预决算公开具有十分重要的作用。对于实践中基层政府预算公开执行效果不佳的情况，建议以审计部门监督为契机，财政部门应加大基层政府预算信息公开常态化机制建设，进一步落实对基层政府预算决算公开的要求，确保不留死角。

其二，预算信息的真实性。预算信息必须是真实的信息，不能掺杂任何假的成分，这是因为，只有真实的预算信息才能正确、客观地反映预算权力运行的实际情况。如果信息不真实，对于各主体来讲，不能有效监督政府预算执行是否严格按照预算案进行；不真实的信息也会掩盖腐败行为，不利于发挥预算公开的反腐功效。当前部分地方政府在预算信息数据上造假扭曲了信息的真实性。2017年辽宁省政府工作报告对外确认，辽宁省所辖市、县，在2011~2014年存在财政数据造假的问题；2018年1月，在内蒙古经济工作会议上，区党委公开承认内蒙古财政收入数据造假；与此同时，在天津滨海新区人大会议上，滨海新区政府承认财政数据存在造假。地方政府迫于经济增长目标压力，采用虚构应税事项、虚假拆迁等违规方式虚增财政收入。因此，建议财政部监督评价局应当加大对各地方政府预算信息的查处力度，对于虚假信息必须及时更正，并建立起相关的责任追查机制。同时2018年9月1日中共中央、国务院发布的《关于全面实施预算绩效管理的意见》指出各级政府严禁脱离实际制定增长目标、严禁虚收空转。为此，接下来要进一步改变地方政府官员的考核制度，改变唯数据为主的考核方式，从源头上杜绝数据造假。同时，加强审计部门对财政数据的审计监督力度，对于违反规定进行数据造假的责任主体，提请有关部门进行问责。

其三，预算信息的及时性。及时地公开预算同样也是西方现代国家的重要治理经验。预算信息应当及时向社会公布，这样才能保证所公开的信息有使用价值。如果信息公开滞后，那么对于信息使用者来讲信息效用价值并不大。当前关于预算信息公开的时效，《预算法》已经有明确规定，并且国务院、财政部等部门也多次出台文件就预算信息公开的时效进行了明确规定。从中央层面预算公开实践来看，中央部门在预算公开的时效上逐步做到了及时。例如，2017年中央部门预算信息的公开，比规定时间提早8天公布。从地方预算公开的实践来看，部分地方在预算公开上的时效性有待进一步加强。有的地方预算公开甚至推后了一年的时间，这样的预算信息公开出来的效果已大打折扣。令人兴奋的是，当前财政部门已经开始就有关地方政府预算信息公开进行统一部署。在接下来的工作推进过程中，应当进一步做好该项工作，逐步提升地方部门预算公开的及时性。同时建议将预算公开的及时性纳入部门绩效考核中。

（二）强化回应能力：保障公民知情权，提升外部监督效力

一个好的预算治理要求相关机构尽可能的在合理的时间范围内对所有的利益群体进行回应。[①] 建设回应型政府，就是要求政府部门要积极、主动、及时地对公众的预算关切进行回应。随着我国公共预算逐渐公开透明，社会公众对预算的热情被彻底点燃，政府部门如何对社会各界关心的问题进行及时有效的回应，成为预算改革中面临的新的挑战。

从我国当前预算公开的实践来看，政府部门对社会公众的信息反馈渠道除了传统的记者招待会、新闻媒体、热线电话、意见信箱等途径之外，通过互联网进行信息交流成为近年来的新趋势。2018 年 9 月 1 日，中共中央、国务院发布了《关于全面实施预算绩效管理的意见》，接下来财政部就通过互联网对该《意见》进行了权威、及时、准确的解读。此外，针对社会公众普遍关注“三公”经费的问题，近年来各政府部门积极主动地通过互联网平台发布了各自的“账本”。政府部门积极地回应社会公众的关切，这是拉近政府与公民之间距离的重要途径，也是提升政府公信力的重要手段。然而，当前一些政府部门尤其是一些基层政府部门，面对社会公众的预算质疑和建议，回应意愿不强烈，甚至采取漠视的态度不回应，这对于政府公信力是莫大的损害。强化回应能力，建设回应型政府是当前我国预算公开制度建设的重要内容。为此，可以通过以下几个方面强化政府回应能力。

其一，以“互联网 + 政务公开”提升政府回应的有效性。新加坡政府采用多元化手段对社会公众的预算关切进行积极的回应，取得了良好的效果。这尤为值得我们借鉴。当前互联网、移动互联网技术的快速发展、“两微一端”（微信、微博和新闻客户端）的逐步普及为政府部门回应社会公众的预算关切提供了新的端口和渠道。为此，政府部门在完善诸如新闻发布会、记者招待会等传统回应机制的同时要以“互联网 + 政务公开”为平台，不断推广互联网、移动互联网为代表的新型回应机制，不断提升政府回应的有效性。

其二，加强领导干部问责。以实施全面预算绩效管理为契机，在构建部门和单位整体绩效目标时，将预算回应纳入到绩效目标中。促进政府部门由被动回应向主动回应转变，增强预算回应的主动性。同时，要明确责任主体，对于那些不

① 许光建、魏义方、李天建、廖芙秀：《中国公共预算治理改革：透明、问责、公众参与、回应》，载《中国人民大学学报》2014 年第 6 期。

回应、不发声的，要追究相关主体的责任，切实保障公民的知情权和监督权。

其三，建立预算回应的解读机制和宣传机制。科学、有效、权威的解读预算是提升预算回应能力的重要砝码。除了要充分发挥财政部门在解读预算中的功效之外，还应当加强专家对预算的解读。同时，通过编制预算手册、定期举办预算知识普及活动等多种宣传形式，增强社会公众的专业度，从而有利于提升政府的回应能力和社会公众的监督能力。

三、预算绩效：形成约束权力的内外循环机制，培育担当能力

从理论上来看。在预算治理体系中，预算绩效的功能在于形成约束权力的内外循环机制，培育担当能力。这要求实施全方位、全过程、全覆盖的预算绩效管理，要抓好重点环节："预算编制要突出绩效导向、预算执行要加强绩效监控、决算环节要全面开展绩效评价、强化评价结果的刚性约束、推动预算绩效管理扩围升级"。[①] 从现实来看，我国当前预算绩效管理制度还不健全，全面预算绩效管理体系尚未构建起来。同时，在第五章的实证检验中，方程（5－3）的回归结果显示：预算绩效的系数为负且在0.1水平上显著，这说明预算绩效对约束权力，抑制腐败起到了作用，但同样在预算绩效上有进一步提升的空间，在实践中要注重全方位、全过程、全覆盖的预算绩效管理体系的构建。具体而言：

（一）形成约束权力的内在循环机制

1. 预算编制环节：突出绩效导向，增强源头控权的效力。

事实上，在预算编制环节绩效导向不突出是造成预算权力异化现象发生的重要原因。在实践中，时常出现一些财政资金使用低效、闲置沉淀、损失浪费等现象，究其原因是在预算决策中一些项目或政策没有开展事前绩效评价，全凭"拍脑袋决策"从而导致在执行中发生与实际脱钩的情况，造成财政资金没有充分发挥应有的效用。从预算流程上来看，要提升预算权力的约束效力，就需要在预算编制环节突出绩效导向，从源头上强化对权力的控制。这就要求：一是，要将绩效关口前移，在预算决策环节突出绩效导向作用，加强绩效信息在决策中的运用，可以考虑采用成本收益分析方法，作为预算决策的参考依据。同时，要对新出台的重大政策、项目，结合预算评审、项目审批等开展事前绩效评估，评估结果作为申请预算的必要条件，防止"拍脑袋"决策，从源头上提高预算编制的科

---

① 《中共中央　国务院关于全面实施预算绩效管理的意见》，2018年9月25日，http：//www.gov.cn/zhengce/2018－09/25/content_5325315.htm。

学性和精确性。二是，要加强绩效目标管理。2016 年，财政部实现了对 153 个中央部门的全部 2024 个一级项目以及 93 项中央对地方专项转移支付绩效目标进行了集中会审，形成包括产出数量、质量、社会效益、生态效益等 9 个维度在内的绩效指标体系，初步建立了绩效目标与预算资金“同步申报、同步审核、同步批复”的机制。[①] 接下来，以此为契机，进一步加强绩效目标管理，完善相关管理体制，分行业制定绩效指标，可按照收支分类要求，结合分行业会计制度办法，加快研究制定《分行业收支项目绩效目标与指标》，在实践中逐渐完善，最终建立一套行之有效的预算绩效目标和指标体系，实现全国统一的标准体系。唯有在预算编制环节突出绩效导向，将绩效端口前移，细化预算编制，全面、细致地编制绩效目标，减少预算编制的主观性、随意性，强化绩效前评价在预算编制环节中的作用，才能从源头增强权力控制的效果。

2. 预算执行环节：增强预算权力约束的动态监控。

事实上，预算执行环节是控权防腐的重要环节，强化该环节预算权力的监控是抑制权力腐败的关键。从实践来看，中央层面实现了绩效目标动态监控全覆盖。2016 年财政部选取了审计署、水利部等 15 个中央部门开展绩效目标执行监控试点，2017 年试点扩大到所有中央部门，涉及金额达 2000 多亿元。[②] 地方层面，预算执行的动态监控机制尚不健全。从笔者对中国裁判文书网公布的 8500 余个腐败案件的统计结果来看，在预算执行环节，腐败案件运用手段具有同质性、普遍性等特点，这充分说明部分地方预算执行环节绩效目标动态监控机制尚不完善。为此，按照“谁支出、谁负责”的原则，要对绩效目标实现程度和预算执行进度实行“双监控”，针对项目实施过程中出现的偏差，做到及时识别、及时采取措施纠偏，促进预算管理、项目管理和财务管理的整合。同时，要进一步健全重大政策、项目绩效跟踪机制，对预算执行过程中的偏差及时跟进修正；强化对项目跟进的力度，一旦发现出现偏差，及时纠正修复，避免预算权力异化能量的进一步放大，从而引发腐败。

3. 预算决算环节：不断提升预算权力的约束效果。

（1）全面开展绩效评价。现今，在中央层面实现了部门单位绩效自评全覆盖。2017 年，财政部首次组织中央部门对 2016 年度所有项目支出开展绩效自评，有效实现了部门自我管理，落实了部门的主体责任，同时建立了重点绩效评价常态机制。在地方，当前预算绩效评价的覆盖面还不够广，并没有完全涵盖所有项目和政策。如《兰州市财政支出绩效评价管理暂行办法》第 6 条规定，对财政资

① 亓坤：《透视全面实施绩效管理》，载《新理财（政府理财）》2017 年第 12 期。

② 王泽彩：《预算绩效管理：新时代全面实施绩效管理的实现路径》，载《中国行政管理》2018 年第 4 期。

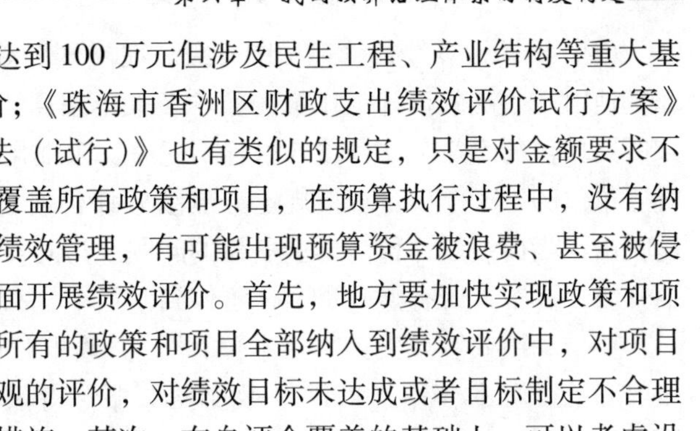

金达到100万元以上或者虽未达到100万元但涉及民生工程、产业结构等重大基础设施项目开展预算绩效评价；《珠海市香洲区财政支出绩效评价试行方案》《湛江市财政支出绩效评价办法（试行）》也有类似的规定，只是对金额要求不同。由于绩效评价并没有完全覆盖所有政策和项目，在预算执行过程中，没有纳入绩效评价的项目，由于缺乏绩效管理，有可能出现预算资金被浪费、甚至被侵吞的现象。为此，接下来要全面开展绩效评价。首先，地方要加快实现政策和项目绩效自评的全覆盖，逐步将所有的政策和项目全部纳入到绩效评价中，对项目支出的经济性、效益性进行客观的评价，对绩效目标未达成或者目标制定不合理的，分析原因并采取针对性的措施。其次，在自评全覆盖的基础上，可以考虑设立绩效评价中心，对政府各部门的工作展开绩效评价，该中心对人大负责，从而保持其独立性。与此同时，鼓励第三方机构展开绩效评价，充分发挥第三方机构的专业水平。最后，建立健全重点绩效评价常态机制，对重大政策和项目定期组织开展重点绩效评价，不断创新评价方法，提高评价质量。在实践中，湖北省财政厅在创新评价方法上的经验值得借鉴。2018年，湖北省财政厅选取社会关注度高、分配对象广泛、持续时间较长的支出政策开展社会评价，通过媒体、门户网站公开被评价政策信息，面向社会公众开展调查和测评，最终形成评价结论并加以运用，取得了良好的效果。

（2）强化绩效评价结果的刚性约束。全面实施预算绩效管理重点在于强化预算绩效评价结果的刚性约束。唯有强化绩效评价结果的刚性约束才能够不断提升约束权力的效果。在实践中，绩效评价结果反馈制度和绩效问题整改责任制还不健全，从而导致部分地方出现重投入轻管理、重支出轻绩效的现象，这不能充分发挥绩效评价对预算权力的约束作用。为此要加快健全绩效评价结果反馈制度和绩效问题整改责任制，形成反馈、整改、提升绩效的良性循环，从而不断增强权力约束的效果。同时还要加快建立绩效评价结果与预算安排和政策调整的挂钩机制，只有将绩效评价结果，与预算权力运转流程有效地结合起来，才能够不断优化预算权力运行的各个环节。在实践中，各地采取了不同的挂钩方式为机制的构建提供了重要的经验。如北京市、上海市将绩效评价的结果作为预算安排的重要参考因素，但不起决定作用；合肥市采用绩效评价结果与预算资金安排相挂钩的形式，将绩效评价结果划分为优秀、良好、合格和不合格四个等级，并分别按照“优先、支持、从紧、取消”的原则与预算安排挂钩；除此之外，辽宁省建立了绩效监控、绩效评价结果与资金分配、年度预算安排紧密结合的机制。结合各地的经验和我国的现实情况，绩效评价结果与预算安排和政策调整的挂钩机制要采取循序渐进、逐步推进的办法。可先采用将绩效评价结果作为预算安排的重要参考因素的模式，随后逐步采用绩效评价结果与预算安排直接挂钩的方式。

（3）推动预算绩效管理扩围升级。在《国务院关于2020年度中央预算执行和其他财政收支的审计工作报告》中，关于预算绩效管理方面：17个部门和245家所属单位的587个项目绩效目标不完整、未细化或脱离实际；7个部门和57家所属单位的153个项目未按规定开展绩效评价或自评结果不真实、不准确。[①] 这反映出，当前绩效评价尚未全覆盖的问题。为此，接下来要推动预算绩效管理扩围升级，要覆盖所有财政资金，延伸到基层单位和使用终端，确保不留死角。同时，要推动绩效管理覆盖“四本预算”，并逐步对政府投资基金、主权财富基金、政府和社会资本合作（PPP）、政府购买服务等政府投融资活动实施绩效评价，实现全过程跟踪问效。

（二）形成约束权力的外在循环机制

担当能力也就是政府勇于承担责任，恪守己责的能力。根据委托代理理论，在社会生活中，个人的力量总是有限的，总有一些利益诉求凭借己力是无法完成的。为了实现个人无法完成的利益目标，公民将属于自身部分的权利让渡出来，交由政府代表公众运行以维护社会共同利益。因而，用好手中的权力，维护社会公共利益是政府恪守承诺的表现，也是政府的基本责任。政府部门唯有恪守己责，才能勇于担当。维护社会公共利益需要政府部门牢固树立绩效的理念，要形成“花钱讲绩效”的良好氛围，这样才能用好手中的权和钱。政府担当能力的培养要依托全面预算绩效管理的实施。

以实施全面预算绩效管理为契机，充分发挥人大、审计部门、社会公众等治理主体的作用，不断推动预算治理乃至政府治理绩效的提升，这也是美国预算绩效管理发展过程中的重要经验。为此建议：首先，大力推动重大政策和项目绩效目标、绩效自评以及重点绩效评价结果随同决算报送同级人大，这有利于人大预算审核的重点向预算支出与政策拓展，以便发挥人大的预算监督效力。其次，加强审计部门预算绩效管理，重点对资金使用绩效自评结果的真实性和准确性进行复核，必要时开展自评。最后，推动社会力量有序参与。一方面，要积极引导第三方机构参与预算绩效管理。第三方机构参与预算绩效管理，是全面实施预算绩效管理的重要途径和方式，有利于充分发挥第三方机构独立、专业的优势，有利于缓解财政管理部门实施绩效评价时力量不足的困境。为此，要加强对第三方机构的管理，明确第三方机构的职责义务和权利，增强第三方机构的竞争能力。另一方面，搭建专家学者和社会公众参与绩效管理的途径和平台，加强政府部门网

① 《国务院关于2020年度中央预算执行和其他财政收支的审计工作报告》，2021年6月8日，http：//www.npc.gov.cn/npc/c30834/202106/05e15184af5d4675a6be575258a2e0ec.shtml。

站建设，公开政务信息，提供在线服务，解答公众咨询，促进形成全社会“讲绩效、用绩效、比绩效”的良好氛围。通过人大、审计部门、社会公众的广泛参与形成工作合力，倒逼政府部门形成“花钱必问效、低效必问责”的绩效理念，不断提升政府部门的担当能力。

四、预算制衡：优化分工与协作的权力结构，提升参与能力

理论上，预算制衡的功能为：在党的领导下通过制衡机制和协作机制，优化分工与协作的预算权力结构，提升预算参与能力。从现实来看，我国预算民主制度不完善，在民主的广度与深度上还不足，是当前我国预算治理所面临的重要问题。与此同时，在第五章方程（5 -4）的回归结果中，预算制衡的系数为正且在 0.1 水平上显著，说明当前预算制衡能够发挥对权力约束的效果进而抑制权力腐败，但仍需可以进一步优化。为此，在坚持党的领导下，进一步完善我国预算民主制度。

（一）优化人大与政府部门之间分工的权力结构

我国当前在立法与行政机构之间权力结构失衡主要表现在：人大的预算权能较行政部门而言偏低。为此，在党的领导下，要在立法与行政机构之间构建均衡机制，提升人大预算权力，充分发挥人大对政府预算权力的监督能力，在人大与政府部门之间形成分工合作的治理关系。

1. 着力提升人大预算审批权能。

审查和批准预算是《宪法》赋予人大的重要权力，为此要着力提升人大预算审批权能。

其一，要进一步拓展人大预算审查的重点。2018 年 3 月中共中央办公厅印发《关于人大预算审查监督重点向支出预算和政策拓展的指导意见》（以下简称《意见》），就进一步拓展人大预算审查重点进行了明确规定。根据《意见》的要求，全国人大常委会预算工委起草了《关于贯彻〈关于人大预算审查监督重点向支出预算和政策拓展的指导意见〉的实施意见》（以下简称《实施意见》），就加强对支出预算和政策审查监督的总体要求、主要内容、程序和方法等问题进行了说明。接下来，各级人大应当依据《意见》和《实施意见》的要求，扎实推进人大预算审查重点向支出预算和政策拓展，要加强支出预算总量与结构审查和监督、加强重点支出与重大投资项目审查和监督、加强部门预算、财政转移支付、政府债务审查和监督。通过进一步拓展人大预算审查重点，充分发挥人大代表的预算审查和监督作用，切实提高人大的权力约束绩效。

其二，推广人大预算修正权的先进经验并使之法定化。预算修正权是立法机构管理“钱袋子”的重要组成部分，可以抑制行政机构不合理的预算要求。预算修正强调立法机关在审核预算草案的过程中，依照法律规定的程序修改或者通过预算修正案。人大预算审批权的真正实现，离不开人大对预算草案进行修改的权力。虽然我国《宪法》《预算法》未在法律层面赋予人大预算修正权，但近年来地方人大提出预算修正案的实践成为争取人大预算审批权能有效发挥的动力源泉。目前，云南、重庆、河北、山西、广东、海南、湖北7省市在《预算监督条例》中，规定了人大就本级政府提交的预算草案有修正的权力，但规定的详细程度存在着较大的差异。如现行《云南省预算审查监督条例》第20条规定：大会主席团、人大常委会、各专门委员会、人大代表联名可以提出预算修正案；大会主席团决定是否提交大会审议、表决；修正案通过后政府应当按照修正案修改预算。现行《山西省预算审查监督条例》第11条规定：各级人大财经委员会可以向大会主席团提出预算修正案，但修正案成立的要件，修正案的效力并没有详细体现。接下来，一方面，要加快建立规范统一的制度。针对当前赋予人大修正权的省市，在实践中应当进一步规范化，就修正权行使主体的范围、提出的情形、预算草案经过修正后的法律效力、预算修正权的限制情况规定以及具体的预算修正程序建立统一的标准。另一方面，我国还处在深化预算管理制度改革之中，各地的实际情况不同，从而顺利实现人大预算修正权的赋予确实有不小的难度。为此，可以考虑采用循序渐进的方式，在条件成熟的地方，逐步推广人大预算修正权的实践经验，同时，未来在《预算法》修订过程中，切实将修正权赋予落实在法律文本中，使之法定化、制度化。

其三，逐步建立人大分项审批制度。分项预算审批制度是指根据预算支出部门和性质将预算草案总体审议分解为若干个预算审议议案，实行人大代表对政府预算报告的分部门表决制度，这有利于提升预算审批的效力。从实践来看，要建立人大分项审批制度还存在一定的困难：首先，在制度上缺乏设计。当前我国《预算法》并没有涉及预算被修正与否决后的处理程序，如果推行人大分项审批制度，有的部门通过了预算审查，有的部门需要修正预算、有的部门没有通过预算审查，这会陷入尴尬的境地，并不利于政府预算执行。其次，在专业技能和时间上缺乏保障。推行人大分项审批制度，势必对人大代表的专业能力和审议时间有更高的要求。当前我国人大会期较短，同时人大代表来自各行各业，其预算专业知识和技能参差不齐，因此，推行人大分项审批制度在能力和时间上缺乏必要的保障。最后，推行人大分项审批制度，势必会涉及部门利益的重构，受政绩思维的影响，可能会遇到一定的“瓶颈”。目前，地方人大在这方面的探索经验值得思索。例如，2019年1月，四川省德阳市人大代表分四次对市教育局、市住建

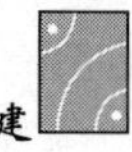

局、市民政局、市交通局等8个部门预算进行专题审议，在专题审议会上，人大代表就部门的预算编制依据和标准提出疑问，相关部门对此进行了回答。通过专题审议，人大代表进一步增强了对市级部门预算编制的知情权，切实加强了对政府部门预算监督。为此，我国人大分项审批制度的构建，应当采取循序渐进的办法推进。对地方人大的成熟做法进行总结与分析，建立规范化的操作机制，在时机成熟时完善相关法律法规，逐步建立并推广人大分项审批制度。

2. 提升人大预算监督权能。

加强人大预算监督是党中央推进人民代表大会制度与时俱进的重要举措。近年来，随着地方人大监督方式和手段逐步拓展，人大更加积极地介入预算过程，各级人大对政府预算行为的监督效力逐渐增强。在总结经验的同时，仍要重视当前人大监督还存在着不足，如思想不够解放，监督多了怕影响与政府之间的关系，监督少了怕群众不满意；监督力量薄弱，人大常委会工作人员不足，特别是县级人大常委会人员不足现象十分常见。为此，接下来要补足短板，切实提升人大预算监督能力。

其一，建立和完善预算日常监督制度。2017年财政部颁布了《服务全国人大代表全国政协委员工作规则》，成立财政部服务代表委员工作领导小组及办公室并建立了与人大代表的日常沟通汇报机制，每年1~2月和7~8月分两次赴各省份邀请人大代表进行集中座谈，走访民主党派、工商联。该机制的建立对于加强人大与政府部门之间的沟通，强化人大对政府部门的日常监管具有十分重要的意义。接下来，要以此为契机，地方人大与政府部门之间应当加快建立和完善预算日常监督制度。地方人大作为预算监督的主体，要拓宽监督渠道，加大监督力度，抓好预算执行的跟踪调查，形成政府及有关部门日常预算执行报告向人大报送机制，主要包括月份、季度和半年预算执行情况及相关材料，发现问题及时纠正，促使预算顺利执行。

其二，更加广泛地借助专家和社会力量，提高预算监督的专业能力。为了有效应对预算的专业性和技术性，近年来，地方人大开始借助专家的力量提升专业能力。如北京市1998年成立预算监督顾问制度，多年来，预算监督顾问在预决算审查监督、预算监督重点问题的专项调研、部门预算跟踪监督方面发挥了重要作用。在预算过程中，北京市人大组织专家，对有关部门及重点项目进行全过程监督，并每季度进行总结，及时跟踪意见反馈给执行部门。这种全过程且深度的参与，能够充分发挥专家的专业优势。为此，地方人大应当更加广泛地借助专家的力量，提高预算专业监督能力，如在预算初审阶段，可聘请专家参与审查，邀请专家进行专业知识培训；在人大会议期间，为人大代表配备专业的咨询顾问；在预算执行中，可以邀请专家参与预算监督，及时给出专业化的意见。

其三，不断健全人大组织建设，强化监督力量。人大预算监督在很大程度上要依靠专门的监督机构和人员来开展相关工作。为此，不断健全人大组织建设，强化监督力量，是其有效运作的基础。近年来，各地人大预算监督机构不断完善，强化了预算监督效果。根据笔者查阅各省、自治区、直辖市人大官网，统计得出：截至 2021 年 9 月 9 日，各省（自治区、直辖市）都在人大下设立了专门委员会。同时，在人大常委会下设工作委员会的占 96.77%。[①] 这从组织机构上，为人大预算监督效力的发挥提供制度保障。与此同时，预算审查联系代表制度的建立，有效地发挥了各行各业代表的专业监督能力，强化了监督效力。在接下来的工作中，地方人大应当进一步建立和完善专门的预算委员会，并确保其独立行使各项权能。同时，完善预算审查联系代表机制，拓宽预算联系代表的来源渠道，以充分发挥人大的预算监督效力。我们有理由相信，在不久的将来人大在预算监督领域必将大有作为，真正成为纳税人“钱袋子”的看守者。

（二）优化社会公众与政府部门之间协作的权力结构

习近平指出要加强对权力运行的制约和监督，让人民监督权力。[②] 社会监督强调充分发挥社会公众的监督力量，来督促政府部门更好地用好手中的权力，防止权力腐败。随着 1996 年参与式预算被联合国评为全球最佳国家治理实践之一以来，参与式预算在世界各地获得快速发展。近年来，我国地方政府开展了诸多不同形式的参与式预算改革，并积累了不少的实践经验，当前比较认可的模式主要有：一是，民主恳谈模式。以浙江温岭的实践最为典型。该模式与人大制度相结合，通过吸引公众参与，督促人大更好地发挥监督作用，促使人大更加深入地介入预算决策、预算执行、预算监督等过程。二是，公众直接参与模式。以焦作、哈尔滨、无锡的实践为典型。该模式通过预算信息公开、座谈旁听等形式，吸引社会公众参与到项目决策、组织实施和项目跟踪监督过程中。三是，公共项目民众点菜模式。如上海惠南镇在预算草案制定过程中，先由人大办公室和镇政府征集各方意见，形成关于年度工作计划的征询表，然后由人大根据轻重缓急的原则进行投票表决，最终形成公共项目优先入选的预算方案。[③] 参与式预算在我国各地的广泛兴起，对于监督政府行为、提升财政透明度具有十分重要的现实意义，但总的来看，公民参与的层级较低，参与程序不规范、参与主体不积极等问

---

① 数据来源于各省、自治区、直辖市人大官方网站公布的人大组织结构相关内容统计而出。

② 中共中央宣传部：《习近平新时代中国特色社会主义思想三十讲》，学习出版社 2018 年版，第 322 页。

③ 马海涛、刘斌：《参与式预算：国家治理和公共财政建设的“参与”之路》，载《探索》2016 年第 3 期。

题是当前我国参与式预算发展所面临的瓶颈。为此，要不断深化参与式预算改革，提升社会公众在权力结构中的地位，优化与政府部门之间协作的权力结构，提升参与能力。具体而言：

其一，推进参与式预算制度化和规范化。巩固现有参与式预算改革成果，推进参与式预算制度化和规范化是当务之急。笔者认为，参与式预算要保持持久的活力，应当与人大制度相结合，将它导入制度框架之内。人民代表大会作为人民管理国家各项事务的机构，必然要在公民参与预算中发挥重要的作用。与此同时，《预算法》第45条为公众通过人民代表大会参与预算提供了法律基础。实践来看，无论是温岭的民主恳谈模式，还是上海惠南镇公共项目民众点菜模式都是将公众参与和人大制度相结合，这也为之提供了丰富的实践经验。为此，推进参与式预算制度化和规范化，在对现有参与式预算实践进行总结的基础上，对参与式预算的组织日期、时间长度、参与方式、参与内容等方面进行合理确定，形成对参与式预算的确定预期，保证公民通过人民代表大会参与预算的有序进行。同时，中央层面或省级政府层面，应当出台相关政策，形成公民通过人民代表大会参与预算的长效机制。

其二，完善公民预算参与后的相关机制。参与式预算的目的是通过公众参与更好地督促政府的预算行为，为此，完善公民参与预算后的相关机制就显得十分重要。首先，要进一步促进预算公开，细化预算项目，使公众清楚了解自己所参与的预算项目的执行情况，着力提升“钱袋子”的透明度。浙江温岭通过公民参与预算，进一步促进了预算公开，现在温岭所有部门、单位的预算决算账本以及“三公”经费都能够在网上查阅，内容也十分详细，如某个单位有几辆公车，改建一个厕所花多少钱都能够查阅到。[①] 其次，要进一步优化决策流程，通过不断提高预算决策的科学性和民主性，从而促使政府由传统的“拍脑袋决策”“少数领导决策”到“阳光决策”转变。最后，进一步优化人大工作流程，深化人大对预算的审查监督，从而彻底激活人大的职能。随着参与式预算的不断推进，浙江温岭新河镇人大不断优化工作流程，不仅财经小组根据地方《组织法》和《代表法》的规定开展活动，而且在人大闭会期间还负责召开各种形式的民主会议，其职能作用完全拓展到预算执行的各个环节，从而彻底激活了人大的职能。[②]

其三，营造参与型文化氛围，提升参与能力。在参与式预算实践中，公众参与不积极是影响参与式预算向纵深发展的重要因素。为此，要进一步营造参与型文化氛围，提升参与能力。从政府层面来看，公共服务理论认为，政府有责任营

①② 马海涛、刘斌：《参与式预算：国家治理和公共财政建设的“参与”之路》，载《探索》2016年第3期。

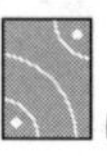

造一种氛围让公民积极参与。为此，政府部门应当实践依法治国，要让公民充分相信法律、让法治的精神根植在公民的思维中，同时，要增强公众参与的效能感，要让公民通过参与预算，切实感受到参与预算能够起到一定的效果，比如，随着公民对“三公”经费的关注度逐步提高，近年来中央各部门“三公”经费基本实现零增长，从而使得公民切实感受到参与的效果。从社会公众层面来看，要不断提升参与能力，培养积极参与预算的意识。为此，要不断实施公民教育，培育教育氛围，定期组织专家对预算进行通俗化的解读，让社会公众能够看懂、听懂预算，着实提升预算参与能力，同时，践行公民活动，通过定期举行丰富多彩的预算活动，激发公众的参与意识。

第四节　我国预算治理体系的协同机制

完善的预算治理体系，除了在价值导向下构建功能机制之外，还需要形成有机统一的协同机制。从第五章方程（5－5）的回归结果来看：预算治理体系的系数为负且在0.01的水平上显著，这充分说明：通过预算治理体系的构建能够形成系统控权的治理格局，在这个治理格局中，各主体能够充分发挥权力约束效能，进而可以有效地抑制权力腐败的发生。为此，我国预算治理体系要注重协同机制的构建。

所谓协同（synergetic）就是指子系统形成合力、共同作用，以实现特定的目标。协同机制（synergy mechanism）就是元素或主体通过互动、共同努力，以实现既定目标或协定目标的过程、作用方式和程序。[①] 从上述概念可以看出，协同机制构建的关键：子系统之间相互作用的过程以及既定目标的导向作用。理论上，预算治理体系是由预算法制、预算公开、预算绩效以及预算制衡四大子系统组成。它们之间相互关联，共同促进各主体预算治理能力的提升，进而发挥约束预算权力的合力作用。因而，预算治理体系的协同机制应当包括两个方面：一是，预算治理体系的系统连接机制，也就是四大子系统之间的连接，其体现了子系统之间相互作用的过程；二是，预算治理体系的能力整合机制，也就是强调各主体既定目标的功能。

一、预算治理体系的系统连接机制

预算治理体系的子系统包括：预算法制系统、预算公开系统、预算绩效系统

① 曹堂哲：《公共行政执行协同机制——概念、模型和理论视角》，载《中国行政管理》2010年第1期。

和预算制衡系统。四大子系统之间相互交叉，相互渗透，构成预算治理体系的系统连接机制。在这个机制中，存在多种相互关联关系，如预算公开系统与预算法制系统的连接，主要表现在预算公开系统为预算法制系统中治理主体提供信息条件；预算法制系统与预算制衡系统的连接，主要表现在预算权力结构的形成和不断优化。从四大子系统各自在预算治理体系中的功能来看，预算绩效系统是带动预算治理体系运转的动力和联结点。为此，我国预算治理体系的系统连接机制表现为：预算绩效—预算法制（performance - law）系统、预算绩效—预算公开（performance - transparency）系统和预算绩效—预算制衡（performanc - balance）系统。

其一，预算绩效—预算法制（performance - law）系统。从预算绩效系统和预算法制系统的约束权力的作用机理来看，二者之间连接的关键点在于问责体系。预算绩效系统中的外部循环机制强调充分发挥人大、审计部门和社会公众的作用，而预算法制系统中多元问责体系的构建是上述主体发挥功能的基础。通过二者之间的连接，整合了绩效问责和违法问责的效力，进而增强了约束政府预算权力的效能。

其二，预算绩效—预算公开（performance - transparency）系统。预算绩效系统和预算公开系统的连接，提升了整个预算系统的透明度。从二者之间的关系来看，信息是预算绩效和预算公开系统之间连接的关键点。预算绩效系统中涉及的是绩效信息，通过强调绩效信息公开能够促进预算公开系统的完善，提升透明度。这是因为绩效信息细化了预算公开的内容，从而增强透明度，进而能够进一步提升各主体的权力监督能力。实践中，绩效信息公开实践走在立法的前面，这充分说明绩效信息对于提升预算透明度的重要性。

其三，预算绩效—预算制衡（performanc - balance）系统。预算绩效系统和预算制衡系统的连接，能够优化预算权力结构。能力是把预算绩效系统和预算制衡连接起来的关键。预算绩效系统强调将绩效信息报送给人大，同时引导社会公众规范参与到预算绩效管理中来。这一方面可以让人大代表更加了解政府部门的情况，提升其审查和监督的能力；另一方面可以让社会公众参与到预算中来，优化其参与能力。人大代表和社会公众能力的提升能够进一步优化立法机构与行政机构、社会公众与行政机构之间的权力结构，进而增进权力约束效能。

二、预算治理体系的能力整合机制

充分发挥人大、政府部门、审计部门和社会公众的权力约束效力，是我国预算治理体系构建的重要目标。从预算权力主体的视角来看，将各主体权力监督效

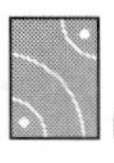

能有效地整合起来是系统控权功能发挥的关键点。能力整合机制强调各主体功能的发挥需要在共同的目标指引下进行，这个共同的目标是引领各主体前进的方向，也是充分发挥各主体权力约束功效的关键。

公共理性应当作为各主体的共同目标。公共理性是一种意识形态，强调追求公共领域的正当、合理的价值尺度和行为标准，反映的是社会整体的利益诉求，同时，又注重对每个公民个体合法权益的保障。霍布斯曾言："公共理性是上帝最高代理人的理性"，并认为"我们不能每一个人都运用自己的理性或良知去判断，而要运用公众的理性，也就是运用上帝的最高代理人的理性去判断"。① 公共理性强调三个方面：一是，合作。合作强调互利共赢、合作共赢、互利共助。二是，责任。公共领域是人们发生交往联系的公共空间，公共秩序在其中尤为重要。责任就强调各主体恪守己责，这成为维护公共秩序的重点。三是，参与。公共理性的追求，需要各主体具有积极的参与精神。

从当前预算反腐的实践来看，公共理性不完善是我国面临的重要的现实问题。主要表现在：其一，合作意识的缺失。腐败是个人利益对公共利益的侵蚀。由于在社会中没有形成共同的利益认知，当个人利益与公共利益发生冲突时腐败分子往往选择追求个人利益，滥用权力从而引发腐败的发生。其二，责任意识的缺失。个别政府官员实施贪腐行为实际上是自我责任放弃的表现。一些掌握公权力的官员理应树立起不断追求公共利益的责任意识，但在面对金钱诱惑时往往忘记自己的身份，弃公共利益而不顾，滥用权力追求个人私欲的满足。其三，参与意识的缺失。腐败所侵蚀的公共利益由于没有具体的承受对象，从而使得社会公众在面对腐败时往往缺乏积极的参与意识。认为这与自身每天"柴米油盐"的生活毫不相关，这实际上是对自我权利的主动放弃。

公共理性的缺失严重阻碍了国家与公民之间的互动，尤其是社会公众参与意识的缺乏，使得其应有的权力监督效能没有得到充分的发挥。为此，我国预算治理体系必须注重能力整合机制的构建。通过能力整合机制，培养社会公共理性，从而优化社会治理的良性因子。在能力整合机制构建中，公共理性需要在理解和共识的不断磨合中逐步培育起来。理解是指人大、政府部门、社会公众思想意识相互了解的过程。在实践中，理解实际上是通过预算拉近政府与公众之间距离的过程。共识则是指人大、政府部门、社会公众以相互尊重和理解为前提，并理性地考虑相互之间的意见。公共理性唯有在理解和共识的不断磨合中，才能够逐渐培养起来。

---

① ［英］托马斯·霍布斯：《利维坦》，黎思复、黎廷弼译，商务印书馆 2017 年版。

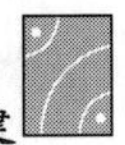

第五节　我国预算治理体系的配套机制

预算治理体系作为一个复杂的系统，除了在价值导向下构建完善的功能机制和协同机制之外，还需要相关配套机制的支持。新时期习近平的权力约束思想和治理现代化中的新趋势为预算治理体系控权功能的发挥提供配套支持。

一、加强道德教育：为预算法制控权功能的发挥提供配套支持

充分发挥道德在权力约束中的作用，是习近平权力约束思想的重要内容之一。习近平多次强调“国无德不兴、人无德不立”。道德对预算权力的制约主要体现在预算权力主体的自我约束上。预算权力主体将外在的价值规范内化为自身的价值追求和道德自律。在道德认知、道德素养以及道德意志得到培养和强化后，预算权力主体的自我权力约束及监督能力和意愿会得到极大提升，从而起到抑制权力腐败的效果。

事实上，道德对预算权力主体的自我约束，是预算法制控权功能发挥的重要补充。在预算治理体系中，预算法制强调通过宪法和法律将预算权力的运转纳入法律法规的轨道，形成外在的强制约束力。但是，法制并不是万能的，不能解决所有问题。在面对具有精神自主权的预算权力主体时，有很多方面是强制性法律难以触及的。因此，有必要通过诸如人生观、价值观、纪律观的道德培养，强化道德规范，营造和建立预算权力主体的社会荣誉感和职业情操，使他们提高自己的需要层次和道德境界，最终实现权力主体的自我约束。可见，在预算权力约束中，道德约束能够补充预算法制的不足，从而为预算法制控权功能的发挥提供重要的支持。

从某种意义上来看，预算权力主体的道德自律是实现权力制约的有效途径，但它具有很大的或然性，这使得其作用的发挥受到极大的限制。要充分发挥道德的控权功能，则依赖于道德教育。从第五章回归方程（5－5）的实证回归结果来看，教育的系数为负且在0.1水平上显著，这说明教育水平的提升能够强化公职人员的道德认知，对约束预算权力具有正向作用，但当前的回归结果显示，教育对权力腐败抑制功能的发挥还能够进一步强化。因此，接下来应当进一步加强道德教育，进行合理的道德价值引导和教育培训。为此，在实践中要做到以下几点。

其一，要采取多种教育方式相结合。要强化教育培训的效果则需要采取多种

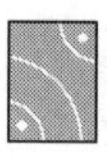

形式的教育方式。对党员领导干部的教育方式，要注意加强思想政治理论教育、自我教育和正反典型教育，充分发挥专题民主生活、廉政谈话、领导干部亲自上课等活动的作用；对一般党员干部和公务人员，要注意理论灌输、开展主题教育、示范教育和自我教育，开展专题辅导、民主评议党员、廉政培训等经常性教育；对社会公众要充分发挥报纸、电视、微信、微博、互联网的宣传作用，在全社会营造廉洁奉公的文化环境。

其二，注意教育目标的分类和分层。道德教育既要注重普适性，又要注意根据不同对象采用不同的方式。对党员领导干部的道德教育必须坚持高标准、严要求，加强以理想信念、廉洁从政、党的作风和纪律为主要内容的党风廉政教育；对党的高级干部，要突出系统的反腐倡廉教育，在其思想上牢固树立防腐拒变的防线；对一般党员干部和公务人员则要求加强世界观改造，具有较强的勤政廉洁意识，严格遵守党纪、政纪及国家法律法规；对于社会公众，主要是培养反腐倡廉的意识和能力。

二、运用大数据系统：为预算公开控权功能的发挥提供配套支持

随着信息技术的不断发展以及互联网的逐步普及，大数据技术开始逐步兴起。在这样的时代背景下，充分运用大数据已成为新时期加强权力监督的新思路和新方法。所谓大数据是指来源于多方面的海量数据。它具有容量大、多样性和价值大等特征。大数据技术则是在这些海量数据的基础上，通过专业化的技术处理揭示事物与事物之间的关系，并以这种关系为基础预示事物未来的发展趋势。从权力约束的视角来看，大数据技术能够有效地集成预算权力运转过程中的各项信息，通过数据分析增强权力监督的前瞻性；还能够实现跨部门、跨地区共享信息，从而更好地实现权力的互相制约。

信息是预算公开实现权力监督功能的前提。预算信息不全面、不完整是我国预算公开实践中所面临的重要问题。预算公开的不全面、不完整除了体现在信息涵盖面不够之外，更重要地体现在部门之间的数据壁垒上。各部门之间数据的共享性不够，信息的价值没有得到有效的利用，从而导致其在权力监督中的效果大打折扣。大数据技术能够打破政府间的数据壁垒，实现信息共享，通过对数据的对比分析，往往能够实现传统技术下难以实现的效果。大数据技术能够充分有效地挖掘数据的价值，提升信息在权力约束中的功效，从而能够为预算公开控权功能的发挥提供配套支持。

在实践中，运用大数据技术来监督权力已有成功的案例。例如中纪委网站公

开了一起采用大数据监督检查惠民政策落实，党纪处分3240人的典型案例。① 湖北省纪委在检查惠民政策落实中将审计、财政、国税、民政等部门的信息，通过大数据进行对比分析，迅速发现了滥用权力，违规冒领资金的腐败行为。全省共查实问题线索43.2万条，涉及违规资金6.02亿元。② 这一成功案例，为权力监督提供了新的思路。在未来预算公开制度构建中，应当充分利用大数据技术提升信息的价值，进而实现权力约束的功效。

三、完善个人激励机制：为预算绩效控权功能的发挥提供配套支持

从第五章方程（5-5）的回归结果来看，工资的系数为负且在0.05水平上显著。这说明工资是影响权力腐败的重要因素，公职人员工资的增长能够满足个人的欲望，在面对金钱诱惑时，公职人员会权衡自己的违法成本，慎用手中的权力，进而能够减少腐败的发生。事实上，工资与权力之间有着重要的联系。追求权力往往是因为其可以带来一定的利益，利益的满足又可以使掌权者保持积极的心态，进而能够提升用权的效率，也就是工作效率。工资作为利益的外在表现之一也能够对权力的运转起着一定的作用，即工资的增长可以提升权力运转的效率。

在预算绩效管理中。当前全面实施预算绩效管理是我国预算改革的重要内容。2018年9月，在中共中央、国务院颁布的《关于全面实施预算绩效管理的意见》中明确指出：绩效激励约束作用不强是现行预算绩效管理存在的突出问题之一。激励机制不健全是导致绩效激励约束作用不强的重要原因。从实践来看，无论是《预算法》还是现行的《预算法实施条例》仍停留在以惩罚为主的层面。虽然在国务院或地方政府出台的文件中，财政激励的描述已出现，但仍缺乏系统性的制度构建。比如：在《财政部贯彻落实〈中共中央、国务院关于全面实施预算绩效管理的意见〉的通知》中，提出构建绩效评价结果与预算安排和政策的挂钩机制，对于绩效好的项目优先保障，对于绩效差的项目一律消减或取消。在国务院办公厅《对2017年落实有关重大政策措施真抓实干成效明显地方予以督查激励的通报》中，对预算执行、盘活财政存量资金完成情况较好的地方，给予1000万元~2000万元的奖励。这些制度有效调动了预算执行机关的积极性，但仍然缺乏系统性，其中表现在对个人的激励尚未形成统一规范的机制。从实践来看，部分地方政府在个人激励中，采取按照职位的高低设置奖励类别的做法，同一部门同一级别的公职人员，拿到的绩效奖励往往差别不大。从预算绩效管理推

①② 《湖北：大数据监督检查惠民政策落实，党纪处分3240人》，2016年10月23日，http：//www.xinhuanet.com/politics/2016-10/23/c_129333787.htm。

进的实践来看，部门绩效目标完成最终都要落脚到具体的工作人员，在这样“一刀切”的个人激励机制下，很难调动起公职人员的积极性。为此要充分发挥预算绩效的控权功能，尽快形成“讲绩效”的良好氛围，离不开个人激励机制的支持。因此，应当进一步完善个人激励机制，对于实践中绩效目标完成较好的个人，在奖励设置上应当给予适当的倾斜。同时在物质奖励的基础上，还应当注重发挥精神激励的作用。

四、加强组织制约：为预算制衡控权功能的发挥提供配套支持

加强组织制约就是要强化党的自我监督。组织制约是新时期习近平权力约束思想的重要内容之一。习近平指出执政党内部对权力的监督制约，其实质是按照党要管党、治党的理念开展内部制约、监督和发展。加强组织建设，就是要通过执政党自身的党内监督，以党纪制约权力，防止权力偏离公共利益的轨道。

与西方国家三权分立不同，我国的预算制衡是在党的领导下通过不同权力主体的分工与协作来实现的。在人大与政府、社会公众与政府之间形成均衡有效的权力约束关系，是预算制衡的目标，而这是在党的领导下进行的。从这一点来看，加强组织制约，永葆党的先进性是预算制衡功效发挥的前提。同时，在人大、政府、社会公众之中，中国共产党党员占据了一部分的比例。通过不断加强组织制约，完善党内权力约束机制，做到己身先正，这必将影响到其他非党员的行为，进而从整体上优化分工与协作的效力。可见，加强组织建设能够优化预算制衡的控权效能。因此，组织建设是预算制衡控权功能发挥的重要支撑。

进一步加强组织制约，切实提高党纪约束权力的效力，应当做到以下两点。

其一，要健全党内制度规范。健全党内制度规范，除了健全党内监督方面的制度规范之外，还包括健全党的领导制度、民主集中制、干部管理制度等一系列制度规范。健全党内制度规范，必须与时俱进，根据新形势下党内腐败出现的新动态和新情况，对已有的内容进行修改，增强制度的具体性、可操作性。

其二，要坚决贯彻违纪必究的原则，增强党内制度规范的威慑力。党内制度规范作为党的意志的集中体现，必须成为党员的一种强制性规定。广大党员尤其是党员干部必须严格遵守党内制度规范，自觉按照党内制度规范的要求行事，假如某个党员或党员干部违背了党内制度规范，那么无论其权力大小和地位高低，都必须一律平等地接受相应的惩罚。只有这样才能切实保证党内制度规范的严肃性和威慑力。

参考文献

[1] [美] 阿尔伯特·C. 海迪等:《现代预算之路》,苟燕楠、董静译,上海财经大学出版社 2006 年版。

[2] [英] 阿克顿:《自由与权力》,侯健、范亚峰译,译林出版社 2011 年版。

[3] [美] 阿伦·威尔达夫斯基、内奥米·凯顿:《预算过程中的新政治学》,邓淑莲、魏陆译,上海财经大学出版社 2006 年版。

[4] [美] 艾伦·希克:《现代公共支出管理方法》,王卫星译,经济管理出版社 2000 年版。

[5] [美] 艾森斯塔德:《帝国的政治体系》,阎少克译,贵州人民出版社 1992 年版。

[6] 安秀梅、殷毅:《论中国政府预算管理改革的优先序——兼议绩效预算在中国的适用性》,载《中央财经大学学报》2006 年第 6 期。

[7] 白景明:《政府规划与政府预算绩效管理》,载《郑州大学学报(哲学社会科学版)》2016 年第 3 期。

[8] [德] 彼得·艾根:《全球反腐网——世界反贿赂斗争》,吴勉等译,天地出版社 2006 年版。

[9] [英] 伯兰特·罗素:《权力论——新社会分析》,吴友三译,商务印书馆 1991 年版。

[10] 财政部干部教育中心:《现代预算制度研究》,经济科学出版社 2017 年版。

[11] 曹堂哲:《公共行政执行协同机制——概念、模型和理论视角》,载《中国行政管理》2010 年第 1 期。

[12] 曹堂哲:《现代预算与现代国家治理的十大关系——基于文献的审视》,载《武汉大学学报(哲学社会科学版)》2016 年第 6 期。

[13] 陈刚、李树、余劲松:《援助之手还是攫取之手?——关于中国式分权的一个假说及其验证》,载《南方经济》2009 年第 7 期。

[14] 陈光中、邵俊:《我国监察体制改革若干问题思考》,载《中国法学》2017 年第 4 期。

［15］陈恒钧：《治理互赖理论与实务》，五南图书出版股份有限公司2012年版。

［16］陈诗一、张军：《中国地方政府财政支出效率研究：1978—2005》，载《中国社会科学》2008年第4期。

［17］陈振明：《政治学——概念、理论和方法》，中国社会科学出版社2004年版。

［18］程瑜：《激励与约束：中国预算绩效管理的制度创新路径》，载《财政研究》2014年第9期。

［19］崔潮：《治理型财政：中国财政现代化建设的新阶段》，载《地方财政研究》2016年第10期。

［20］代娟、甘金龙：《基于DEA的财政支出效率研究》，载《财政研究》2013年第8期。

［21］［美］戴维·奥斯本、特德·盖步勒：《改革政府》，周敦仁译，上海文艺出版社2006年版。

［22］［英］戴维·米勒、韦农·波格丹诺：《布莱克维尔政治学百科全书》，邓正来译，中国政法大学出版社2002年版。

［23］《邓小平文选》第2卷，人民出版社1994年版。

［24］邓研华：《从权力走向权利：预算改革的政治学分析》，载《海南大学学报（人文社会科学版）》2016年第3期。

［25］邓研华：《公共预算研究述评：基于政治学的视角》，载《武汉大学学报（哲学社会科学版）》2011年第5期。

［26］邓研华、叶娟丽：《公共预算中的政治：对权力与民主的审视》，载《深圳大学学报（人文社会科学版）》2012年第2期。

［27］豆星星、胡明：《人大预算审议的宪政基础与制度完善》，载《江西财经大学学报》2011年第4期。

［28］杜飞进：《中国现代化的一个全新维度——论国家治理体系和治理能力现代化》，载《社会科学研究》2014年第5期。

［29］范永茂、赵东伟：《预算民主视野下的人大预算修正权——基于现状与可行性的分析》，载《国家行政学院学报》2013年第5期。

［30］范子英：《转移支付、基础设施投资与腐败》，载《经济社会体制比较》2013年第2期。

［31］方世荣：《论行政权力的要素及其制约》，载《法商研究（中南政法学院学报）》2001年第2期。

［32］［美］弗洛姆：《马克思关于人的概念》，涂纪亮、张庆熊译，南方丛

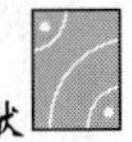

书出版社 1987 年版。

[33] 高培勇：《论国家治理现代化框架下的财政基础理论建设》，载《中国社会科学》2014 年第 12 期。

[34] 高培勇：《论中国财政基础理论的创新——由“基础和支柱说”说起》，载《管理世界》2015 年第 12 期。

[35] 高培勇：《中国财税改革 40 年：基本轨迹、基本经验和基本规律》，载《经济研究》2018 年第 3 期。

[36] 高培勇、汪德华：《“十三五”时期的财税改革与发展》，载《金融论坛》2016 年第 1 期。

[37] 高培勇、于树一：《预防腐败的财政措施及国际经验》，载《中国社会科学院研究生院学报》2011 年第 1 期。

[38] 高志立：《从“预算绩效”到“绩效预算”——河北省绩效预算改革的实践与思考》，载《财政研究》2015 年第 8 期。

[39] 郭道晖：《民主 · 法治 · 法律意识》，人民出版社 1998 年版。

[40] 郭剑鸣：《从预算公开走向政府清廉：反腐败制度建设的国际视野与启示》，载《政治学研究》2011 年第 2 期。

[41] 郭剑鸣：《公共预算约束机制建设与中国反腐败模式的完善》，载《政治学研究》2009 年第 4 期。

[42] 郭剑鸣、周佳：《规约政府：现代预算制度的本质及其成长的政治基础——以中西方现代预算制度成长比较为视角》，载《学习与探索》2013 年第 2 期。

[43] 郭俊华、朱符洁：《我国公共部门预算透明度研究——以中央部门预算公开数据为例》，载《财政研究》2016 年第 1 期。

[44] 郭利民：《重构我国预算制衡机制浅析》，载《法制与社会》2012 年第 36 期。

[45] 郭月梅、欧阳洁：《地方政府财政透明、预算软约束与非税收入增长》，载《财政研究》2017 年第 7 期。

[46] 美国预算法律制度考察团：《美国预算法律制度的特点及其启示》，载《中国财政》2011 年第 16 期。

[47] 过勇：《当前我国腐败与反腐败的六个发展趋势》，载《中国行政管理》2013 年第 1 期。

[48] [印] 哈斯 · 曼德、穆罕默德 · 阿斯夫：《善治：以民众为中心的治理》，国家行动援助中国办公室译，知识产权出版社 2007 年版。

[49] 何成军：《新〈预算法〉的创新》，载《税务研究》2014 年第 12 期。

［50］胡锦光、张献勇：《预算公开的价值与进路》，载《南开学报（哲学社会科学版）》2011 年第 2 期。

［51］胡明：《预算治理现代化转型的困境及其破解之道》，载《法商研究》2016 年第 6 期。

［52］黄建军：《转型期我国权力腐败制约机制的构建》，载《延安大学学报（社会科学版）》2012 年第 4 期。

［53］黄建军：《转型期中国权力腐败的本质及原因》，载《江苏省社会主义学院学报》2015 年第 4 期。

［54］黄寿峰、郑国梁：《财政透明度对腐败的影响研究——来自中国的证据》，载《财贸经济》2015 年第 3 期。

［55］黄阳：《企业财务危机预警仿真研究——基于多职能体演化博弈视角》，经济科学出版社 2014 年版。

［56］贾康、段爱群：《预算法修改中的创新突破与问题评析——关于〈预算法〉修改的意见和建议》，载《财政研究》2013 年第 6 期。

［57］江必新、肖国平：《论公民的预算参与权及其实现》，载《湖南大学学报（社会科学版）》2012 年第 3 期。

［58］蒋洪、刘小兵：《中国省级财政透明度评估》，载《上海财经大学学报》2009 年第 2 期。

［59］蒋悟真：《法理念视野下的预算法修改理路》，载《法商研究》2011 年第 4 期。

［60］蒋悟真：《推动预算民主的三条进路》，载《法学》2011 年第 11 期。

［61］蒋悟真：《预算公开法治化：实质、困境及其出路》，载《中国法学》2013 年第 5 期。

［62］蒋悟真、郭创拓：《论预算治理的三重维度》，载《东岳论丛》2017 年第 8 期。

［63］蒋永甫：《政治学导论》，广西师范大学出版社 2016 年版。

［64］［美］杰克·奈特：《制度与社会冲突》，周伟林译，上海人民出版社 2009 年版。

［65］［新］杰瑞米·波普：《制约腐败——制约国家廉政体系》，清华大学公共管理学院廉政研究室译，中国方正出版社 2003 年版。

［66］靳继东：《预算政治学论纲：权力的功能、结构与控制》，中国社会科学出版社 2010 年版。

［67］［英］卡尔·波普：《猜想与反驳》，范景中译，上海译文出版社 1986 年版。

［68］［美］克特·W. 巴克：《社会心理学》，南开大学社会学系译，南开大学出版社1984年版。

［69］寇铁军、胡望舒：《财税法制建设与反腐败成效：基于中国省域面板数据的研究》，载《财政研究》2016年第11期。

［70］黎江虹：《预算公开的实体法进路》，载《法商研究》2015年第1期。

［71］李春根、吴进进：《中央部门预算公开：由完整性和独立性生发》，载《改革》2015年第11期。

［72］李春根、徐建斌：《中国财政预算透明与地区官员腐败关系研究》，载《当代财经》2016年第1期。

［73］李海南：《预算绩效管理是适应我国国情的现实选择》，载《财政研究》2014年第3期。

［74］李菁怡、周建：《社会学视野下权力腐败与公共权力运行机制研究》，载《前沿》2010年第22期。

［75］李景鹏：《权力政治学》，北京大学出版社2005年版。

［76］李俊生、乔宝云、刘乐峥：《明晰政府间事权划分——构建现代化政府治理体系》，载《中央财经大学学报》2014年第3期。

［77］李林：《依法治国与推进国家治理现代化》，载《法学研究》2014年第5期。

［78］李涛、刘雪焕：《扩大公民有序政治参与，完善权力监督制约机制》，载《政治学研究》2008年第3期。

［79］李燕：《财政可持续发展与透明视角下的中期预算探究》，载《中国行政管理》2012年第9期。

［80］李燕：《财政信息公开透明是预算监督管理的基础》，载《财政研究》2010年第6期。

［81］李燕：《地方政府性债务期待规范化、透明化管理》，载《中央财经大学学报》2009年第12期。

［82］李燕：《基于民主监督视角的预算透明度问题探析》，载《中央财经大学学报》2007年第12期。

［83］李燕：《“年终突击花钱”的原因分析及因应之策》，载《中央财经大学学报》2012年第1期。

［84］李燕：《我国全口径预算报告体系构建研究——制约和监督权力运行视角》，载《财政研究》2014年第2期。

［85］李燕：《我国政府预算管理体制构建中预算约束效应的思考》，载《中央财经大学学报》2014年第11期。

[86] 李燕：《新〈预算法〉释解与实务指导》，中国财政经济出版社 2015 年版。

[87] 李燕：《中国政府预算改革：从理论到实践的探索创新》，载《中央财经大学学报》2008 年第 10 期。

[88] 李燕凌、吴松江、胡扬名：《我国近年来反腐败问题研究综述》，载《中国行政管理》2011 年第 11 期。

[89] 李燕、王晓：《国家治理视角下的现代预算制度构建》，载《探索》2016 年第 3 期。

[90] 李燕、王晓：《国家治理视角下我国地方财政透明对财政支出效率的影响研究》，载《中央财经大学学报》2016 年第 11 期。

[91] 李燕、王宇龙：《论绩效预算在我国实施的制度约束》，载《中央财经大学学报》2005 年第 6 期。

[92]《列宁全集》第 38 卷，人民出版社 1986 年版。

[93]《列宁全集》第 42 卷，人民出版社 1987 年版。

[94] 刘家义：《国家治理现代化进程中的国家审计：制度保障与实践逻辑》，载《中国社会科学》2015 年第 9 期。

[95] 刘剑文：《论财政法定原则——一种权力法治化的现代探索》，载《法学家》2014 年第 4 期。

[96] 刘剑文：《宪政与中国财政民主》，载《税务研究》2008 年第 4 期。

[97] 刘剑文：《由管到治：新〈预算法〉的理念跃迁与制度革新》，载《法商研究》2015 年第 1 期。

[98] 刘剑文：《预算治理中的人大、政府与公民》，载《武汉大学学报（哲学社会科学版)》2015 年第 3 期。

[99] 刘金国：《权力腐败的法理透析》，载《法学杂志》2012 年第 2 期。

[100] 刘尚希：《财政改革、财政治理与国家治理》，载《理论视野》2014 年第 1 期。

[101] 刘尚希：《财政与国家治理：基于三个维度的认识》，载《经济研究参考》2015 年第 38 期。

[102] 刘尚希：《如何应对我国财政改革面临的挑战》，载《中国经贸导刊》2016 年第 10 期。

[103] 刘朔涛：《财政法治的反腐败效应研究——基于省级面板数据的实证分析》，载《财政监督》2017 年第 10 期。

[104] 刘玉廷、郭林、李冰慧：《基于政府预算的国家审计制度优化研究》，载《审计研究》2016 年第 5 期。

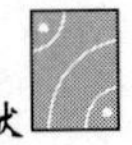

[105] 刘祖云：《再论权力惯习与权力腐败——监狱访谈后的再度思考》，载《学术研究》2016 年第 7 期。

[106] 卢真、马金华：《中西方现代预算制度成长的驱动因素分析及启示》，载《中央财经大学学报》2016 年第 10 期。

[107] 吕侠、周东明：《论公民参与预算的民主政治——基于中国乡镇预算民主模式分析》，载《中南民族大学学报（人文社会科学版）》2013 年第 2 期。

[108] 马蔡琛：《现代预算制度的演化特征与路径选择》，载《中国人民大学学报》2014 年第 5 期。

[109] 马蔡琛：《政府预算》，东北财经大学出版社 2018 年版。

[110] 马国清：《财务腐败视角的中国预算管理失规研究》，载《经济研究导刊》2014 年第 33 期。

[111] 马海涛、刘斌：《参与式预算：国家治理和公共财政建设的“参与”之路》，载《探索》2016 年第 3 期。

[112] 马海涛、肖鹏：《现代预算制度概念框架与中国现代预算制度构建思路探讨》，载《经济研究参考》2015 年第 34 期。

[113] 马怀德：《国家监察体制改革的重要意义和主要任务》，载《国家行政学院学报》2016 年第 6 期。

[114] 马骏：《盐津县“群众参与预算”：国家治理现代化的基层探索》，载《公共行政评论》2014 年第 5 期。

[115] 马骏：《治国与理财：公共预算与国家建设》，三联书店 2011 年版。

[116] 马骏：《中国公共预算改革：理性化与民主化》，中央编译出版社 2005 年版。

[117] 马骏、侯一麟：《中国省级预算中的非正式制度：一个交易费用理论框架》，载《经济研究》2004 年第 1 期。

[118] 马骏、侯一麟、林尚立：《国家治理与公共预算》，中国财政经济出版社 2007 年版。

[119] 马骏、王浦劬、谢庆奎、肖滨：《呼吁公共预算：来自政治学、公共行政学的声音》，中央编译出版社 2008 年版。

[120]《马克思恩格斯选集》（第 1 卷），人民出版社 1972 年版。

[121]《马克思恩格斯选集》（第 3 卷），人民出版社 1972 年版。

[122] [德] 马克斯·韦伯：《经济与社会》（上卷），林荣远译，商务印书馆 1997 年版。

[123]《毛泽东文集》第 6 卷，人民出版社 1999 年版。

[124] 孟金卓：《美国预算过程及其对我国预算制度改革的启示》，载《南

京审计学院学报》2015 年第 2 期。

[125] [法] 孟德斯鸠:《论法的精神》,张雁深译,商务印书馆 2012 年版。

[126] [法] 孟德斯鸠:《罗马盛衰原因论》,婉玲译,商务印书馆 1962 年版。

[127] 缪国亮:《从财政预算审批谈人大制度改革》,载《人大研究》2013 年第 8 期。

[128] 倪星、孙宗锋:《政府反腐败力度与公众清廉感知:差异及解释——基于 G 省的实证分析》,载《政治学研究》2015 年第 1 期。

[129] 聂辉华、王梦琦:《政治周期对反腐败的影响——基于 2003 ~ 2013 年中国厅级以上官员腐败案例的证据》,载《经济社会体制比较》2014 年第 4 期。

[130] 牛美丽:《美国公共预算改革:在实践中追求预算理性》,载《武汉大学学报(社会科学版)》2003 年第 6 期。

[131] 潘春阳、何立新、袁从帅:《财政分权与官员腐败——基于 1999 ~ 2007 年中国省级面板数据的实证研究》,载《当代财经》2011 年第 3 期。

[132] 祁一平:《国家治理现代化与腐败治理》,中国发展出版社 2016 年版。

[133] 秦前红、底高扬:《从机关思维到程序思维:国家监察体制改革的方法论探索》,载《武汉大学学报(哲学社会科学版)》2017 年第 3 期。

[134] 任喜荣:《地方人大预算监督权力成长的制度分析——中国宪政制度发展的一个实例》,载《吉林大学社会科学学报》2010 年第 4 期。

[135] 任勇、许琼华:《基层协商民主中的参与式预算:困境与出路》,载《公共管理与政策评论》2015 年第 3 期。

[136] [美] 塞谬尔·P. 亨廷顿:《变化社会中的政治秩序》,王冠华等译,上海人民出版社 2017 年版。

[137] 石英华:《预算与政府中长期规划紧密衔接的机制研究——研究改善政府预算执行的新视角》,载《财政研究》2012 年第 8 期。

[138] [美] 苏珊·罗斯·艾克曼:《腐败与政府》,王江、程文浩译,新华出版社 2000 年版。

[139] 孙磊:《新预算法与我国新一轮财税体制改革》,载《宏观经济研究》2015 年第 2 期。

[140] 唐皇凤:《美国预算管理:过程与制度的分析——兼论其对中国预算改革的启发与借鉴意义》,载《上海行政学院学报》2002 年第 4 期。

[141] [美] 托马斯·霍布斯:《利维坦》,黎思复、黎廷弼译,商务印书馆 1985 年版。

[142] 万广华、吴一平:《司法制度、工资激励与反腐败:中国案例》,载《经济学(季刊)》2012 年第 3 期。

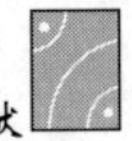

[143] 万广华、吴一平：《制度建设与反腐败成效：基于跨期腐败程度变化的研究》，载《管理世界》2012 年第 4 期。

[144] 汪凯：《论权力腐败与权力监督》，载《学海》2005 年第 6 期。

[145] 王斌、潘爱香：《预算编制、预算宽余与预算文化：基于战略管理工具视角》，载《财政研究》2009 年第 2 期。

[146] 王春飞、张雅靖、郭云南：《中央预算执行审计：问题及整改——基于国家治理的视角》，载《学术研究》2016 年第 9 期。

[147] 王会金：《反腐败视角下政府审计与纪检监察协同治理研究》，载《审计与经济研究》2015 年第 6 期。

[148] 王剑、张黎群、兰晓强：《官僚预算最大化理论对提高政府预算效率的启示——基于预算行为视角的研究》，载《财政研究》2009 年第 8 期。

[149] 王明华、那述宇：《试论权力腐败与权力制约》，载《湖北社会科学》2003 年第 3 期。

[150] 王庆：《论现代财政与公共财政——兼述我国现代财政制度的构建》，载《当代财经》2014 年第 10 期。

[151] 王诗宗：《治理理论及其中国适用性》，浙江大学出版社 2009 年版。

[152] 王世谊：《关于权力腐败与权力制约研究的几个问题》，载《中共浙江省委党校学报》2016 年第 1 期。

[153] 王世谊：《权力腐败与权力制约问题研究》，中国社会科学出版社 2011 年版。

[154] 王晓明、谭静：《新加坡的绩效预算管理》，载《中国财政》2010 年第 5 期。

[155] 王秀芝：《从预算管理流程看我国政府预算管理改革》，载《财贸经济》2015 年第 12 期。

[156] 王银梅、楚雪娇、张亚琼：《分权制衡机制与政府预算约束》，载《宏观经济研究》2013 年第 7 期。

[157] 王雍君：《安全、正义与绩效：当代中国的行政治理改革与财政制度建构》，载《中国行政管理》2015 年第 8 期。

[158] 王雍君：《财政制度与国家治理的深层关系》，载《人民论坛》2014 年第 6 期。

[159] 王雍君：《公共预算管理》，经济科学出版社 2010 年版。

[160] 王雍君：《透明度视角的中国部门预算改革：评述与努力方向》，载《行政管理改革》2010 年第 9 期。

[161] 王雍君：《政府现金管理系统的优化设计：中国的差距与努力方向》，

载《金融研究》2016 年第 2 期。

[162] 王则斌:《美国预算支出编制方法的演进及启示》,载《财政研究》2012 年第 11 期。

[163] 魏陆:《全口径预算信息公开透明保障机制构建研究》,载《上海交通大学学报(哲学社会科学版)》2016 年第 2 期。

[164] 魏治勋:《“善治”视野中的国家治理能力及其现代化》,载《法学论坛》2014 年第 2 期。

[165] 吴汉东:《国家治理现代化的三个维度:共治、善治与法治》,载《法制与社会发展》2014 年第 5 期。

[166] 吴一平:《财政分权、腐败与治理》,载《经济学(季刊)》2008 年第 3 期。

[167] 武玉坤:《预算资金分配的内在逻辑:政治还是经济?》,载《中山大学学报(社会科学版)》2010 年第 2 期。

[168] 习近平:《在庆祝全国人民代表大会成立 60 周年大会上的讲话》,载《人民日报》2014 年 9 月 6 日。

[169] 夏先德:《全过程预算绩效管理机制研究》,载《财政研究》2013 年第 4 期。

[170] 向玉乔:《国家治理的伦理意蕴》,载《中国社会科学》2016 年第 5 期。

[171] 肖鹏:《美国政府预算制度》,经济科学出版社 2014 年版。

[172] 谢庆奎、单继友:《公共预算的本质:政治过程》,载《天津社会科学》2009 年第 1 期。

[173] 熊光清:《当前中国的腐败问题与反腐败策略》,载《社会科学研究》2011 年第 5 期。

[174] 许百军:《寻租理论、政府权力的监督与公共责任视角下的经济责任审计》,载《审计研究》2005 年第 4 期。

[175] 许多奇:《我国分税制改革之宪政反思与前瞻》,载《法商研究》2011 年第 5 期。

[176] 许光建、魏义方、李天建、廖芙秀:《中国公共预算治理改革:透明、问责、公众参与、回应》,载《中国人民大学学报》2014 年第 6 期。

[177] 许正中、刘尧、赖先进:《财政预算专业化制衡、绩效预算与防治腐败》,载《财政研究》2011 年第 3 期。

[178] 杨解君:《全面深化改革背景下的国家公权力监督体系重构》,载《武汉大学学报(哲学社会科学版)》2017 年第 3 期。

［179］杨志勇：《我国预算管理制度的演进轨迹：1979～2014年》，载《改革》2014年第10期。

［180］姚瑞平、刘祖云：《公权力腐败：理论解释与治理对策》，载《南京社会科学》2014年第4期。

［181］叶海波：《国家监察体制改革的宪法约束》，载《武汉大学学报（哲学社会科学版）》2017年第3期。

［182］叶姗：《前置性问题和核心规则体系研究——基于“中改”〈中华人民共和国预算法〉的思路》，载《法商研究》2010年第4期。

［183］於莉：《预算过程的政治：使权力运转起来》，载《武汉大学学报（哲学社会科学版）》2009年第6期。

［184］俞可平：《治理和善治：一种新的政治分析框架》，载《南京社会科学》2001年第9期。

［185］［澳］约翰·麦凯：《伦理学：发明对与错》，丁三东译，上海译文出版社2007年版。

［186］［法］约翰·密尔：《代议制政府》，汪瑄译，商务印书馆1982年版。

［187］［美］詹姆斯·罗西瑙：《没有政府的治理》，张胜军、刘小林等译，江西人民出版社2001年版。

［188］［美］詹姆斯·麦格雷戈·伯恩斯：《领袖论》，刘李胜等译，中国社会科学出版社1996年版。

［189］詹新宇、许志伟、刘建丰：《预算规则下的财政政策宏观效应——基于多种预期情形下的模拟分析》，载《财贸经济》2018年第12期。

［190］张程、曹雪姣、骆平原：《中国公共预算的民主治理：公共理性与民主参与》，载《公共财政研究》2016年第1期。

［191］张帆、张友斗：《预算绩效目标管理在我国的实践与探索》，载《财政研究》2013年第12期。

［192］张琦、吕敏康：《政府预算公开中媒体问责有效吗?》，载《管理世界》2015年第6期。

［193］张献勇：《预算公开论纲》，载《法学杂志》2011年第11期。

［194］张扬、刘鹏：《浅议区级人大对预算的审批监督》，载《人大研究》2012年第3期。

［195］赵秉志：《中国反腐败刑事法治的若干重大现实问题研究》，载《法学评论》2014年第3期。

［196］赵海鹏、覃振停：《从完善权力配置来防治权力腐败的思考》，载《传承》2008年第20期。

［197］赵丽江、陆海燕：《参与式预算：当今实现善治的有效工具——欧洲国家参与式预算的经验与启示》，载《中国行政管理》2008 年第 10 期。

［198］赵早早：《中央预算执行审计与公共预算改革的关系研究——基于 1996 年至 2014 年全国人大常委会公报的内容分析》，载《审计研究》2015 年第 3 期。

［199］郑方辉、廖逸儿：《论财政收入绩效评价》，载《中国行政管理》2017 年第 1 期。

［200］郑方辉、廖逸儿、卢扬帆：《财政绩效评价：理念、体系与实践》，载《中国社会科学》2017 年第 4 期。

［201］郑石桥、贾云洁：《预算机会主义、预算治理构造和预算审计——国家审计嵌入公共预算的理论架构》，载《南京审计学院学报》2012 年第 4 期。

［202］郑石桥、孙硕：《预算调整、预算透明度和预算违规——基于中央各部门预算执行审计面板数据的实证研究》，载《审计与经济研究》2017 年第 3 期。

［203］《中华人民共和国审计法》，中国法制出版社 2006 年版。

［204］《中华人民共和国宪法》，中国法制出版社 2018 年版。

［205］《中华人民共和国预算法》，中国法制出版社 1994 年版。

［206］《中华人民共和国预算法》，中国法制出版社 2014 年版。

［207］《中华人民共和国预算法》，中国法制出版社 2018 年版。

［208］周克清、刘海二、吴碧英：《财政分权对地方科技投入的影响研究》，载《财贸经济》2011 年第 10 期。

［209］周黎安、陶婧：《政府规模、市场化与地区腐败问题研究》，载《经济研究》2009 年第 1 期。

［210］周振林：《论权力腐败的表现及成因》，载《理论探讨》2001 年第 3 期。

［211］周志忍：《政府绩效评估中的公民参与：我国的实践历程与前景》，载《中国行政管理》2008 年第 1 期。

［212］卓越、张红春：《政府绩效信息透明度的标准构建与体验式评价》，载《中国行政管理》2016 年第 7 期。

［213］朱大旗：《从国家预算的特质论我国〈预算法〉的修订目的和原则》，载《中国法学》2005 年第 1 期。

［214］Alesina A，Perotti R. Fiscal Discipline and the Budget Process ［J］. The American Economic Review，1996，86（2）：401 – 407.

［215］Alesina A F，Perotti R. Budget Deficits and Budget Institutions ［M］. 1427 East 60th Street Chicago，IL 60637 U. S. A：University of Chicago Press，

1999: 13 - 36.

[216] Alessandro Gavazza and Alessandro Lizzeri. Transparency and Economic Policy [J]. The Review of Economic Studies, 2009, 28 (7): 36 - 46.

[217] Allen Schick. Recession Incremental Budget. Policy Sciences [J]. Public Adiministration Review, 1982, 37 (6): 516 - 523.

[218] Alt J E, Lowry R C. Divided Government, Fiscal Institutions, and Budget Deficits: Evidence from the States [J]. American Political Science Review, 1994, 88 (4): 811 - 828.

[219] Amal Hayati Ahmad Khair, Roszaini Haniffa, Mohammad Hudaib, et al. Personalisation of Power, Neoliberalism and the Production of Corruption [J]. Accounting Forum, 2015, 39 (3): 36 - 46.

[220] Anne - Charlotte Olsson, Knut - Håkan Jeppsson, Jos Botermans, et al. Pen Hygiene, N, P and K Budgets and Calculated Nitrogen Emission for Organic Growing-finishing Pigs in Two Different Housing Systems with and without Pasture Access [J]. Livestock Science, 2014, 165 (5): 56 - 76.

[221] C Carbone, J J De Leeuw and A I Houston. Adjustments in the Diving Time Budgets of Tufted Duck and Pochard: Is There Evidence for a Mix of Metabolic Pathways? [J]. Animal Behaviour, 1996, 51 (6): 1257 - 1268.

[222] Elif Arbatli and Julio Escolano. Fiscal Transparency, Fiscal Performance and Credit Ratings [J]. Fiscal Studies, 2015, 36 (2): 237 - 270.

[223] Eric W Welch. The Relationship between Transparent and Participative Government: A Study of Local Governments in the United States. [J]. International Review of Administrative Sciences, 2012 (3): 95 - 99.

[224] Faltings B. A Budget-balanced, Incentive-compatible Scheme for Social Choice [C]. International Workshop on Agent - Mediated Electronic Commerce. Springer, Berlin, Heidelberg, 2004: 30 - 43.

[225] Felix Rösel. The Political Economy of Fiscal Supervision and Budget Deficits: Evidence from Germany [J]. Fiscal Studies, 2017, 38 (4): 641 - 666.

[226] Hakkio C S, Rush M. Is the Budget Deficit "Too Large?" [J]. Economic Inquiry, 1991, 29 (3): 429 - 445.

[227] Heidenheimer A J. The Topography of Corruption: Explorations in a Comparative Perspective [J]. International Social Science Journal, 1996, 48 (149): 337 - 347.

[228] Huntington, Samuel P. Political Order in Changing Societies [M]. 47

Bedford Square London WC1B 3DP: Yale University Press, 1970: 257 -261.

[229] José Caamaño - Alegre, Santiago Lago - Peñas and Francisco Reyes - Santias. Budget Transparency in Local Governments: An Empirical Analysis [J]. Local Government Studies, 2013, 39 (2): 182 -207.

[230] Kosenok G, Severinov S. Individually Rational, Budget-balanced Mechanisms and Allocation of Surplus [J]. Journal of Economic Theory, 2008, 140 (1): 126 -161.

[231] Nye J S. Corruption and Political Development: A Cost-benefit Analysis [J]. American Political Science Review, 1967, 61 (2): 417 -427.

[232] Paul E Grams and John C Schmidt. Where Sediment Budgets Fail: Sediment Mass Balance and Adjustment of Channel Form, Green River Downstream from Flaming Gorge Dam, Utah and Colorado [J]. Geomorphology, 2004, 71 (1): 156 -181.

[233] Rhodesr. The New Governance: Governing Without Government? [J]. Political Studies, 1996, 44 (4): 652 -667.

[234] Jun Ma. If You Cannot Budget, How Can You Govern? —A Study of China's State Capacity [J]. Public Administration and Development, 2009, 27 (5): 9 -20.

[235] Evan Tanner and Peter Liu. Is the Budget Deficit "Too Large"?: Some Further Evidence [J]. Economic Inquiry, 1994, 32 (3): 511 -518.

[236] Vemer Pepijn, Rutten-van Mölken Maureen P M H. Largely Ignored: The Impact of the Threshold Value for a QALY on the Importance of a Transferability Factor [J]. The European Journal of Health Economics, 2010, 12 (5).

[237] Von Hagen J, Harden I J. Budget Processes and Commitment to Fiscal Discipline [J]. European Economic Review, 1995, 39 (3 -4): 771 -779.

后记

书稿停笔之时，万千思绪涌上心头。该书稿从写作、出版经历了很多很多，十分庆幸能够得到了导师、同学、出版社编辑的鼎力帮助。

首先我要感谢我的导师李燕老师，无论是在平时的生活学习中，还是在书稿的选题与写作过程中，李老师给予了我无私的关怀和帮助。她严谨的学术作风、开阔而灵活的思维、豁达的生活态度令我深深地折服并向往。能够成为李老师的学生，实在是三生有幸。在此向李老师表示深深的感谢。

其次，我还要感谢中央财经大学财税学院全体老师，感谢所有老师在书稿写作过程中对我的帮助，同时还要感谢我的硕士导师杨燕英老师，谢谢杨老师平时在学术上、生活上的关心和帮助。

再其次，我要感谢中央财经大学财税学院 2015 级财政学博士班所有同学，谢谢你们陪我共同成长。感谢经济科学出版社的王娟、李艳红两位编辑，是你们的辛勤付出让我的书稿能够得到进一步的完善。

最后，感谢我的父母，是他们无私的爱护和资助才使得我能够完成研究生学业，他们的恩德是我无法报答的，也是我永远不能忘记的。

由于本人的认知能力与实践能力还不够，书稿中难免存在不当之处，还请各位专家、学者批评指正。

王　晓

2021 年 10 月